公務員試験

最初でつまずかない経済学

ミクロ編

改訂版

村尾英俊 著

実務教育出版

はじめに

　本書は，公務員試験を受験しようと考えている学生さんの中でも，経済学を初めて学ぶ人たち，または経済学を苦手としている人たち向けの入門書であり，公務員試験の経済学で確実に合格点を取ることができるようにするための手引き書でもあります。

　初学者が疑問を持ちやすい部分に積極的にフォローを入れたり，必要以上に難しい理論や複雑な考え方に触れることなく問題が解けるように内容構成を工夫したり，とにかく経済学を初めて学ぶ人たち，経済学を苦手としている人たちが，無理なく最後まで行きつけるように，なんとか挫折することなく経済学をひととおり学べるようにという願いを込めて作ったものです。

 ## 初学者はここでつまずいている！

　私は，独学で経済学を体得した経験や，公務員試験向けの経済学を指導する経験を積む中で，「初学者ならここはつまずきやすいだろう」とか，「この点は，こういう考え方をしたほうがよい」とか，「ここは理解できなくても，この点さえわかっていたら次に進める」といった，経済学を学ぶためのノウハウを蓄積してきました。

　それを踏まえ，本書では，さまざまなつまずきやすいポイントに，以下のように対応しています。

●最初から難しいので全然勉強が進まない！ ➡ 　教養・専門レベルの二段構成！

●グラフの意味がわからない！ ➡ 　グラフの読み方を徹底解説！

●数学が苦手でついていけない！ ➡ 　計算方法もわかりやすく説明！

●用語が難しい！ ➡ 　初歩的な疑問も多角的にフォロー！

●理論はわかったのに問題が解けない！ ➡ 　公務員試験の過去問で演習！

 ## 皆さんと同じ「経済学を学ばなくてはいけない立場」にあった私

　本書は，もともと経済学の素人であった私が，経済学を学んできた中で培った独自の「ノウハウ」をもとに書き上げたものです。

　私は現在，専門学校や資格試験予備校などで経済学を教えているのですが，皆さんと同じ年頃まで数学オンチで，経済学なんて学んだこともありませんでした。文学部出身で専攻は哲学ですし，数学が苦手だったので私立大学に進んだくらいなのです。

　そんな私が経済学を学ぶことになったのは，金融関連企業に就職したことがきっかけです。私が就職活動をした当時は，バブル経済真っ只中でした。この頃は，新卒者は引く手あまたという状況で，経済学部でない私でも，人気のあった金融関連企業に就職することができたのです。

とはいえ，正直，金融機関で仕事をしたいという強い気持ちがあったわけではなかったので，「経済学を学ばなければならない立場」になってしまったというのが実情でした。そういう意味では，公務員試験を受けるために経済学を学ばなくてはいけなくなってしまった皆さんと同じだったのです。

　独学で経済学を勉強しなければならなくなった私は，経済学部の学生が読むような本格的な専門書と「格闘」したり，今まで敬遠してきた数学についても，中学校や高校の参考書に戻って勉強したりと，それはそれはかなりの時間をかけて取り組みました。独学というのは，一度わからなくなると，どこまで戻ってやったらいいのかわからず結局イチからやり直し……といったように，苦労が絶えませんでした。参考書やテキストだってどれがいいのかもわかりませんでしたから，とても効率が悪かったと思います。

　当時は，新卒者を即戦力とはみなさず，会社でじっくり「教育」する時代だったことも幸いして，経済・金融を勉強しながら，仕事の経験を積みつつ，経済・金融の理解を深めることができました。

挫折なく，効率よく経済学を学ぶために

　そうした経験からみると，「公務員試験対策としての経済学」に関しては，「学問としての経済学」と比較すると，内容的にもレベル的にも楽なものだといえます。微分などの数学に関しても，必要最低限度にとどめることが可能です。

　なまじ「学問としての経済学」を理解しようとすると挫折してしまう可能性が高いですし，試験に関係ないような知識を学んでも効率はよくありません。求められているのは「公務員試験の経済学の問題を解くための知識」なのです。

初版はベストセラーに！

　おかげさまで，初版は好評を博し，ミクロは18刷，マクロは17刷まで重版を繰り返し，累計11万部に達しました。今回の改訂版では読者のご意見・ご要望にお応えする形で，新しい過去問を加えつつ，基礎分野と応用分野の構成を一部組み直しました。難問は拙著『集中講義！ミクロ経済学の過去問』（実務教育出版）に譲り，より基礎力の充実をめざします。

　読者の皆さんの中には，「経済学を勉強したことがない」「数学が苦手」と，経済学の勉強を始めるに当たって不安を感じている人も多いと思いますが，何ら心配する必要はありません。まずは気軽に本書を開いてみてください。とにかく，わかりやすい経済学「講義」を皆さんにお届けします。

村尾　英俊

専門試験レベル　85

経済学の学習のしかた

 公務員試験の経済学について

「公務員試験の経済学」といっても，ピンと来ない人もいるかもしれません。

専門試験の経済系の科目には，**経済原論**（経済理論），**財政学**，**経済政策**，**経済史・経済学史**，**経済事情**，**国際経済**などいろいろあります。

これらの科目の中で最も重要なのは，経済原論（経済理論）と財政学です。経済政策，経済史・学説史はこれらを発展的にサポートするもので，経済事情は時事に当たります。

普通，公務員試験で「経済学」といえば「経済原論（経済理論）」をさします。しかし，経済原論の範囲は膨大で，なかなか1冊の本にまとめることができないので，家計や企業などの経済行動を分析する**ミクロ経済学**と，それを国や政府などの大きい単位でみる**マクロ経済学**の2つに分けて解説していることが多いです（本書もミクロ編とマクロ編に分かれています）。

教養試験については，社会科学という科目の中に経済があります。社会科学の経済は，先に挙げた専門科目の基礎的な内容がひととおり全部含まれたものです。専門試験との違いは何かといえば，教養試験では特定の学者の理論があまり出てこないということと，計算問題がほとんどないということです。それでも中心はやはりミクロとマクロ，特にマクロ経済に関する基本問題が多数出題されます。

そういう意味では，ミクロ経済学とマクロ経済学を制する者は，公務員試験の経済学を制するといえます。さらには，多くの受験者が苦手としてしまう経済学を制する者は公務員試験を制するともいえるのです。

 教養試験レベルから専門試験レベルへ

さて，独学していても資格試験予備校などに通っていても同じですが，経済学の専門試験対策の勉強をしていくと，理解しづらい理論や$M=Px \cdot X+Py \cdot Y$など一見難しそうな公式が出てきて，最初から大きな壁にぶつかります。それで経済に苦手意識を持ってしまったり，あるいは経済が理解できないということで公務員受験そのものをやめてしまう人も少なくありません。

経済学を初めて学ぶ人は，まず，微分など数学や計算つきの難しい項目を抜きにして，本当に基本的な内容から入らなければならないのです。筆者の経験からいえば，いきなり専門試験の勉強を始めるのではなく，教養試験の勉強を最初にしっかりと行うことが重要です。

また，問題演習に関しても，教養試験で出されるような基本的な問題を最初にこなしていくことが自信にもつながりますし，何より基礎力を確実につけることになります。教養試験レベルでの理解を完成させた後に専門試験レベルに進むことが，経済学初学者

が，公務員試験の経済原論を撃破する最短ルートなのです。

　そこで，本書は，**教養試験レベル**と**専門試験レベル**の二部構成になっています。第1部である教養試験レベルでは，今述べたように，ミクロ経済学全般の重要な項目の中で，とにかくこの部分を理解しておいてもらいたいという事項が網羅されています。そういう意味では，基礎力の養成が最大の目的であり，教養試験対策向けということができます。

　専門試験対策もしなくてはいけない読者は，教養試験レベルをマスターし，必要があればそこを繰り返し取り組んだ後に，専門試験レベルへ進んでください。専門試験レベルでは，まさに専門試験で扱われるミクロ経済学の内容を学習します。

経済理論の解説書＋問題演習書

　私が受け持っている専門学校，資格試験予備校，大学の学内講座なども，コマ数や時間などカリキュラムは多種多様です。また，教材や扱う問題も各学校で指定のテキスト等を活用しなければならないところもあります。

　ここでは，そういう障壁がなく，完全に自分の裁量で経済学の講義ができるならば，こんなふうにやってみたいというものを，教壇に立って講義をしているように書き上げました。しかも，問題を解きながらの講義です。

　公務員試験の場合，経済学の理論を理解するよりも問題を解けるようになることが重要となります。

　通常，市販されている経済学の対策書は，理論を説明する解説書か，問題演習のための問題集かに分けられます。しかし，本書は，公務員試験に出てくる経済学の問題を理解する力と，その問題を解く力を養成することが1冊で同時にできるように，効率的かつコンパクトにまとめてあります。

公務員試験の経済学は暗記科目

　公務員試験の経済学は，あくまでも試験対策なので，難しい数式を駆使して経済学を理解する必要はありません。

　大学の経済学は理論体系の理解が重要です。つまり経済学の理論が「なぜ」そうなるのかを理解することが大切ですが，公務員試験の経済学はその理論の結論を使って「いかに」問題を解くかが重要です。極端にいえば，経済理論を理解していなくても，経済理論の結論を暗記しておけば問題を解くことができます。さらに極論すれば公務員試験の経済原論は暗記科目といえます。

　ですから，多少納得がいかなくても「経済学ではそう考える」という柔軟な姿勢で，また，いざとなったら「とりあえず覚えちゃえ」という大胆な気持ちで取り組んでもらいたいと思います。

　そして，公務員試験で出題される問題は，過去問の練り直しなので，パターンがあり

ます。ですから，公務員試験の経済原論は「ある程度の」経済理論の理解と暗記，そして問題の解法パターンを熟知しておくことで合格点を取ることができるのです。

さらに，大学で学ぶ経済学のような難解な数式はできるだけ使わず，グラフを通じた理解（暗記）をしていけば，数学が苦手な人たちも比較的楽に進めるでしょう。

経済嫌いな人へのフォローアップ

では，すべての項目を理解しながら暗記してしまえばいいのでしょうか？

もちろん，それに越したことはありません。ただ，初学者が最初から満点を取れるように完璧に理解をしていかなければならないかというとそうでもないのです。

極端にいえば，合格点（約7割）を取れればいいわけです。最初は，わからない項目を捨ててもかまわないという気持ちで臨むことも，一つの賢い方法です。その目安をいえば，1章から3章の内容はできるだけ頑張って，残りはやれるところまで……ということでもいいかもしれません。

しかし，これでは経済学が苦手な人，嫌いな人は，捨てるテーマが増えてしまって，結局合格点を取れなくなるおそれも出てきます。そこで，本書ではできるだけ，捨てる項目を最小限にするよう工夫もしています。

具体的には，索引はもちろん充実させていますが，本文中でも，いい意味で「くどい」解説や，わからなくなった場合にどこを復習すればいいかがわかるように，以前に学んだ箇所をふんだんに指摘してあります。また，側注には，初学者が陥りやすいポイントや，初学者が抱きやすい疑問についても逐一解説を入れています。

ミクロから先に始めるのがオススメ

先ほど，経済系科目の重要科目として，経済原論，すなわちミクロ経済学とマクロ経済学を挙げましたが，どちらから始めたほうがいいかと質問を受けることがあります。

どちらからでもいいとは思いますが，経済学の初学者にとっては，経済学の基礎の基礎である「需要と供給」を最初に学ぶミクロ経済学から先に始めるのがお勧めです。マクロ経済学の内容に関しても，ミクロ経済をある程度理解したうえで取り組んだほうがスムーズに頭に入ってくる分野がいくつかありますからね。

では，次に本書の構成を紹介するとともに，本書を使ってどのように学習を進めたらいいかというところをお伝えしたいと思います。

本書の構成と使い方

「教養試験レベル」「専門試験レベル」の二段構え！

　本書は，主に地方上級・国家一般職［大卒］試験を中心として，大学卒業程度の公務員採用試験の難易度に合わせて，ミクロ経済学の内容を「教養試験レベル」「専門試験レベル」の二段階に分けて解説していきます。

　「教養試験レベル」は，大学卒業程度の公務員試験受験者全員が確実にマスターすることを求められる内容です。したがって，警察官，消防官，専門試験が課されない一部の市役所，国立大学法人などの特殊法人の志望者（教養試験の受験者）は，「教養試験レベル」の理解だけで，経済の分野については合格できる力をつけることができます。

　もっとも，教養試験（社会科学の経済）だけでいい人も，専門試験の経済原論の内容が応用問題として出てきたりするので，しっかりと点を取りたい人は，「専門試験レベル」にも進んでください。ただし，教養試験では計算問題がほとんど出ないので，計算問題は飛ばして結構です。

　「専門試験レベル」は，「教養試験レベル」で学んだ基礎項目を土台として，専門試験の中のミクロ経済学の内容を網羅しています。姉妹版の『最初でつまずかない経済学　マクロ編』も使えば，専門試験における「経済原論（経済理論）」対策がひととおりできるようになっています。

教養試験レベル……大卒程度警察官，大卒程度消防官，市役所（教養試験のみの市），
　　　　　　　　　　　国立大学法人など向け

専門試験レベル……地方上級，国家一般職［大卒］，国家専門職（国税専門官等），市役
　　　　　　　　　　　所（専門試験が課される市），裁判所など向け

　「はじめに」でも触れたように，経済学の初学者は，「教養試験レベル」の内容を確実に理解したうえで，「専門試験レベル」に進んでください。「専門試験レベル」でつまずいたら，いつでも「教養試験レベル」の説明や問題に戻って，改めて挑戦していくようにしましょう。

　扱っている過去問の中には，地方初級や国家一般職［高卒］で出題された問題もありますが，基礎を確認するには良問です。そして地方上級や国家一般職［大卒］レベルの問題はしっかりと解答してください。

　国家総合職をめざす方も，国家一般職［大卒］・地方上級レベルをマスターする必要があるので，まずは本書から入っていただければと思います。

ページ構成も二段構え！

「解説を読んでいる途中途中でわからないことが出てきて混乱する」「初学者向けの本は説明が長くてうっとうしい！」「できればコンパクトに要点だけ知りたい」……という受験生の声にお応えして、簡潔な本文と詳細な側注の二段構成になっています。また、要点のまとめや例題なども豊富に掲載しています。

▶本文部分
教科書のように、そのテーマの理論の説明や、問題の解き方などを解説しています。

🚩 最適労働供給の条件

では、最適労働供給の条件についてまとめておきます。一般的な2財の消費による効用最大化の条件が、限界代替率 MRS と予算制約線の傾きである価格比 $\dfrac{P_x}{P_y}$ が等しくなることであったのと基本的に同様です。

違いはまず、予算制約線の傾きが価格比ではなく賃金 w になることです。予算制約式は、$P_x \cdot X + P_y \cdot Y = 所得M$ で示されました。これを別の表し方をすれば、**所得Y＝賃金w×労働量L** となります。

ただし、最適労働供給のグラフでは通常 x 軸に余暇 l をとるので、所得の式は、

$$所得Y = w(24 - l) = -wl + 24w$$

となります。これが最適労働供給における予算制約線式で

所得の表記は
M？ *Y*？
同じことです。経済学ではアルファベットの使い方に慣習というものがあります。
最適労働供給では単に所得に*Y*が活用されるだけなのです。

限界代替率？
2つの財の交換の比率のことでした。詳しくはp.112を参照してください。
この場合には「労働を追加的に1単位増やしたときに、効用水準を一定に保つためには余暇をどれだけ減らさなければならないか」ということを示します。

▶図・グラフ
可能な限り図やグラフ中にも説明を書き加えて、その図で何を理解すべきかがわかるようにしています。

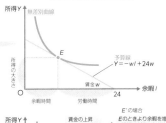

[賃金と最適労働供給の変化]

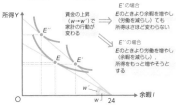

予算制約式？
$M = P_x \cdot X + P_y \cdot Y$
(*M*：予算、P_x：X財の価格、*X*：X財の購入量、P_y：Y財の価格、*Y*：Y財の購入量)
詳しくはp.45を参照してください。

繰り返しますが……
労働時間以外をすべて余暇 *l* とみなしますので、
$L = 24 - l$
になります。

最適労働供給の条件
最適労働供給の条件：
限界代替率 MRS ＝賃金 w

ただし、確実に理解しておかなければならないというと、重要度は「効用最大化」ほど高くはありませんので、「何となく」覚えておいてください。

160

▶素朴な疑問
初学者が抱きそうな疑問や、ほかのテキストなどには載っていないような初歩的な知識・小中学校で習うような事柄などを中心に解説しています。

🐌 解き方・考え方
具体例などの細かい説明や、問題を解く際のテクニカルなポイントや視点などを解説しています。

専門

第2章 家計の行動（実践）

す。この式は，横軸に余暇 l，縦軸に所得 Y をとったグラフの傾きが賃金 w で，Y 切片が $24w$ の右下がりの直線のグラフを示しています。

ですから，最適労働供給の条件は，無差別曲線の接線の傾きである限界代替率 MRS と予算制約線の傾きである賃金 w が等しいことになります **限界代替率 MRS ＝賃金 w）。**

賃金が上昇すれば，働く意欲がわき，労働時間を増やして所得をさらに上げようとする人（E''）や，所得水準はそれほど変わらなくても，労働時間を減らして余暇を増やそうとする人（E'）が出たりと，家計の行動も変化してきます。

では，過去問に2問当たってみましょう。

例題11

ある人が働くことによって得た収入のすべてを財 X の消費に充てるとき，効用を最大化したときの労働供給量として，最も妥当なものはどれか。ここで，この人の効用関数 U は，$U = x(24-L)$ であるとする。ただし，X 財の価格は 5，賃金率は 10 であり，x は X 財の消費量，L は労働供給量（$0 \leq L \leq 24$）である。

(地方上級)

1　4
2　6
3　8
4　10
5　12

解法のステップ

最適労働供給の問題でも，解法パターンは効用最大化の問題と同様です。

●予算制約式を作る

予算制約式は $P_x \cdot X + P_y \cdot Y = M$ で〔　　〕れましたが，条件を代入します。

ある人は働くことによって得た〔　　〕すべてを価格が 5である財 X の消費に充て，Y 財の消〔　　〕ないので，この個人の予算制約式は $5x + 0 = M$ とな〔　　〕

所得の M（Y）〔　　　　　　　　　　〕ています。したが〔　　　　　　　　　　　〕
間）L，〔　　　〕

効用最大化問題の解法パターン
p.126を参照してください。

効用最大化の問題の解き方を思い出そう！
①予算制約式を立てる。
②公式か微分法で解く。
消費の応用問題では予算制約式を立てることができるかが最大のポイントになります。

161

13

本書を使った学習の進め方

さて,「教養試験レベル」,「専門試験レベル」ともにそうですが,1度学習しただけ
ではマスターできない場合も当然想定できます。そこでそのときの学習の進め方を説明
します。以下の手順で進めてください。

(1) まずは教養試験レベルから読み進めてみる

説明がわからない,あるいは問題が解けないといった場合でも,とりあえずは読み進
めて,問題に挑戦していきましょう。側注などをみていけばだんだんわかってくるはず
です。

ある程度理解できたなと感じたら(それまでに何回繰り返すかは個人差があります)
次のステップへ。

(2) 例題の問題だけ解いてみる

解けない問題があったら,解説だけでなく,その前の理論の説明までさかのぼって読
んで,解けるようになるまでこれを繰り返してください。例題の問題の答えを覚えるぐ
らいになってもOKです。

(3) もう一度,最初から読んで問題も解いてみる

その際には,速読調でも,斜め読みでもかまいません。とにかく通読してください。
これで「教養試験レベル」は終了。前述した,警察官・消防官,市役所,特殊法人の受
験者はここで卒業です。

(4) 専門試験のある人は専門試験レベルへ

一方,専門試験で,経済原論(ミクロ経済学・マクロ経済学)を取らなければならな
い人は「専門試験レベル」へ進みましょう。

「専門試験レベル」も,上記の「教養試験レベル」と同様のやり方で進んでください。

(5) マクロ経済学と同時進行したい方へ

ミクロ経済学とマクロ経済学を同時に進めたい方,たとえば,ミクロ教養→マクロ教
養,その後にミクロ専門→マクロ専門と進もうとされている方,もちろんそれでも結構
です。ミクロとマクロの教養試験対策を十分されたうえで,専門試験対策へ移行してく
ださい。

講義を受けているように経済学の理解と問題の解答ができるようになることをめざし
た本書で,ミクロ経済学を,公務員試験の得点源にしていただきたいと思います。

公務員志望者で,すべての経済学初学者の皆さん,まずは本書を活用することから始
めてください。健闘を祈ります!

教養試験レベル

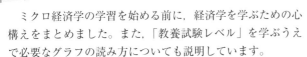

ミクロ経済学を学ぼう
～「森と木」の「木」の話～

　ミクロ経済学の学習を始める前に，経済学を学ぶための心構えをまとめました。また，「教養試験レベル」を学ぶうえで必要なグラフの読み方についても説明しています。

　いきなり学習に入る前に，まずは経済学の概要を知っておきましょう！

 ## 経済学って何だろう？

　「経済」といえば，お金が関係しますね。モノの値段はその価値を表したものです。生産活動によって作られたボールペン，新聞，携帯電話などのモノは無限にあるわけではなく，限りがあります。モノに「希少性」があるから価値があると考えられ，価格が決められるのです。

　ここから，経済学とは，資源をいかに配分してモノを作って価値を生み出していくかを考える学問だということができます。さらに単純にいえば，経済学はモノの価格と量がどう決まるかを考える学問ともいえます。

　そこから，経済学の登場人物である家計（消費者），企業（生産者）が経済学的にどう行動するかを考えたり，または，「いろんな価格が上がれば景気がいい」，「生産量が増えれば経済が成長している」というように一国レベルで経済を考えたりしていきます。

 ## 経済学は単純化して考える

　ところが，世の中が複雑になればなるほど，経済学が分析する対象も果てしなく広がり，「経済学＝わけのわからない学問」ということになってしまいました。そこで，経済学は社会の複雑な経済現象をできるだけ単純化して理論を構築していこうとします。理論といっても経済学者の理論です。そ

 モノのことを

経済学では「モノ」のことを「財」と呼びます。
これから頻繁に出てくる表現なので，覚えてくださいね。

 資源の希少性

経済学ではモノに限りがあることを「資源の希少性」といっています。

 資源？

モノを作るときの材料のことなどですが，経済学では労働力も資源とみなします。

の人がそう考えて理論として紹介しているのです。

ですから、「こういうときは当てはまらない」とか「一概にはそういえない」みたいな疑問が必ず出てくるはずなのですね。そんなときは決して悩まないで、「経済学ではそう考えるのか」とか「この学者はそう考えた」というように割り切って考えるという柔軟な姿勢で臨むことが大切です。

経済学で扱う「数学」と「グラフ」

経済学では、複雑な経済現象を単純化、抽象化するために、式を作ったりグラフを書いたりとか、数学を活用することが欠かせません。

しかし、経済学は数学ではありません。もちろん、計算が必要になったり、数学的な理解が必要となったりする場面もありますが、本質的に数学とは異なります。経済学のグラフは、数学的に意味をなさないものがいくつもあります。

繰り返しますが、経済学とは、価格（物価）や数量（労働量、生産量）がどう決定されるかを考えるだけの単純な学問です。数学はあくまで補助的に道具として使っているだけなのです。公務員試験の経済学で活用される数学が、中学、高校で学ぶ数学と比べても極めて限定されます。ですから、数学が苦手だと経済学も苦手になるという発想は捨ててください。

●価格と数量のグラフ

学問としての本格的な経済学であれば、極めて難解な数式を使った説明がなされます。しかし、公務員試験レベルの経済学で、数式を使った難解な説明はほとんど必要ないと断言できます。

ただし代わりに必要になるのがグラフを使った説明です。「経済学の学習のしかた」のところで、公務員試験の経済学は暗記科目といいましたが、グラフと一緒に内容や公式を覚えてしまえばよいのです。

では、教養試験レベルで、数学の知識として必要なグラフの読み方を確認しておきましょう。

基本的な経済学のグラフでは、**x軸**に数量（いくつ、何個、何枚など）、**y軸**に価格がとられます。**原点はO**で、こ

あまり深く追求しない！

たとえばミクロ経済学では、2つのモノを比較してその関係性を論じたりしますが、実際には世の中にはたくさんのモノがあるわけですからそう単純にはいきません。
あまり深く追求せず、その理論をそのまま吸収してしまうというのが、公務員試験の経済学の問題を解くための近道だと思ってください。

微分について

経済学を勉強するうえで必要な数学知識といえば「微分」ですね。微分を使わないといけないからということで苦手意識を持ってしまう人も多いのですが、公務員試験の問題を解くための微分は、基本的に公式を覚えて、あとは数値を当てはめていくだけという程度のものなのです。
微分については「専門試験レベル」のウォーミングアップで詳しく説明しますが、全然怖がる必要はありませんよ！

数学的に意味をなさない？

経済学のグラフは、とにかく縦軸と横軸の関係を説明するための「道具」として使われるものなので、「みた目優先」であることもあるのです。

原点O？

原点の「O」は「ゼロ」ではなく「オー」です。ちなみに「O」はOrigin（原点）の頭文字です。

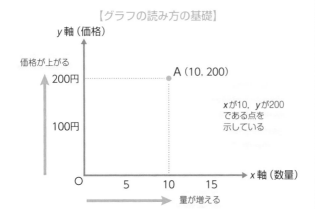

【グラフの読み方の基礎】

こから軸の矢印の向きに従って，数値が増えていきます。

　グラフ内の点Aは，価格が200円で量が10であることを示します。また，これを（10，200）と表現することもあります。（a，b）とした場合，左側の数字aはx軸の値，右側の数字bはy軸の値を表します。

（a，b）

数学ではこれを座標の点として教えています。

直線上の点

　グラフ上に直線が引かれていても，その点において価格と数量がどれだけかを読み取ればいいのです。

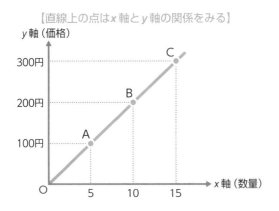

【直線上の点はx軸とy軸の関係をみる】

左のグラフ

中学校の数学では，これを比例として教えています。

　A点は100円で5個，B点は200円で10個，C点は300円で15個を意味し，グラフの直線上の表記は，それぞれ（5，100）（10，200）（15，300）となります。

双曲線上の点

経済学では下図のようになめらかな線である双曲線が描かれることがあります。このときも，A点，B点の値がどうなるか，その線上の点の位置を素直に読み取ればいいだけです。A点（1，5），B点（2，2）ですね。

双曲線

数学では，なめらかな曲線を双曲線と呼び，反比例の説明で用いられます。

【双曲線上の点も x 軸と y 軸の関係をみる】

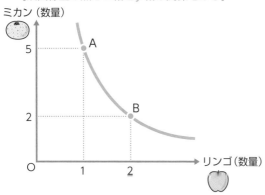

x軸も y 軸も数量をとる場合

先ほど，経済学のグラフでは，x 軸に数量，y 軸に価格をとるのが一般的といいましたが，x 軸も y 軸も数量をとる場合もあります。この場合がまさにそうで，たとえば，x 軸にリンゴの数量，y 軸にミカンの数量をとって，リンゴとミカンを何個ずつ消費するかというようなときに使われます。この例でしたら，A 点ではリンゴを1個，ミカンを5個消費するといった具合です。

交点と接点

経済学では文字どおり，**交点**はグラフの2つの直線どうしが交わる点と単純に考えておいてかまいません。

右のグラフの2つの直線の交点は100円と10個ですね。

直線と双曲線というように2つの異なる線の場合，交わる以外に接するという場合があります。その接している点が**接点**です。

教養試験の経済学では，だいたい以上のような中学校の数学で出てくるような基本的なグラフを使って，説明が行われていくのです。

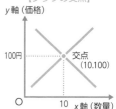

【グラフの交点】

 ## ミクロ経済学について

では，本書のテーマである「ミクロ経済学」について少し説明してみます。

中学校の公民や政治経済，世界史などで**アダム・スミス**という名前を聞いたことがあると思います。アダム・スミスといえば，「**（神の）見えざる手**」という言葉で有名ですが，その意味は，「（神の）見えざる手」の導きによって，最も理想

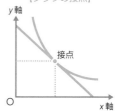

【グラフの接点】

接点

中学校の数学では，円と直線の接点という形で示されますが，経済学では双曲線と直線の接点が多いです。

的な経済の状態を実現できるというものです。

　では，「最も理想的な状態」とは何でしょうか。それは，政府が経済に関与せずに，自由な経済活動によって，あるモノの最も適切な価格と生産量（消費量）が決まることです。あるいは，モノが人々の間で適切に分配される状態です。そういう理想的な状態が，政府ではなく市場<ruby>市場<rt>しじょう</rt></ruby>というみえない力（見えざる手）によって実現するというわけで，その仕組みを学ぶのがミクロ経済学です。

ミクロ経済学では何を学ぶの？

　現在，経済学はミクロ経済学とマクロ経済学の2つに大きく分かれます。2つの違いは，よく「森と木の関係」でたとえられます。森がマクロで，木がミクロです。

　ミクロ経済学のミクロは，英語で「micro」，漢字では「<ruby>微視的<rt>びしてき</rt></ruby>」ということで，経済を細かくみることです。

　何をどう細かくみるのかといえば，経済活動の担い手である家計，企業，政府の中で，特に**家計（消費者）と企業（生産者）**の経済的な行動パターンを詳細に分析します。そして，その家計と企業の活動をつなぐ市場の力を学びます。

　今，市場といいましたが，経済学では**完全競争市場**を前提とします。完全競争とは，多数の市場参加者がいて，政府などからの規制がなく自由に経済活動が営める状態です。しかし，現実的には独占や<ruby>寡占<rt>かせん</rt></ruby>のような市場も存在しており，こうした不完全競争市場についてもミクロ経済学では学びます。

　さらに，ミクロ経済学では政府の関与は好まれませんが，警察・消防といった公共サービスや橋や道路といった公共財については，市場メカニズムが働かない（需給関係に応じて価格や数量が急激に変化することはない）ので，政府の役割が期待されます。こうした状態は「市場の失敗」と呼ばれます。この分野もミクロ経済学で学びます。

　では，以上のことを準備段階として，早速ミクロ経済学の講義を始めます！

アダム・スミス

18世紀のイギリスの経済学者・哲学者（1723〜1790）で，近代経済学の祖とされています。主著の『国富論』（『諸国民の富』）の中に出てくる有名なフレーズが「（神の）見えざる手」です。

市場の力って？

市場の力とは，これから学んでいきますが，価格が変化することで，需要と供給が変化していく力のことを意味します。

マクロ経済学

マクロ経済学では森，つまり「一国の経済」という「巨視的」な観点から経済をみていきます。
「一国の経済」，たとえば日本経済全体についてのことを学ぶというわけで，マクロ経済学で扱う内容は，聞いたことのある単語がたくさん出てきます。また，日本銀行などの金融政策などもマクロ経済の守備範囲です。
マクロ経済学については，姉妹版の『最初でつまずかない経済学　マクロ編』をご覧ください。

需要と供給（基礎）

家計と企業の行動パターン

　経済学で最も大事なことは何ですか？と聞かれたら，「需要と供給」と答えることができます。経済学とは，単純にいえば需要と供給の学問で，このことを需要曲線と供給曲線というグラフを使って説明していきます。

　本章ではまず，需要と供給の基礎的な内容を押さえましょう！

教1-1
需要と供給について学ぼう！
～経済学の九九（基礎）だよ～

 ## 需要曲線と供給曲線

経済学の立場からみると，消費者や生産者は何を求めて行動しているのでしょうか。答えは，消費者が**効用の最大化**，生産者が**利潤の最大化**です。

需要曲線とは，消費者（家計，買い手）による財・サービスの需要量と価格の関係を曲線として描いたものです。

また，**供給曲線**とは，生産者（企業，売り手）が供給しようとする財・サービスの量とその価格との関係を曲線として示したものです。

【需要曲線と供給曲線のグラフ】

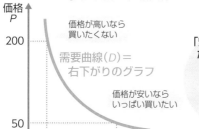

価格が高いなら買いたくない

需要曲線(D)＝右下がりのグラフ

価格が安いならいっぱい買いたい

「安いモノをたくさん買いたい」
価格が200円なら5個買うところを50円に値下がりすれば20個買う

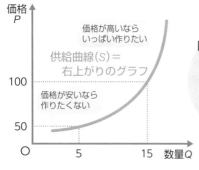

価格が高いならいっぱい作りたい

供給曲線(S)＝右上がりのグラフ

価格が安いなら作りたくない

「高いモノをたくさん作りたい」
価格が50円なら5個作るところを100円になれば15個作る

 効用と利潤？

効用とは英語の「utility」の訳で，もっとわかりやすくいえば「満足度」です。また利潤は「もうけ」です。結局，消費者も生産者も「得したい」と思って行動しているということです。

 需要？供給？財？

需要とは，消費者の「欲しい」って気持ちです。
供給は，生産者の「作りたい」って気持ちです。
財とは，単純に「モノ」のことだと思ってください。

 略語について

需要曲線：*D*（Demand）
供給曲線：*S*（Supply）
価格：*P*（Price）
数量：*Q*（Quantity）
なんて略語が使われることも多いです。

 需要曲線と供給曲線

ここまでのポイントをまとめてみましょう。
●需要曲線
・右下がり
・消費者は「安いモノをたくさん買いたい」
●供給曲線
・右上がり
・生産者は「高いモノをたくさん作りたい」

縦軸に価格，横軸に数量をとったグラフでこのことを示すと，**需要曲線は右下がり**で，**供給曲線は右上がり**になります。

価格が下がれば消費者の需要が増え（安いモノをたくさん買いたい），価格が上がれば需要が減る一方で，価格が上がれば生産者はより多くの利益を獲得できるので財をより多く供給する（高いモノをたくさん作りたい）からです。

そして，需要曲線と供給曲線が一致する点が均衡点となります。つまり，消費者と企業双方の利益が最大化される点は，需要と供給が一致する点，すなわち，需要曲線と供給曲線の交点*E*となります。そして交点を示す数量Q^*が市場における**均衡数量**であり，価格P^*が**均衡価格**（または**市場価格**）です。

【均衡価格と均衡数量】

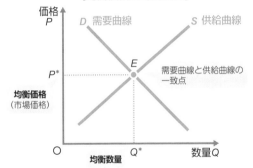

価格調整の市場メカニズム

では，仮に，価格が均衡価格よりも高い（低い）ところで決まっていたらどうなるでしょうか。

均衡価格と異なる価格であれば，需要と供給が一致していないことになりますので，価格が変化することによって，需要と供給が一致するような仕組みが働きます。

価格が均衡価格よりも高い場合は価格を下げる力が働き，価格が均衡価格よりも低い場合は価格を上げる力が働くことになります。

これを**市場メカニズム**，または**価格による自動調整機能**，**価格調整メカニズム**といいます。**アダム・スミス**が「(神

省略されることも

需要曲線，供給曲線は，2つ合わせて「需要供給曲線」とか「需給曲線」とか「DS曲線」などと呼ばれることもあります。

***?**

「アスタリスク」という記号ですが，普通のP，Qと区別するために使われているだけです。なので別に★でも別の文字でも何でもかまわないのです。

曲線じゃないけど？

左のグラフをみると，需要曲線も供給曲線も曲線になってませんが，これはグラフを単純化しただけなので気にしないでください。たとえ直線で書かれてあっても同じものだと考えてくださいね。

市場って？

経済学における市場（しじょう）とは，単に魚市場や株式市場のような具体的な場所をさすだけでなく，財やサービスの取引のすべてをひっくるめて「**市場**」と呼んでいます。なお，経済的決定を市場に任せる経済を「**市場経済**」といいます。

神の見えざる手

「**市場メカニズム**」「**価格による自動調整機能**」と同じ意味です。特に何もしなくても自動的に価格が決まっていくのをみると，神の力でも働いているように思えてしまうのもわかりますよね。

の）**見えざる手**」と呼んだものです。

では，過去問を通してこの点を考えてみましょう。

例題1

　次の文は，需給関係による価格の決定に関する記述であるが，文中の空欄ア～エに該当する語の組合せとして，妥当なものはどれか。

（国家一般職［大卒］・市役所　改題）

　次の図は，縦軸に価格，横軸に数量をとり，需要曲線を*DD*，供給曲線を*SS*で示し，完全競争市場におけるある財の価格と数量との関係を表したものである。
　この図において，需要曲線と供給曲線との交点*E*における価格*P*を均衡価格という。もし，他の条件が一定であれば，価格が*P*よりも高くなると，（　ア　）が発生し，価格は（　イ　）する。
　一方，この財の価格を市場価格より低い水準に設定するように規制すると，市場では（　ウ　）が発生し，価格は（　エ　）する。

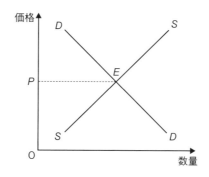

	ア	イ	ウ	エ
1	超過需要	上昇	超過供給	低下
2	超過供給	上昇	超過需要	低下
3	超過供給	低下	超過需要	上昇
4	超過需要	上昇	超過供給	上昇
5	超過供給	低下	超過需要	低下

解法のステップ

　価格が短期的に市場均衡から乖離（かいり）しているとき，市場メカニズムによって均衡価格に向かいます。

乖離？
単純に離れていることです。経済学ではときおり出てくる表現です。

● 価格が均衡価格より高いとき

供給Sが需要Dよりも多いことから超過供給の状態となります（アに入るのは「超過供給」）。

超過供給は売れ残りがある状態を意味します。たとえば，閉店間近のスーパーの生鮮売り場を考えてみましょう。お店は，売れ残ったものを売り尽くそうと「おつとめ品」と称して値下げをしますね。

これと同じ原理で，超過供給が発生すると，価格は低下（イ）します。

> ──🐸 価格が均衡価格より高いとき ────
> **超過供給（需要＜供給）＝売れ残り　⇒　価格↓**

● 価格が均衡価格より低いとき

需要Dが供給Sよりも多いことから超過需要（ウ）の状態となります。

超過需要は品不足の状態です。超過需要（品不足）になるとどうなるでしょうか。魚市場でのせりやオークションの場面を想像してみてください。買い手が殺到すると，どんどん値段が上がっていきますよね。

つまり，超過需要（品不足）のときは，その超過需要分を解消するように価格が上昇（エ）していきます。

> ──🐸 価格が均衡価格より低いとき ────
> **超過需要（需要＞供給）＝品不足　⇒　価格↑**

以上から，正答は**3**となります。

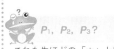

P_1, P_2, P_3?

これも先ほどの「＊」と同じで，各点の区別をしつつ，Pとの関係性を示すために，1・2・3と小さく文字を入れているだけです。

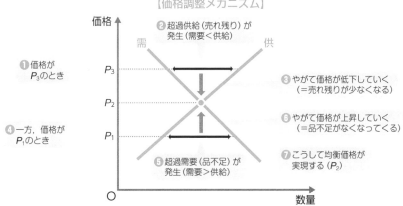

【価格調整メカニズム】

価格

❷超過供給(売れ残り)が発生(需要＜供給)

需　供

❶価格がP_3のとき

P_3

P_2

P_1

❹一方，価格がP_1のとき

❸やがて価格が低下していく（＝売れ残りが少なくなる）

❻やがて価格が上昇していく（＝品不足がなくなってくる）

❼こうして均衡価格が実現する（P_2）

❺超過需要(品不足)が発生(需要＞供給)

O

数量

価格が変化することによって，均衡点へ導かれるという市場メカニズムについては理解できましたか？

次に，需要曲線と供給曲線がシフトする場合について考えます。

 ## 需要曲線と供給曲線のシフト

●需要曲線のシフト

需要曲線は，消費者（家計）の行動を表す曲線なので，家計の消費行動が変わるなんらかの要因が起きたときにシフト（移動）します。その最たる例が，所得の増減です。

結論からいえば，所得の増加（減少）によって需要曲線は右（左）へ移動します。

仮に数量（需要量）が10個であったとします。このとき所得が増加すれば，消費が増加します（たとえば15個とか）。このとき，需要曲線は数量が増える方向である右に移動することになります。

【需要曲線のシフト（移動）】

●供給曲線のシフト

供給曲線は，企業（生産者）の行動を示したものなので，企業の生産活動を変化させるなんらかの要因でシフトします。

結論からいえば，供給（生産）が増加すれば供給曲線は右に移動し，供給が減少すれば供給曲線は左に移動します。

供給曲線が右にシフトする場合を考えると，その要因には，まず①技術革新などにより生産性が向上する場合が挙げ

シフト？

シフトというのは「移動」という意味です。

増加（減少）？
どっちなの？

「所得の増加（減少）によって需要曲線は右（左）へ移動」とありますが，これは「所得の増加によって需要曲線は右へ移動し，所得の減少によって需要曲線は左へ移動する」という意味です。
かっこ内の場合は，次のかっこ内に対応するということです。

供給曲線が左にシフトする場合

たとえば，石油の供給を考えた場合，石油コンビナートの爆発事故が起きたり，OPEC（石油輸出国機構）の生産削減措置などがとられたりすれば，石油の供給が減少するので，供給曲線は左にシフトします。

られます。生産性の向上により，仮に市場価格が同じでも，たくさんの財を供給（生産）できるようになります。

また，②原材料，賃金，税などコスト（費用）が低下した場合も同様です。生産コストが削減されると，その分，企業は価格を引き下げたり，生産量を増加させたりすることができます。

【供給曲線のシフト（移動）】

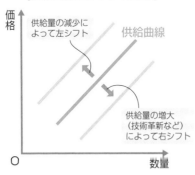

以上，市場メカニズムをまとめると次のようになります。

需給と価格数量の関係

需要の増加（需要＞供給）⇒ 価格の上昇，数量の増加

需要の減少（需要＜供給）⇒ 価格の低下，数量の減少

供給の増加（需要＜供給）⇒ 価格の低下，数量の増加

供給の減少（需要＞供給）⇒ 価格の上昇，数量の減少

これは，経済学の根本原理といっても過言ではありません。今後さまざまなところで出てくるのでしっかり理解しておきましょう。

では，ここまでのまとめとして，次の問題を解いて，需要や供給が増加（減少）したら価格や生産量がどうなるかをチェックしてみましょう。

生産性って？

生産性の向上とは，1人の労働者がたくさんのモノを作れるようになることです。たとえば，「手作業より機械を使えば生産性が高まる」といった使い方ができます。

需要供給曲線のシフト

需要曲線のシフト ⇒
所得や消費の増減
供給曲線のシフト ⇒
生産性やコストの変化

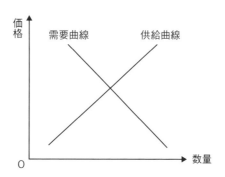

 例題2

次の図はある財市場の需要曲線と供給曲線を描いている。この図に関する記述のうち妥当なものはどれか。 （国家一般職［大卒］・市役所　改題）

1 生産技術進歩により，生産コストが低下する場合，供給曲線が右方にシフトし，需要曲線は左方にシフトし，均衡価格は低下する。

2 所得が増加する場合，供給曲線は右方にシフトし，均衡数量は増加する。

3 所得が増えれば，需要曲線は右方にシフトし，均衡数量は減少する。

4 人口が増加する場合，供給曲線は右方にシフトし，需要曲線も右方にシフトするので，均衡数量は増加する。

5 需要が増加して，需要曲線が右方にシフトすると，この財の価格は上昇する。

解法のステップ

各選択肢の文章を以下にそれぞれ正しくなるように訂正しました。グラフをよくみながら確認してください。

1.「生産技術進歩により，生産コストが低下する場合，供給曲線が右方にシフトし，均衡価格は低下する」。経済学において，技術進歩は企業活動に影響を与えるので，家計の行動を示す需要曲線は反応しません。

2.「所得が増加する場合，需要曲線が右方にシフトし，均衡数量は増加する」

3.「所得が増えれば，需要曲線は右方にシフトし，均衡数量は増加する」

4.「人口が増加する場合，需要曲線が右方にシフトするので，均衡数量は増加する」。経済学において，人口増加で家計の消費が増えるので，需要曲線に影響を与えるだけで，供給曲線は反応しません。

5.　正しい。

学習上の注意！

たとえば，**1** では技術進歩で安い製品を消費者が買えるようになると需要が増えるので，需要曲線が右に移動するとか，**4** では人口増加で労働供給量が増え，供給曲線が右にシフトするという考え方もできないわけではありません。

しかし，経済学では，技術革新は供給曲線，人口は需要曲線のシフト要因と覚えておきましょう。経済学ではこう考えるのだという柔軟な対応をしてください。

以上，正答は **5** となります。

教1-2
需要と供給の価格弾力性
～需要曲線と供給曲線の傾きのことだよ～

 需要の価格弾力性

　モノの価格によって需要が変化することを，前項で学びました。そこで登場するのが**需要の価格弾力性E_D**です。

　これは，価格が変化したときに需要量がどれだけ変化するかを表す指標で，需要量の変化の割合を価格の変化の割合で割り算した値で求めることができます。

　需要の価格弾力性

$$需要の価格弾力性＝\frac{需要の変化率}{価格の変化率}$$

これを簡単なイメージで示せば次のようになります。

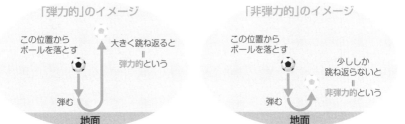

「弾力的」のイメージ

この位置から
ボールを落とす　大きく跳ね返ると
　　　　　　　　＝
　　　　　　　弾力的という

弾む
地面

「非弾力的」のイメージ

この位置から
ボールを落とす
　　　　　　　少ししか
　　　　　　　跳ね返らないと
　　　　　　　＝
　　　　　　　非弾力的という

弾む
地面

　ボールを地面に落とすと，ボールは跳ね返ってきますね。一般的に価格が下がると需要は増加します。そこで，ボールの地面への落下を価格の低下として，また跳ね返ってくることを需要の増加と仮定して，需要の価格弾力性を考えてみてください。

　ここで需要の価格弾力性が**弾力的である**とは，ボールで考えれば跳ね返りが大きいこと，つまり，価格が低下した割合以上に，需要の増加の割合が大きいことを意味します。

　さらにいえば，ボールを放した地点までボールが跳ね返っ

 一言

タイトルがカタイ割には，比較的楽な内容かと思います。
　1つだけ例題に計算問題を入れていますが，専門試験で出てきた問題ですので，できなくても落ち込む必要はありません。

 変化率の求め方？

たとえば，100が120になったら20％増加したとすぐにわかりますが，実際に計算すると
$$\frac{120－100}{100}$$
となります。つまり，実際に変化した数「20」を元の数字「100」で割り算をして求めます。

30

て戻ってくれば弾力性は1，それ以上に跳ね返ってくれば，弾力性は1よりも大きいといえます。

逆に，需要の価格弾力性が**非弾力的である**ことは，ボールの跳ね返りが小さいこと，ボールを放した地点まで戻ってこないこと，つまり**価格の低下に需要がそれほど反応しないということ**です。この場合，弾力性は1よりも小さいといえます。

なお，%にするには，答えを100倍します。先ほどの例を実際に計算すると

$$\frac{120-100}{100}\times100$$
$$=\frac{20}{100}\times100$$
$$=20 \ [\%]$$

 ## 「弾力的」と「非弾力的」

需要の価格弾力性をグラフで示してみましょう。弾力的かそうでないかは，需要曲線の傾き（勾配）で示されます。

【弾力的と非弾力的な需要曲線】

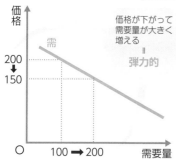

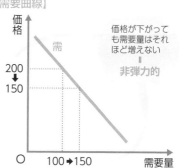

左上図のように，需要曲線が水平に近くなるほど，価格の変化（200円から150円）に対して需要量の変化が右図と比較して大きくなっています（100個から200個）。この場合，この財は弾力的といいます。

逆に，右上図のように，需要曲線が垂直に近くなるほど，価格の変化（200円から150円）に対して需要量の変化（100個から150個）は左図と比べて小さくなっています。この場合，この財は非弾力的といういい方をします。ボールでいえば，跳ね返りが小さい状態です。

では，次の文について，正しいか間違っているかを検討してみてください。

 需要の価格弾力性

需要の価格弾力性は，需要曲線の傾きのことを示す。
↓
傾きが緩やか ⇒ 弾力的
傾きが急 ⇒ 非弾力的

> **問**
>
> 需要曲線は一般的に奢侈品のほうが，食料等の生活必需品よりも傾きが緩やかである。

解法のステップ

奢侈品（贅沢品，高級品）と生活必需品とで，価格が下がったときにどちらの財の需要が大きく増加するか，または，少ししか増えないかを考えます。これを企業（生産者）側からみれば，贅沢品と必需品を安売りしたときに，どちらの売上げが増加するかを考えることと同じです。

価格の低下によって，贅沢品は必需品より需要が相対的に増加するので，贅沢品の需要曲線の傾きは緩やかになります。したがって，この問題文は正しいです。

一般的に，贅沢品（奢侈品）は弾力的で，多少価格が変化してもその需要量は大きく変化しないことから必需品などは非弾力的な財ということができます。

🔖 **需要の価格弾力性**

需要の価格弾力性 ＞1 ⇒ 弾力的，贅沢品（奢侈品）
需要の価格弾力性 ＜1 ⇒ 非弾力的，必需品

 需要の価格弾力性の値

次に，実際に需要の価格弾力性を計算してみましょう。これは専門試験の問題ですが，弾力性の理解のためには大変参考になるので，ここで取り上げます。

 奢侈品と必需品

p.39で詳しく説明します。なお，贅沢品，奢侈品，高級品はすべて同じ意味です。

 相対的？

「何かと何かを比較したときに，もう一方と比べると」というような意味です。ここの場合は，贅沢品と必需品を比べると，贅沢品のほうがより需要が増加するということになります。

📛 **例題3**

価格が80円で需要量が800のある商品が，72円で需要量が1,000になったときの需要の価格弾力性として，最も妥当なものを選べ。 　　　　　　　（地方上級）

1　1.0

2　1.5

3　2.0

4　2.5

5　3.0

絶対値って?

プラス(+)マイナス(-)のつかない数のことです。たとえば「-3」や「+3」の絶対値は「3」となります。

解法のステップ

需要の価格弾力性(絶対値)が,価格の変化に対する需要の変化 $\left(\dfrac{需要の変化率}{価格の変化率}\right)$ なので,それぞれ,価格の変化率と需要の変化率を求めればよいことになります。

価格は80円から72円へ変化しており,需要は800から1,000に変化しています。80円から72円に価格が低下したときの変化率(減少率)は,$\dfrac{72-80}{80}=\dfrac{-8}{80}=-\dfrac{1}{10}$ で,-10%となります。

需要が800から1,000に増加したときの変化率(増加率)は,$\dfrac{1000-800}{800}=\dfrac{200}{800}=\dfrac{1}{4}$ で,25%となります。

したがって,10%の価格低下に対して25%需要が増加した場合の需要の価格弾力性は,$\dfrac{25\%}{10\%}=2.5$ となります。この財は弾力性が1より大きいので「弾力的」ですね。よって,正答は**4**です。

 減少率?増加率?

変化率がプラスの場合は「増加率」,マイナスの場合は「減少率」ともいいます。

 -は?

$-\dfrac{25\%}{10\%}$ となっていないのは,価格弾力性が絶対値だからです。絶対値なので,プラス(+)マイナス(-)は関係ないのです。

例題4

需要の価格弾力性に関する次の文中の下線部A~Dのうち,正しいものをすべて挙げているのはどれか。

(大卒警察官 改題)

需要の価格弾力性は,A価格の変化に伴う需要量の変化を示す一つの指標であり,B価格の変化率を需要量の変化率で割った比の絶対値で表される。通常右下がりの需要曲線では価格が下がると需要量が増加するから,変化率の比自体の値は負となるため,絶対値にして大きさを表している。絶対値で表された弾力性が1より大きいとき,C需要は価格について弾力的である。一般に,D生活必需品の弾力性は1より大きくなる傾向にある。

1 A,B
2 A,C
3 A,D
4 B,C
5 B,D

解法のステップ

ここでは誤りの部分を訂正します。

まず，Bが誤りで，需要の価格弾力性は需要量の変化率を価格の変化率で割った比 $\left(\dfrac{需要の変化率}{価格の変化率}\right)$ の絶対値で示したものです。それから，Dで生活必需品の弾力性は1より小さく非弾力的でした。

この種の問題は訂正したうえで，全文を読み直しておくと，復習にも役立ちます。正答は**2**です。

傾向と対策

教養試験における，需要の価格弾力性についての過去問をみると，その特徴や，定義を問う問題が中心です。専門試験ではさまざまな弾力性が出てきますが，経済初学者にとってはまず需要の価格弾力性の性質だけを押さえておけば試験対策は十分です。

➡ 供給の価格弾力性

供給の価格弾力性E_sとは，供給曲線の傾きのことで，価格の変化で供給がどれだけ変化するか，すなわち，価格の変化率に対する供給量の変化率で示されます。

供給の価格弾力性

$$供給の価格弾力性 = \dfrac{供給の変化率}{価格の変化率}$$

考え方は，需要が供給に代わっただけで，需要の価格弾力性とまったく同じです。すなわち，供給曲線の傾きが緩やかな場合は，たとえば価格の上昇に対して供給が大きく増えているので**弾力的**で，勾配が急な場合は**非弾力的**となります。

【供給の価格弾力性】

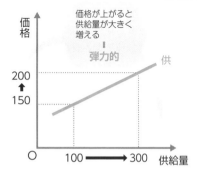
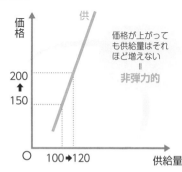

このことを次の簡単な過去問で確認してみましょう。

34

例題5

　次の2つの図は，4本の供給曲線を描いたものである。これらの図に関する下の文の空欄ア〜ウに当てはまる語句の組合せとして妥当なのはどれか。

（市役所）

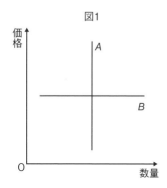

図1

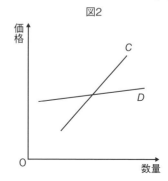

図2

　図1の場合，供給曲線Aの価格弾力性は（　ア　），供給曲線Bの価格弾力性は（　イ　）。図2の場合，供給曲線Cの価格弾力性は，供給曲線Dの価格弾力性より（　ウ　）。

	ア	イ	ウ
1	無限大	0	小さい
2	無限大	1	大きい
3	0	無限大	大きい
4	0	無限大	小さい
5	1	無限大	小さい

解法のステップ

　問題文に説明を加えながら解説します（下線は問題文）。

　図1の場合，供給曲線Aの価格弾力性は，供給曲線Aが垂直（最も非弾力的）となっているので（ア　0），供給曲線Bの価格弾力性は，供給曲線Bが水平（最も弾力的）であるので（イ　無限大）です。

　図2の場合，供給曲線Cの価格弾力性は，供給曲線Dの価格弾力性より，供給曲線Cのほうが非弾力的（傾きが急）なので（ウ　小さい）。

　よって，正答は**4**となります。

無限大？

限りなく大きいこと。ここでは価格の変化に供給量が一気に急増（減）することを意味します。

第1章のまとめ

●需要曲線と供給曲線

需要曲線（*D*）は右下がり，供給曲線（*S*）は右上がり

需要曲線（*D*）と供給曲線（*S*）が一致する点が均衡点（交点*E*）

【需要曲線と供給曲線のポイント】

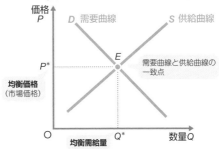

●市場メカニズム

市場メカニズム(価格調整メカニズム)：価格が変化することによって，需要と供給が一致するような仕組み。価格の自動調整機能のこと。

価格が均衡価格より高いとき：超過供給（需要＜供給）＝売れ残り ⇒ 価格↓

価格が均衡価格より低いとき：超過需要（需要＞供給）＝品不足 ⇒ 価格↑

●需要の価格弾力性

価格が変化したときに需要量がどれだけ変化するかを表す指標。

$$需要の価格弾力性 = \frac{需要の変化率}{価格の変化率}$$

需要曲線の傾きが緩やか ⇒ **弾力的**　　　需要曲線の傾きが急 ⇒ **非弾力的**

需要の価格弾力性＞1　⇒　弾力的，奢侈品（贅沢品）

需要の価格弾力性＜1　⇒　非弾力的，必需品

●供給の価格弾力性

価格が変化したときに供給量がどれだけ変化するかを表す指標。

$$供給の価格弾力性 = \frac{供給の変化率}{価格の変化率}$$

教養試験レベル　第**2**章

家計の行動（基礎）

私たちは経済学的に何を求めるのか

　前章で述べたように，経済学の立場からみると，消費者は安いモノをたくさん購入します。ところが，消費者が消費（購入）しようとするモノのタイプによってはそうならないことだってあるのです。そこで，消費しようとするモノ（財）の種類について学びます。それから，「消費」に関する基礎的な理論である無差別曲線と予算制約線について学んだ後，本章の目的である「私たちが経済学的に何を求めるのか」の答えである，効用最大化について考えます。

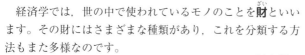

教2-1

財にもいろいろある
～財とはモノのことだよ～

経済学では，世の中で使われているモノのことを**財**といいます。その財にはさまざまな種類があり，これを分類する方法もまた多様なのです。

ただ，基本的な分類としては，**上級財**と**下級財**，**奢侈品**と**必需品**，それに**代替財**と**補完財**という 3 つの分類だけを知っておけばいいでしょう。

 ## 上級財と下級財

上級財は所得の増加（減少）に伴って需要が増加（減少）する財のことで，**下級財**は所得の増加（減少）に伴って需要が減少（増加）する財のことです。

たとえば，新車と中古車は，上級財と下級財の関係の代表的な例です。

みんなの所得が増加してくると新車を購入する人たちが増え，その分，中古車の需要（消費）が減少するでしょう。逆に，所得が減少してくると新車を購入する人たちが減り，中古車で我慢する人たちが増えてくるはずです。

> ━━ 上級財と下級財の定義 ━━
>
> **上級財**：所得の増加（減少）⇒ 需要が増加（減少）
>
> **下級財**：所得の増加（減少）⇒ 需要が減少（増加）

 ## 中級財

上級財，下級財のほかに，中級財と呼ばれるものもあります。**中級財**は所得が増加（減少）しても消費量が変化しない財のことです。ただ，公務員試験では中級財はめったに取り上げられませんので，名前を知っている程度でかまいません。

どうして「財」なんていうの？

経済学は輸入された学問で，英語の「goods」を日本の経済学者が財と訳したのです。簡単にモノと訳してくれればわかりやすかったのでしょうけどね。

需要？ 消費？

需要と消費は同じ意味です。

財の例

上級財の例として「牛肉」，下級財の例として「豚肉」を挙げているものも多くみかけます。「単なる好みの問題じゃないか！」と思うかもしれませんが，日本では一般的に牛肉のほうが豚肉より高級感があるのでそのように分類されます。

中古車や豚肉はいつも下級財？

相対的な関係なので，中古車や豚肉が常に下級財とは限りません。中古車とバイク，豚肉としいたけなどの関係になれば，中古車や豚肉が上級財となることだってあります。

ギッフェン財

ギッフェン財は専門試験レベルで頻出用語の一つですが，ここで取り上げます。

まず定義からですが，ギッフェン財は下級財の中で，所得の増減ではなく，価格が上昇（低下）すると需要が増加（減少）するという特殊な財で，**超下級財**とも呼ばれます。

通常，価格が上昇（低下）すると需要が減少（増加）しますが，逆になっています。ですから，ギッフェン財の需要曲線は，通常の右下がりではなく右上がりの形になってしまいます。

例を挙げれば，株式や宝石類などがギッフェン財に該当する場合があります。株価が下がってくれば，この会社の経営に対する懸念からますます売られて（需要が減少して）いきます。逆に，株価が上昇すれば，われ先にと買いが入ってくる場合が多いですね。また，高級品志向の消費者は，宝石の価格が下がってくれば，その宝石は偽物，あるいは価値がないのかもしれないということで買わなくなってくる（需要が減少する）ということがあります。

奢侈品と必需品

上級財の中でも，たとえば所得が2倍増加したときに，需要が3倍も4倍も増加するように，所得の増加で需要（消費）が大きく伸びる財を**奢侈品**または**贅沢品**と呼びます。

逆に所得が2倍増加しても需要が1.5倍しか増えないというように，所得が増加してもそれほど需要が増加しない財を**必需品**といいます。

> **奢侈品と必需品の定義**
>
> **奢侈品**：所得の増加（減少）で，需要が大きく増加（減少）する財
>
> **必需品**：所得の増加（減少）で，需要が少ししか増加（減少）しない財

奢侈品の例としては，貴金属，松阪牛などの高級品があ

「ギッフェン財」は，イギリスの経済学者R.ギッフェン（1837〜1910）が命名したことから現在でもそう呼ばれています。

財の種類をまとめておこう！

り，必需品の例としては米などの食料品やトイレット・ペーパーなどの日常品が挙げられます。日常品は所得が増えてもそれほど需要は伸びないと考えれば理解しやすいと思います。

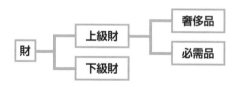

代替財と補完財

代替財（だいたいざい）とは文字どおり「代わりになる財」で，たとえばコーヒーと紅茶，ご飯とパンなどの関係です。これを定義づけすれば，代替財は，一方の財の需要が増加（減少）した場合に他方の財の需要が減少（増加）する財のことです。

補完財とは消費を補い合う財で，例としてはコーヒーと砂糖，パンとバターなどが挙げられます。定義は，需要が増加（減少）した場合に他方の財の需要が増加（減少）する財となります。

 代替財と補完財の定義

代替財：財Aの需要↓（↑）―財Bの需要↑（↓）
補完財：財Aの需要↓（↑）―財Bの需要↓（↑）

では，次に問題演習に移ります。

教養試験に出題される財の種類に関する問題は，上級財と下級財，代替財と補完財それぞれの見分け方を直接問うものが一般的です。それぞれの財の定義を知っているかどうかがポイントです。

 代替財と補完財の覚え方

一緒になって需要が増えたり減ったりするのが**補完財**，需要の増減が逆になるのが**代替財**と考えましょう。コーヒーと紅茶（代替財の例），パンとバター（補完財の例）のように**具体例を先に覚えるのが理解のコツ**です。

 勉強のコツ

財の種類の勉強のコツですが，とにかく暗記すればいいのです。

例題6

次の文中の空欄A～Dに入る語句の組合せとして，正しいものはどれか。

（大卒警察官　改題）

価格が一定のとき，同じ用途に用いられる財のうち，所得水準の上昇につれて購入量が増加する（　A　）のような財を上級財，（　B　）のような財を下級財という。

また，所得が一定のとき，コーヒーの価格の低下によりコーヒーおよび（　C　）の購入量がともに増加するならば，この2財を（　D　）という。

	A	B	C	D
1	牛肉	豚肉	砂糖	補完財
2	日本酒	ビール	紅茶	代替財
3	牛肉	豚肉	砂糖	代替財
4	日本酒	ビール	砂糖	補完財
5	牛肉	豚肉	紅茶	代替財

 解法のステップ

本文の前半は，上級財と下級財の例の組合せを問うているので，答えは牛肉と豚肉ですね。日本酒とビールの関係は，所得の増減で消費が変わるというよりは消費者の好みの問題です。

よって，答えは**1**，**3**，**5**に絞られます。

後半は，Dで補完財か代替財かを問うているので，その前の説明にある定義と具体例から判断することになります。「コーヒーおよび（　C　）の購入量がともに増加する」とあるので，需要の増減のしかたが同じであるDは補完財と判断できます。そしてコーヒーの補完財の例なので，Cには砂糖が入ります。

したがって，正答は**1**となります。

 牛肉と豚肉？

牛肉と豚肉も好みの問題だと考える読者もいると思いますが，前述したように日本では牛肉が豚肉より高級な肉とされていることから，経済学では牛肉と豚肉は上級財と下級財の例として用いられることがあります。

無差別曲線と予算制約線
～家計のユニークな理論だよ～

第2章の最後に，ミクロ経済学では独特な理論である**無差別曲線**と，消費理論に不可欠な**予算制約線**について学びます。

 無差別曲線

無差別曲線は英語の「indifferent curve」の訳語です。indifferentは，different（異なる）に否定の in がついたもので，「違いがない」という意味です。「違いがない」は，言い換えれば「同じ」ということです。

つまり，無差別曲線とは同じであることを示している曲線で，何が同じかというと効用（満足度）が同じなのです。

一般的な無差別曲線は，下図のように原点に対して凸型（出っぱりが原点に向いている）で右下がりの曲線をしています。x 軸と y 軸は財全体の数量と価格ではなく，X 財の消費量と Y 財の消費量を示しています。U は効用です。

効用 U

効用は「utility」ですので，U と略して用います。
効用とは英語の「utility」の訳で，もっとわかりやすくいえば「満足度」です。

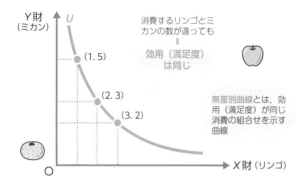

Y財（ミカン）
U
(1, 5)
(2, 3)
(3, 2)
O
X財（リンゴ）

消費するリンゴとミカンの数が違っても
＝
効用（満足度）は同じ

無差別曲線とは，効用（満足度）が同じ消費の組合せを示す曲線

（1, 5）?

（○, △）というのは，グラフ上の点の位置を示していて，○の位置にある数字が x 軸の値で，△の位置にある数字がそれに対応する y 軸の値を表しています。（1, 5）は「x が1のとき，y が5となる点」ということです。

満足度が同じということを示している無差別曲線とはどういう特徴があるのかを説明しましょう。

●無差別曲線上での効用は同じ

市場に２種類の財X，Yが存在するとして，たとえばX財をリンゴ，Y財をミカンとしたときに前ページのような無差別曲線になるとしましょう。これは，リンゴ１個とミカン５個の消費の組合せと，リンゴ３個とミカン２個の消費の組合せは，同じ効用（満足度）であるということを示しています。

つまり，１つの無差別曲線上では消費の満足度がどの点でも同じになるのです。

●右上方にあるほど，効用が大きい

また，無差別曲線は，地図の等高線や木の年輪のように互いに交わらずに無数に引くことができ，原点Oから離れるほど効用が大きくなります。

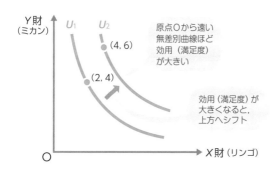

たとえば，無差別曲線U_1とU_2を比較すると，U_1の消費（2，4）の組合せと，U_2の消費（4，6）の組合せでは，U_2のほうがX財，Y財を多く消費できるので，U_1よりU_2の効用が大きいことになります。

●無差別曲線は互いに交わらない

この特徴は，「交わったら矛盾するから，交わらない」という手法（「推移律の仮定」と呼ぶ）で説明されます。次の図で，無差別曲線U_1では$a＝c$ が成立し，またU_2では$b＝c$が成立するので，$a＝b$ も実現することになります。しかし，点aと点bでは，点bが点aより明らかに原点から遠い位置にあるので，効用の大きさは$a＜b$ですから，矛盾することになります。よって，無差別曲線は決して交わってはいけないのです。

需給曲線と無差別曲線のグラフの違い

これまで出てきた縦軸（Y軸）に価格，横軸（X軸）に数量をとる需要と供給のようなグラフとは異なり，無差別曲線のグラフは，縦軸も横軸も数量をとります。つまり**無差別曲線は，2つの財の数量を表します。**

無差別曲線のポイント

・無差別曲線とは，効用（満足度）が同じ消費の組合せを示す曲線
↓
・同じ無差別曲線上の任意の点における効用は等しい
・無差別曲線は，原点から離れるほど効用が大きい

説明がヤヤコシイ？

この思考のプロセスは，専門試験レベルの応用問題で活用されるので，面倒くさがらずにしっかり消化してください。

【交わったら矛盾する無差別曲線】

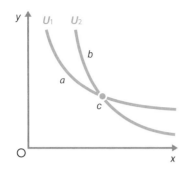

例題7

次の図の無差別曲線に関する記述のうち，妥当なものはどれか。

（大卒警察官）

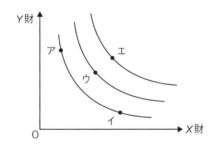

1　無差別曲線上のア，イ，ウの効用は等しい。
2　アのほうがウよりも効用は大きい。
3　イのほうがウよりも効用は大きい。
4　イのほうがエよりも効用は大きい。
5　エのほうがウよりも効用は大きい。

解法のステップ

　同じ無差別曲線上にあれば効用が同じであることと，原点
から遠いところに位置している無差別曲線のほうが効用が大
きいという特徴を考慮に入れて各選択肢を検討すると，正答
は**5**となります。

　1については，効用はア＝イ＜ウ＜エの順に大きくなり，
2〜4は効用の大きさが逆になっています。

効用の大きさを
正しく比較すると…
ア　＝　イ
ア　＜　ウ
イ　＜　ウ
ウ　＜　エ

予算制約線

消費は無制限に可能かというとそうではありません。消費者は予算による制約を受けています。先ほどのリンゴとミカンの例でいえば、仮にある人の財布に1,000円札1枚しか入っていないのに、リンゴとミカンを100個も200個も買うことはできません。つまり、消費者は予算（所得）の制約下で効用を最大化しなければならないわけです。

●予算制約線の導出

そこで、予算制約線の登場です。**予算制約線（予算線）**とは「ある予算で買物がどれだけ可能なのか」を示す線分です。この例では、リンゴとミカンを何個買えるのかという消費の組合せを示す線とでもいっておきましょう。これを式の形に表すと、次のようになります。

予算 M ＝ X 財への支出額＋Y 財への支出額

＝ X 財の価格 P_x・X 財の購入量 X ＋

Y 財の価格 P_y・Y 財の購入量 Y

$P_x \cdot X + P_y \cdot Y = M$

たとえば、予算（所得）が1,000円、X 財（リンゴ）200円、Y 財（ミカン）100円としたとき、予算制約式は、公式に該当する数値を代入すると、

$200X + 100Y = 1000$

となります。たとえば、リンゴ（X 財）を2個買えば、ミカン（Y 財）を6個買えるといった具合です（ほかの消費の組合せは側注に示しました）。

今度は、この予算制約式を図の形に示すために、予算式 $P_x \cdot X + P_y \cdot Y = M$ を、$Y =$ 〜という一次関数の形に直すと、

$Y = -\dfrac{P_x}{P_y}X + \dfrac{M}{P_y}$ となります（次ページの左図）。次ページの右図は数学の一次関数 $y = -ax + b$ をグラフに示しました。両者の共通点を確認してください。

予算制約線の公式（予算制約式）

$M = P_x \cdot X + P_y \cdot Y$
（M：予算
P_x：X財の価格
X：X財の購入量
P_y：Y財の価格
Y：Y財の購入量）

「・」？

数式中の「・」は、「×」と同じで乗算を表しています。

所得1000円での消費の可能性

X財（リンゴ）	Y財（ミカン）
200円×0個	100円×10個
200円×1個	100円×8個
200円×2個	100円×6個
200円×3個	100円×4個
200円×4個	100円×2個
200円×5個	100円×0個

予算 M

本来、「予算」というよりも「所得（Income）」の「I」が用いられていましたが、英語の「I」は数字の「1」と間違いやすいということで、M が使われるようになりました。

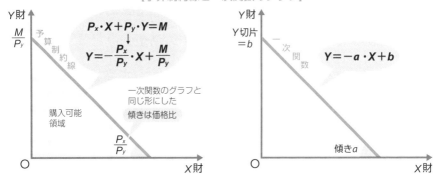

● 予算制約線の特徴

さて，予算制約線の特徴として，傾きに相当する $\frac{P_x}{P_y}$ はX財，Y財の価格の比になっていることが挙げられます。

それから，次のポイントですが，予算制約線というのはX財，Y財の購入可能領域を示します。側注で示したリンゴとミカンの $(1, 8)(2, 6)(3, 4)$ などの消費の組合せをグラフ上で示せば，予算制約線上の点にあることがわかると思います。

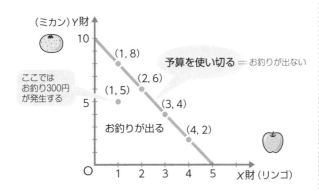

これは，予算を完全に使い切った場合です。もちろん，たとえばリンゴ1個とミカン5個，リンゴ2個とミカン1個の消費でも可能ですが，ただそのときはお釣りが出るだけです。

この消費の理論において節約は美徳ではありません。消費者の効用最大化のためには，予算を使い切らなければなりま

確かめよう！

リンゴとミカンの予算制約線の式は，
$$200x + 100y = 1000$$
でしたが，$y=$ ～の形に変形して，
$$y = -\frac{200}{100}x + \frac{1000}{100}$$
を得ます。このとき，予算制約線の傾きである $\frac{P_x}{P_y}$ の部分は $\frac{200}{100}$，つまりX財とY財の価格の比率になっています。

お釣りが300円？

200円のリンゴを1個と100円のミカン5個を消費（購入）すると，
$(200×1)+(100×5)$
$=200+500=700$円
予算が1,000円なので，お釣りが300円ということになります。

せん。できるだけたくさん消費すればいいのですからね。つまり，消費者が効用を最大化する点（消費の組合せ）は，予算制約線上にあるということです。

では，問題で予算制約線の特徴を確認してみましょう。本文で触れていない点も問題を通して学びます。

例題8

図は，ある個人がX，Y財の2財を消費するときの予算線を表している。このとき，予算線の説明として妥当なものはどれか。　　　　　　　　　　（市役所　改題）

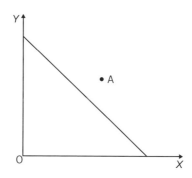

1　予算線の右上の点Aは購入可能である。
2　X財の価格が低下するとき，予算線は右上方に平行移動する。
3　X財の価格が上昇するとき，予算線の傾き（絶対値）が小さくなる。
4　Y財の価格が上昇するとき，予算線の傾き（絶対値）が大きくなる。
5　所得が増加するとき，予算線は右上方に平行移動する。

解法のステップ

所得の変化（**5**）と価格の変化（**2～4**）を，予算制約線の式から考えながら解答しましょう。

所得が変化すると予算制約線が平行移動します。具体的には所得の増加で右上に，所得の減少で左下にシフトします。

これを式の形で説明すると，予算制約式

$$Y = -\frac{P_x}{P_y} \cdot X + \frac{M}{P_y} \quad (P_x X + P_y Y = M)$$

において，予算（所得）Mが増加する場合，傾きは変化せずにy切片だけが増加しますね。

予算制約式がいつもと違う？

この問題の縦軸がY財の量になっているので，いつもの予算制約式を「Y＝」の形に変形させています。

切片？

切片というのは，xがゼロのときのyの値で，一次関数y＝ax＋bのグラフがy軸と交わるとき，bの値が「切片」になります。

よって，**5**が正答です。

【予算制約線のシフト】

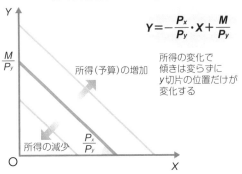

$$Y = -\frac{P_x}{P_y} \cdot X + \frac{M}{P_y}$$

所得の変化で
傾きは変わらずに
y切片の位置だけが
変化する

予算制約線の公式
（予算制約式）

$M = P_x \cdot X + P_y \cdot Y$
（M：予算
　P_x：X財の価格
　X：X財の購入量
　P_y：Y財の価格
　Y：Y財の購入量）

予算制約線の
ポイント

・予算制約線はX財，Y財
　の購入可能領域を示す。
・一般的に，予算制約線
　上で消費をすることが
　効用最大化。
・予算制約線の傾きは2
　財の価格比$\frac{P_x}{P_y}$を示す。

　一方，予算制約線の傾き（**2財の価格比**$\frac{P_x}{P_y}$）の変化について，たとえば，x財の価格（**P_x**）が低下すれば，下図のようにシフトします。予算制約線の式 $Y = -\frac{P_x}{P_y}X + \frac{M}{P_y}$ から，**P_xの低下**で，y軸切片の値 $\frac{M}{P_y}$ は変わらず，傾きだけが緩やかになります。

【X財の価格低下】

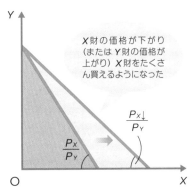

X財の価格が下がり
（またはY財の価格が
上がり）X財をたくさ
ん買えるようになった

$\frac{P_x\downarrow}{P_y}$

$\frac{P_x}{P_y}$

　したがって，X財の価格が低下（上昇）するとき，予算制約線の傾き $\frac{P_x}{P_y}$ の分子の値が小さく（大きく）なるので，予算制約線の傾き（$\frac{P_x}{P_y}$）は小さく（大きく）なるからで

48

す。傾き（勾配）そのものは，緩やか（急）ですね。というわけで，**2**，**3**はともに誤りです。

4についても，y財の価格が上昇するとき，価格比 $\dfrac{P_x}{P_y}$ の分母の値が小さくなり，予算制約線の傾き（絶対値）が小さくなるので，誤りです。

なお，**1**は，予算制約線の右上の点Aは，予算を超えるので購入不可能ということです。よって，誤りです。

絶対値って？

プラス（＋）マイナス（－）のつかない数のことです。たとえば「－3」や「＋3」の絶対値は「3」となります。

最適消費点

それでは，家計（消費者）の行動について学んできた本章の最後に，以下の例題から，章の最初に指摘した家計が求める「効用最大化」について考えてみましょう。

例題9

図のようにXとYの2財に関して，3つの無差別曲線U_1，U_2，U_3（$U_1 > U_2 > U_3$）と予算制約線ABが与えられている。効用を最大化する財の組合せとして選択しうる点は，下の図のどの点か。

（裁判所事務官　改題）

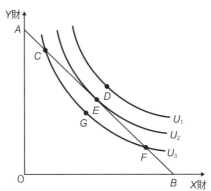

1 C
2 D
3 E
4 F
5 G

解法のステップ

　すでに学んだ無差別曲線と予算制約線の特徴を考慮しながら，効用最大化の消費点（最適消費点）を求めていきます。

　まず，消費者は予算の範囲内（予算制約線の内側）で消費できるので，予算制約線の外にあるDは正答から外れます。

　GとEでは，原点から遠い位置にあるEのほうが効用が大きい（$G<E$）ことがわかります。さらに，CとFはGと同じ無差別曲線U_3上にある（$C=F=G$）ことから，Eが効用を最大にする最適消費点となります。

　結果として，無差別曲線と予算制約線の接点において効用最大化が実現します。正答は**3**です。

アドバイス

消費理論における効用最大化は，重要なテーマで，より本格的な理論と問題は，「専門試験レベル」（⇒p.115）で取り組みますので，現段階では，最適消費点の位置を，覚えておきましょう。

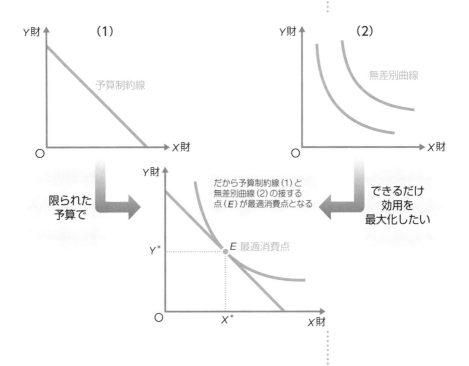

第2章のまとめ

家計は効用（満足度）の最大化をめざす。

●財の種類

上級財：所得の増加（減少）➡ 消費が増加（減少）

   奢侈品：所得の増加（減少）で，消費が大きく増加（減少）

   必需品：所得の増加（減少）で，消費があまり変化しない

下級財：所得の増加（減少）➡ 消費が減少（増加）

   ギッフェン財：価格の上昇（低下）➡ 需要が増加（減少）

代替財：財Aの消費減少（増加）➡ 財Bの消費増加（減少）

補完財：財Aの消費減少（増加）➡ 財Bの消費減少（増加）

●無差別曲線

　右下がりで原点に対して凸型

・無差別曲線上での効用は同じ。

・右上にあるほど，効用が大きい。

・互いに交わらない。

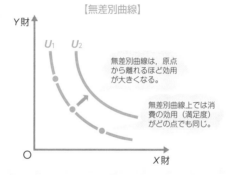

【無差別曲線】

無差別曲線は，原点から離れるほど効用が大きくなる。

無差別曲線上では消費の効用（満足度）がどの点でも同じ。

●予算制約線

予算制約線：X財価格×X財の数量＋Y財価格×Y財の数量＝所得

$$P_x \cdot X + P_y \cdot Y = M$$

で示される。

・予算制約線は X 財，Y 財の購入可能領域を示す。

・一般的に，予算制約線上で消費をすることが効用最大化。

・予算制約線の傾きは2財の価格比 $\dfrac{P_x}{P_y}$ を示す。

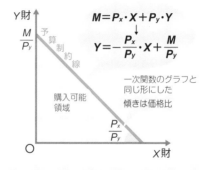

【予算制約線】

$$M = P_x \cdot X + P_y \cdot Y$$
$$\downarrow$$
$$Y = -\frac{P_x}{P_y} \cdot X + \frac{M}{P_y}$$

一次関数のグラフと同じ形にした

傾きは価格比

企業の行動（基礎）

生産者が求めるのは利潤（もうけ）

　消費者の次は生産者（企業）です。財（モノ）を供給する生産者も利潤を最大化することを目的に合理的な行動をとります。その利潤最大化こそが，本章の最も重要なテーマです。ただ，利潤を最大にする公式を導く過程でいろいろな費用の考え方を学ばなければなりません。そういう意味ではタフな章です。

利潤を詳しくみてみよう！
～利潤は企業の生命線～

利潤の定義

利潤とは利益（もうけ）のことで，**総収入（売上高）**から生産にかかわるすべての**総費用**を差し引いた残額を示します。これを式に表すと以下のようになります。

利潤＝総収入−総費用

総収入

まず，総収入TRについてみてみましょう。企業が1つの財（モノ）のみを生産して販売すると仮定すると，総収入は財の販売量に価格を掛けた額になります。

たとえば，200円のボールペンを100本販売すれば，収入（売上げ）は2万円ですね。すなわち，総収入は，

総収入＝価格×数量（生産量）

と表すことができます。

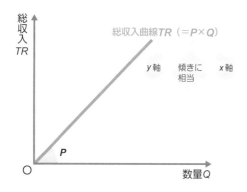

縦軸に総収入TR，横軸に数量Qをとったグラフの中で，総収入曲線TRは，原点から引いた傾きPの右上がりの直線で描くことができます。

利潤と収入

利潤（もうけ）と収入（売上げ）は異なる考え方であることをしっかりと把握しておきましょう。売上げが多くても費用がかかりすぎると，もうけがなくなって赤字になったりするのです。なお，利潤はπ，収入はR（revenue），総はT（total）で表します。

総収入曲線の意味がピンと来ない…

$y=ax$（縦軸y，横軸x）でaが傾きであったことを思い出せば，$TR=P×Q$でPが傾きであることは容易に理解できますね。

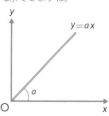

曲線？

総収入曲線といっても完全競争市場においては，直線で描かれます。

総費用

次に総費用*TC*についてですが，**費用（コスト）**にはどういうものがあるでしょうか。人件費や原材料費，機械設備の購入，税金など，モノを生産するにはさまざまなコストがかかりますが，経済学では代表として，労働と機械設備（資本）の2つのコストだけを想定しています。

「え？　原材料に一番コストがかかるんじゃないの？」と思う人もいるかもしれませんが，経済学では，労働と資本の2つを費用（コスト）とみなしますので，そう覚えてくださいね。

働き手である労働者にかかるコストは文字どおり**労働*L***で，機械設備にかかるコストは**資本*K***です。経済学的には，「企業は労働*L*と資本*K*を使ってモノを生産する」といういい方をし，労働と資本のことを**生産要素**といいます。

総費用は，労働と資本にかかった費用の合計，「総費用＝資本コスト＋労働コスト」として表します。たとえば，2万円する機械を5台購入して使った場合の資本コストは10万円，日給1万円の賃金の労働者を5人雇用していたら，労働コストは5万円となり，総費用は15万円という具合です。

このことを式の形にすれば，総費用は，

総費用＝資本（機械設備）の価格×資本量＋賃金×労働量

と書き直すことができます

なお，資本コストのことを**レンタルコスト（賃借料）**という場合があります。企業が仮にある資本（機械設備）を購入しても，銀行からお金を借りて購入している場合が多いですね。経済学では，企業は本来購入した機械設備を，あたかもレンタル（賃貸）して賃貸料を毎月支払っているとみなします。

今，費用を労働コストと資本コストに分解しましたが，別の角度から，費用を固定費用と可変費用とに分ける場合もあります。

固定費用*FC*

固定費用*FC*とは，財の生産の有無にかかわらず発生するコストのことで，機械や設備などの資本コストがこれに相当

経済学ではそう考える

経済理論を学んでいると，皆さんの理解では「納得いかない！」「それはおかしい！」という場面がたくさん出てくると思います。でも「経済学ではそう考える」と柔軟に対応することが，得点力アップにつながるのです。

資本って，お金のことじゃないの？

資本といえば，資本金という用語があるようにお金のことですが，ミクロ経済学では機械や設備のことを意味します。

資本*K*？

資本は，英語では「capital」ですが，*C*は費用（cost）で使われているので，その代わりに*K*が用いられています。

専門用語の表記

ここで，たくさん出てきた経済用語の英語表記を整理しておきましょう。経済学では用語がアルファベットで省略されることが多いので，できるだけ暗記しておいたほうが効率的に学習できます。

利潤π（profit）
費用（コスト）*C*（Cost）
資本*K*（capital）
労働*L*（Labor）
数量*Q*（Quantity）
レンタルコスト*r*（rental cost）
総収入*TR*（Total Revenue）
総費用*TC*（Total Cost）
賃金*w*（wage）

します。前述したように，機械設備は通常，銀行からの借り入れによって購入され，企業は生産量に関係なく，一定額を返済していくことになります。

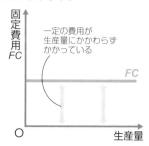

固定費用
FC

一定の費用が
生産量にかかわらず
かかっている

FC

O   生産量

**費用に関する
専門用語**

固定費用*FC*はFixed Costを意味し，資本にかかるコストと同じです。
可変費用*VC*はVariable Costを意味し，労働にかかるコストと同じです。

可変費用*VC*

　一方，**可変費用*VC*は生産量に応じて変化させることができるコストで，ここでは賃金などの労働コストのことです。** たとえば，企業は経営が好調，すなわち生産が増加していけば雇用を増加させますが，業績が落ち込めば生産や雇用を減らします。つまり，可変費用は生産量に応じて費用を変えていくことができます。可変費用をグラフで示せば次のようになります。

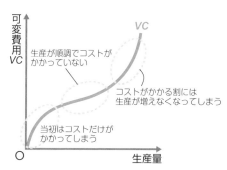

可変費用
VC

VC

生産が順調でコストが
かかっていない

コストがかかる割には
生産が増えなくなってしまう

当初はコストだけが
かかってしまう

O   生産量

　可変費用のグラフはどうして複雑な形になるのでしょうか。それは，生産量が少ないとき，（可変）費用は大きくなりますが，生産が順調に進めば効率的な生産が可能となり，（可変）費用は減少してきます。ところが，ある水準に達すると，再び生産効率が悪くなり（可変）費用は増加していくからです。

**可変費用のグラフが
複雑になるのは**

具体例で説明すると，ある一定の面積の田んぼでコメを作る農家があり，当初数人の働き手を雇い生産を開始したとします。その場合，2・3人でコメ作りを始めても生産は順調ではありませんよね。生産が上がらない分，それだけ人件費がかかっているということになります。グラフでは傾きが急である部分を示しています。
しかし，機械化による分業などが進んで生産量が順調に増加すれば，生産の伸びと比較して労働コストはかからなくなるので，グラフの傾きは緩やかになります。ところが，その後さらに費用を投入して生産を伸ばそうとしても，限られた敷地では生産量が限界に近づいてしまいます。その結果，生産の伸びが落ちて費用が増加します。そうなると可変費用曲線の傾きは再び急になっていきます。

このように総費用は，「固定費用FC＋可変費用VC」で示され，グラフもFCとVCを合体させて以下のように描くことができます。

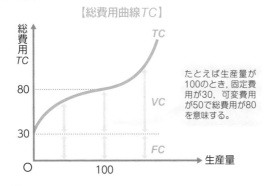

【総費用曲線TC】

たとえば生産量が100のとき，固定費用が30，可変費用が50で総費用が80を意味する。

───── 総費用TCの式 ─────
総費用TC＝固定費用FC＋可変費用VC

そうすると，先の資本コストは固定費用，労働コストは可変費用に相当するといえます。

利潤最大化

以上から，利潤の式は，利潤 π ＝総収入TR－総費用TCと表され，企業はこの利潤を最大化すべく生産活動を行うのです。

具体的に，企業は利潤を最大にするために，収入（売上げ）を最大にするか，費用をできるだけ最小にしながら利潤の最大化をめざしています。

───── 利潤の式 ─────
利潤 π ＝　　総収入TR　　－　　総費用TC
利潤 π ＝（価格P×販売量Q）－固定費用FC＋可変費用VC

では，この利潤最大化を実現する数量（生産量）を図で示そうとすると，どうなるでしょうか？　次の問題を通して考えてみましょう。

利潤 π ？

英語で利潤は「profit」ですが，Pは価格や物価などに用いられるので，その代わりに π（パイ）を使っています。その理由には諸説ありますが， π は古代ギリシャ語では「ピー」と発音するそうですよ。

注意！

この利潤の式は経済を理解するうえで，今後多くの場面で取り扱いますのでしっかりと理解しておきましょう。ミクロ経済学で重要度が極めて高い公式です。

次のグラフは，ある財を生産する企業の生産量と総収入・総費用との関係を表したものである。この企業の利潤が最大になる生産量はどれか。

(国税専門官　改題)

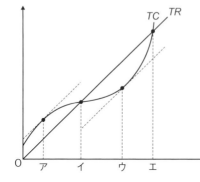

縦軸：総収入，総費用
横軸：生産量
TR：総収入曲線
TC：総費用曲線
点線：各点における接線

1　ア
2　イ
3　ウ
4　エ
5　該当なし

解法のステップ

　利潤の大きさは，総収入曲線TRと総費曲線TCを合体させて判断できます。

　利潤最大化は，利潤 π ＝総収入TR－総費用TCを最大化することでした。

　次のグラフをみてください。グラフから生産量が0からx_1までは総費用TCが総収入TRよりも大きいので（グラフではTCがTRよりも上方に位置している），利潤（$\pi = TR - TC$）はマイナス，つまり赤字になります。

　逆に，生産量がx_1からx_2までは，TRがTCよりも大きいので，黒字になっているということです。また，生産量がx_2よりも増加すると，再び赤字になることを示しています。

　そこで，利潤が黒字であるx_1からx_2までの部分で，TRとTCの差が一番大きい生産量の水準で利潤が最大となります（本問ではウ）。利潤は $\pi = TR - TC$ でしたからね。

　したがって，正答は**3**となります。

【利潤最大化の条件】

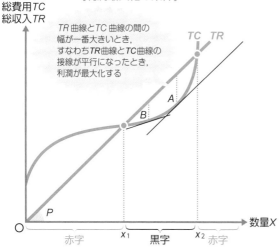

総費用TC
総収入TR

TR曲線とTC曲線の間の
幅が一番大きいとき,
すなわちTR曲線とTC曲線の
接線が平行になったとき,
利潤が最大化する

TC　TR

A

B

P

O

数量X

赤字　　x_1　黒字　　x_2　赤字

大事なとこだよ

生産者行動理論における利
潤最大化は，生産理論の基
礎の中の基礎であり，かつ
重要なテーマです。より本
格的な理論と問題は，「専
門試験レベル」（⇒p.200）
で取り組みますので，現段
階では，利潤最大化を実現
できる生産量水準を，図を
通して覚えておきましょう。

完全競争市場と不完全競争市場
～経済学の理想と現実～

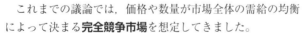

これまでの議論では，価格や数量が市場全体の需給の均衡によって決まる**完全競争市場**を想定してきました。

しかし，現実の経済において厳密な意味での完全競争市場というのは存在しません。ここでは完全競争市場ではない，独占や寡占の**不完全競争市場**について学習します。

完全競争市場の特徴

完全競争市場には以下のような特徴があります。

①多数の市場参加者：買ったり売ったりする不特定多数の消費者，生産者がいる。

②参入・退出の自由：もうけがあれば，だれでもその市場に参入でき，損をすれば，市場から自由に撤退することができる。

③家計と企業は**プライス・テイカー**(価格受容者)である。

特に，3番目のプライス・テイカーについては，不完全競争市場との比較をするうえで重要です。完全競争市場においては，価格は市場によって決定されてしまうので，消費者や生産者（企業）はどうすることもできません。いわゆる市場価格に基づいて行動（消費や生産を行う）していきます。

完全競争市場で，たとえば価格が100円で販売されている財があったとして，この財を生産する企業が少しでも利益を上げようと150円という価格を設定しても，完全競争市場であれば顧客は逃げてしまいます（他社が販売している100円の財を買うため）。

完全競争市場においては，企業は市場価格である100円を受け入れざるをえないのです。これは完全競争市場では多数の企業（売り手）が存在するため，どの企業も市場価格に影響を与えることはできないからです。だから，企業（生産者）は市場価格を受容しなければならないプライス・テイカーな

のです。

不完全競争市場の特徴

不完全競争市場には，**独占市場**や**寡占市場**などがあります。独占市場とは市場に売り手が唯一１社しか存在しない状態で，寡占市場とは市場に同質のあるいは類似の少数の売り手が３〜５社ほど存在している状態をさします。

不完全競争の市場形態	生産者の数
独占市場	1社
寡占市場	3〜5社程度

現実の経済形態の多くは寡占状態であるといえます。日本では，ビール，携帯電話，自動車の市場等はまさしく寡占市場の例です。寡占市場は独占市場と完全競争市場との中間的な形態といえます。

不完全競争市場での競争

完全競争市場の価格は，まさに需要と供給が一致するところで決まる市場価格（自由価格）でしたが，独占や寡占の不完全競争市場の場合はどうなのでしょうか。

独占企業は１社しかいないのでその企業が価格を決定します。これを**独占価格**といいます。これに対して，寡占企業によって付けられる価格は**管理価格**と呼ばれます。具体的に管理価格は，寡占市場の中で市場支配力を持つ有力企業である**プライス・リーダー**と呼ばれる企業が価格を先導することによって形成され，ほかの企業もこれに追随します。このことを**プライス・リーダーシップ**といいます。

また，独占価格はもちろんですが，管理価格は，完全競争市場において実現する価格よりも高くなる傾向があり，企業が不当に利潤を得ることもありえます。これは，寡占市場では供給者側が少数なので，市場の需給関係では価格が決まらないからです。

 寡占市場を見渡せば

ビール会社といえば，アサヒ，キリン，サントリー，サッポロの４社。
携帯電話会社といえば，NTTドコモ，auのKDDI，ソフトバンクの3社。
自動車会社といえば（軽自動車を除く），トヨタ，ホンダ，日産の3社。
これらがいわゆる大手と呼ばれています。

2社はどうなる？

産業界を見渡せば，2社しかいない業界はほぼ見当たりません。ゆえに寡占市場は３〜5社という定義が定着しています。

 プライス・リーダー

プライス・リーダーは価格主導者ともいわれ，たとえば，自動車で，エコカーが発売されるとすると，最大手のトヨタの価格水準をみて（参考にして），他社が価格を決めるというイメージですね。類語に**プライス・メーカー**（価格支配力を持つ企業）という用語もあります。

 広告戦略をみると

たとえば，テレビ・コマーシャルのよしあしが売上げに大きな影響を与える場合があります。
日本の携帯電話市場では，ソフトバンクの「犬がお父さん」という奇想天外なコマーシャルが大ヒットし，顧客獲得に貢献しました。

そうすると，寡占市場の少数企業の間では競争はないのでしょうか。答えは，完全競争市場のような価格競争はありませんが，価格以外の競争，すなわち非価格競争が起こります。

非価格競争には，製品の品質やデザインを工夫し，ライバル会社よりも優れたものを販売するなどの企業努力や広告活動などがあります。このように，他社との違いを出すことを**差別化**するといいます。

では，問題で要点を確認しましょう。

 例題11

寡占に関する記述として，妥当なのものの組合せはどれか。

（地方上級経験者）

ア　寡占市場では，大企業がプライス・リーダーとなって価格を決定すると，他の企業がこれに追随して価格を設定し，管理価格が生じやすいとされる。

イ　大企業が不当に低い価格を設定して，他の企業を市場から排除することがないように，政府がプライス・リーダーとして決定する価格を管理価格という。

ウ　寡占市場では，市場占有率の拡大をめざした活発な非価格競争により，資源配分の効率性が高まるとされる。

エ　寡占市場では，よりよいサービスや品質の提供，さらには広告活動などを競争の目的とする。

1　ア，イ
2　ア，ウ
3　ア，エ
4　イ，ウ
5　ウ，エ

解法のステップ

寡占市場では，市場に大きな影響力を有する大企業がプライス・リーダーとして価格を設定し，他社がこれに追随していくというように，**プライス・リーダーシップ**が機能しています。したがって，アの記述は妥当です。

イについては，管理価格は政府の管理とは関係ないので誤りです。

ウですが，寡占市場では「資源配分の効率性」は高まりません。資源配分は完全競争市場において実現しました。

 気をつけよう！

完全競争市場：企業は**プライス・テイカー**

不完全競争市場（寡占）：**プライス・リーダー**の企業が存在する

エについては，典型的な寡占市場の特徴が記されているので，妥当です。

したがって，妥当な記述はア，エなので，正答は**3**となります。

 資源配分の効率性

資本（機械設備）や原材料などが最も適切な価格と数量で配分（投入）されている状態をいいます。

第3章のまとめ

●利潤

企業は労働 L と資本 K を使ってモノを生産し，利潤最大化をめざす。

利潤 π ＝ 総収入 TR ー 総費用 TC

（総収入 TR ＝ 価格 P × 販売量 Q）

（総費用 TC ＝ レンタルコスト（賃借料）r × 資本量 K ＋ 賃金 w × 労働量 L）

●固定費用と可変費用

固定費用 FC：財の生産の有無にかかわらず発生するコストのことで，機械や設備など資本コストに相当する

可変費用 VC：生産量に応じて変化させることができるコストで，賃金などの労働コストが含まれる

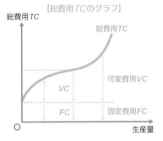

●企業の利潤最大化

利潤 π ＝ 総収入 TRー総費用 TC

利潤 π ＝（価格 P×販売量 Q）
ー（固定費用 FC＋
可変費用 VC）

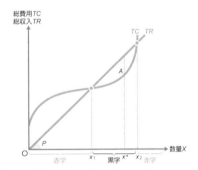

●完全競争市場と不完全競争市場

完全競争市場では，家計と企業はプライス・テイカー（価格受容者）

不完全競争の市場形態	生産者の数	価格
独占市場	1社	**独占価格**
寡占市場	3～5社程度	**管理価格**

余剰と
パレート最適（基礎）

効率的な市場を求めて

　この章では市場理論をさらに発展させたものといえる余剰についての考え方と，最適資源配分の代表的理論であるパレート最適について学びます。

　「余剰」については，需要と供給のテーマに続いて，教養試験のミクロ経済分野では出題頻度の高いテーマです。専門試験の余剰の問題は，実際の余剰の大きさを求めるという計算問題が主流となっていますが，理論的には7割近くを本章の中で網羅しているといえます。

　これに対してパレート最適の問題が教養試験で取り上げられることはまれな状況がこ数年続いています。ただ，基本項目をある程度ここで理解しておくと，専門試験対策をスムーズに行えます。

教4-1

余剰って何だろう？
～たくさん得した話だよ～

余剰とは，消費者や生産者が得られる利益のことです。特に消費者が得られる利益を**消費者余剰**，生産者が得られる利益を**生産者余剰**といいます。

消費者余剰

通常，経済学のテキストでは，**消費者余剰**は「消費者がある財を入手するために支払ってもよいと考えている額と，実際に支払った額との差額である」と説明されています。

しかし，極めて砕けたいい方をすれば，消費者余剰は「消費者が得をしたと思った部分」となります。

需要曲線と供給曲線を使って説明してみます。たとえば，安物の時計が1,000円（均衡数量50個）であったとしましょう。

この時計の市場価格は1,000円なのですが，その時計を1,000円以上で購入してもいいと思っていた消費者も少なからずいるはずです。

下のグラフは，たとえば1,200円出してもよいと思っていた人は，（1人1個買うとみなすと）40人いたことを示しています。同様に，1,500円出してもよいという人は20人いたということになります。

「余剰」って難しそう…

経済学でいう「余剰」とは，英語の「surplus」のことで，英語訳からは「余り，過剰」となりますが，経済学的には，類義語である厚生（welfare）や効用（utility）ともほぼ同じ意味，つまり「満足度」と考えていいと思います。

本試験では！

教養試験レベルでは消費者余剰がグラフのどの部分に相当するのかを理解するのが重要です。

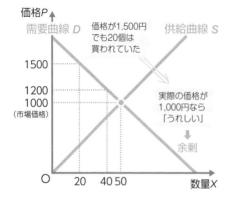

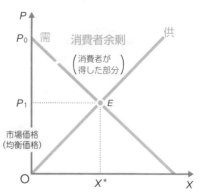

このように市場価格よりも高い金額で買ってもいいと思っていた消費者は、1,000円で買えたことに対して「得をした」と思うわけです。

つまり、消費者余剰は、消費者が得をしたと思った部分で、前ページの右図では三角形P_0EP_1で示されています。

冒頭の定義に従うなら、「『消費者が支払ってもよいと思う金額』から『実際に支払った金額』を差し引いた金額の総和」は$P_0OX^*E - P_1OX^*E = P_0EP_1$となります。

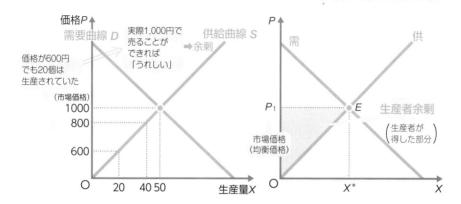

結局、消費者余剰とは？

消費者余剰は、「消費者が得をしたと思った部分」で、図では、均衡価格から上方で需要曲線を囲んだ部分で示されます。

生産者余剰

生産者余剰とは「企業が財の販売で得ることのできる収入と財の生産のために要した費用との差額のこと」または「生産者が実際に受け取る金額」から「生産者が売ってもよいと思っている金額」を差し引いた金額の総和といった説明が一般的にはなされます。

しかし、消費者余剰と同じように簡単に解釈すれば、生産者余剰とは「生産者が得したと思った部分」といえます。

仮に均衡価格が1,000円だったとしても、生産者の中には1,000円以下で売ってもいいと考えていた人が少なからずいます。下のグラフでいえば、800円であれば40個、600円でも20個なら売ってもいいと思っていた企業がいるのです。

こうした1,000円以下で売ってもいいと思っていた生産者にとっては、1,000円という価格で売ることができた場合、「得をした」と思うでしょう。前ページ下のグラフでは、三角形のP_1OEの部分が生産者余剰になります。

結局、生産者余剰とは？

生産者余剰は、「生産者が得をしたと思った部分」で、図では、均衡価格から下方で供給曲線を囲んだ部分で示されます。

67

参考までに生産者余剰の本格的な定義に従えば，「生産者が実際に受け取る金額」の総和は前ページ下図のOP_1EX^*の部分（＝価格×量）です。また，「生産者が売ってもよいと思っている金額」の総和はOEX^*で，これは，供給曲線は，生産者が価格に応じて売ってもよいとする生産量を示していることから，導かれています。よって，生産者余剰はP_1OE（＝$OP_1EX^* - OEX^*$）となるのです。

社会的余剰と厚生の損失

下のグラフで，消費者余剰△ABEと，生産者余剰△BOEとを合わせた△AOEを**社会的余剰（総余剰）**といいます。

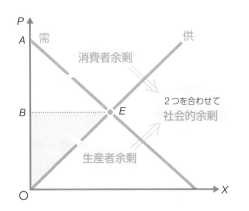

----- 社会的余剰（総余剰）

社会的余剰（総余剰）＝消費者余剰＋生産者余剰

社会的余剰（総余剰）は，社会全体，すなわち消費者（家計）と生産者（企業）で構成される市場全体における余剰全体の大きさです。その社会的余剰（総余剰）が最大であるということは，社会的に資源配分が最適であること意味しています。ですから，完全競争市場であれば，社会的余剰は△AOEで常に最大になります。

ところが，現実の経済は完全競争ではありません。そこで，完全競争市場における社会的余剰（総余剰）という理想的な状態に対して，現実の社会で起こっている「最大の余剰を得られない場合」について考えてみます。それが，「厚生

の損失」という場合です。

　厚生の損失（余剰の損失）とは，本来完全競争市場のときに実現する社会的余剰（総余剰）と比較して，社会的余剰（総余剰）が少なくなった部分をさします。

　具体的には，どういうケースで厚生の損失が発生するのでしょうか。一例として政府による生産調整の場合を考えます。

 ## 生産調整（数量調整）の場合

　生産量が，均衡点よりも低い水準の$X^{*\prime}$で定められた場合を考えてみましょう。このとき，価格は$P^{*\prime}$で決定されます。

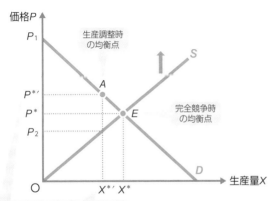

生産量が$X^{*\prime}$なら価格は$P^{*\prime}$になる

●価格が$P^{*\prime}$で決まる理由

　ここでよく質問されるのが，「生産量が$X^{*\prime}$なら価格はP_2ではないのか」というものです。価格がP_2ではなく$P^{*\prime}$になる理由は何でしょうか。簡単にいいきってしまえば，「消費者と生産者では，消費者が上だ」ということです。

　完全競争市場においては，ともにプライス・テイカーですが，消費者が買わなければ企業は価格を下げ，たくさん売れると価格を引き上げます。つまり，価格は消費者主導で決まるのです。したがって，生産量が$X^{*\prime}$のときの価格は，供給曲線ではなく需要曲線と「ぶつかる」点Aの価格である$P^{*\prime}$で決まるのです。

　あるいは，図示すると，生産量が$X^{*\prime}$のとき，均衡するな

 「厚生」って？

厚生（welfare）とは英和辞典では「福利」と訳されますが，余剰のところでも説明したように，大雑把に「効用（満足度）」とほぼ同じ意味とみなしていいと思います。

 いい方がいろいろある

厚生の損失は，「余剰の損失」とも，「死荷重（デッド・ウェイト・ロス）」とも呼ばれることがありますが，意味は同じです。

 生産調整って？

文字どおり，生産を意図的に調整することです。計画経済のように政府が生産量を決定する場合や，生産者がカルテル（共謀，協定）を組む場合などがあります。

 「′」？

「プライム」または「ダッシュ」と読みます。もとのものが少し変化したもの，類似したものを意味します。

 原油市場の例

たとえば，原油市場などを連想してください。一種のカルテル組織であるOPEC（石油輸出国機構）は生産量を減少させて原油価格の引き上げを図りますよね。減産したのに市場価格P^*よりも安い水準（P_2など）で価格が決まることはありえませんね。

ら均衡点は点*A*になり，そのときの価格が*P**′になります。

　では，この場合の余剰分析を行うと，価格は*P**′に決定されるので，消費者余剰は△*P*₁*P**′*A*，生産者余剰は□*P**′*OBA*，社会的余剰は□*P*₁*OBA*となります。

　このとき，完全競争市場の均衡時の社会的余剰△*P*₁*OE*（消費者余剰△*P*₁*P*E* ＋ 生産者余剰△*P*OE*）と比較すると，△*ABE*だけ余剰が小さいことがわかります。

　つまり，生産調整によって生産量が*X**′で決められた場合，厚生の損失△*ABE*が発生するのです。

余剰分析？

別に特別なことをしようとしているわけではありません。「分析」というのは，「グラフをみながら，それぞれがどこに当たるかを詳しくみていく」という程度のものです。

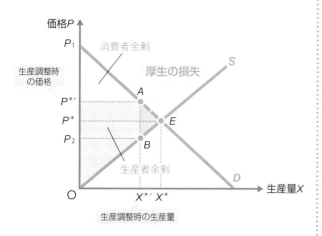

　実際の過去問でも，厚生の損失がどこなのかがよく問われています。

例題12

　下図はある市場の需要曲線と供給曲線を示したものである。完全競争の均衡生産量から生産量を*X*₁にしたとき，総余剰の損失はどの部分で表されるか。

（地方上級）

1　五角形 *P*₁*ABCP*₂
2　四角形 *ABX*₂*X*₁
3　四角形 *P*₁*ACP*₂
4　四角形 *BX*₂*X*₁*C*
5　三角形 *ABC*

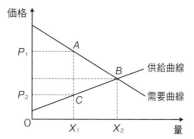

解法のステップ

改めて説明するまでもなく，正答は**5**ですね。

重要なポイントですが，厚生の損失の部分は，社会的な最適生産量が供給されないために社会に与えられた損失です。

本問の例でいうと，総余剰の損失（厚生の損失）は，生産量（X_1）が本来あるべき均衡生産量（X_2）よりも少ないので発生しています。完全競争市場では社会的余剰は最大になりますが，生産量が均衡水準を下回ることによって余剰が減少してしまうのです。

そういう関係で，厚生の損失は**必ず**三角形で示されることになります。ですから，極めて試験テクニック的な話をすれば，本問の場合，選択肢をみただけで**5**を選ぶこともできます。

 ## 自由貿易の場合

次に貿易が行われる場合をみてみます。

これまでは国内市場に限定して考えてきましたが，ここでは外国との貿易，具体的には自由貿易が行われ，国外から安い財が輸入される場合を考えます。

次の図において，需要曲線をD，供給曲線をSとし，国内価格を均衡点Eの価格水準P^*と置くと，国内価格よりも安い国際価格はPと置かれます。ここで，自由貿易が行われる結果，余剰はどう変化するでしょうか。

総余剰？

設問にある「総余剰」というのは，社会的余剰のことです。

ミクロ経済での貿易の意味

ミクロ経済学では，前提として，財（モノ）は国内で生産されたものでも輸入されたものでもまったく同一とみなし，輸入される場合の価格である国際価格は，市場で決まっている国内価格より安いと想定しています。つまり国内市場が閉鎖的であったところが，貿易によって市場開放がなされたと考えるのです。

【自由貿易が行われた場合の余剰】

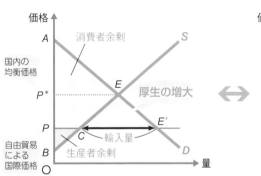

【国内市場だけの場合の余剰】

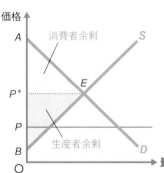

●貿易開始前

国内市場だけの閉鎖経済においては（上右図），E点で均衡しているので，余剰は以下のようになります。

消費者余剰：$\triangle AP^*E$

生産者余剰：$\triangle P^*BE$

全体としての**社会的余剰**：$\triangle ABE$

●貿易開始後

ここで貿易が開始されると，（前ページ左図）財の価格は国際価格Pで均衡するので，財の需要量はPE'となります。したがって，このときの消費者余剰は$\triangle APE'$となります。

貿易前の消費者余剰と比較をすれば，大きく余剰が増加していることがわかります。同じ財が安い価格で手に入るのですから消費者の効用（満足度）が増加するわけです。

一方，価格Pの水準では，供給曲線から国内での生産量はPC分しか行われなくなることがわかります。国際価格のような低い水準では，国内の生産者は採算がとれずに生産を国内均衡生産量の水準以下でしか生産できないからです。貿易が始まると国内の財の生産量は減少することになります。

したがって，生産者余剰は$\triangle PBC$となってしまって，国内市場だけの場合の$\triangle P^*BE$から大きく減少します。

以上，海外との自由貿易が行われる場合の余剰をまとめると，

消費者余剰：$\triangle APE'$

生産者余剰：$\triangle PBC$

社会的余剰：$\square ABCE'$

となり，貿易開始前と比べて$\triangle ECE'$分だけ社会的余剰は増加することになります。このように，貿易を行ったほうが社会的余剰を増加させることがわかりました（**厚生の増大**）。

では，問題をみてみましょう。ここまでの内容を理解できれば何でもない問題です。

なぜ国内価格が国際価格と同じになる？

自由貿易の場合，安い商品が外国から入ってくると，割高な国内商品は安い外国商品に負けてしまうので，国内の業者は外国商品の価格水準まで引き下げざるをえなくなるのです。ちなみに，経済学では，その財の品質は問われません。

貿易が行われると輸入はどれだけ？

国際価格Pで取引される場合，国内需要量がPE'で国内生産量がPCとなるので，超過需要の分であるCE'だけ国内に財が輸入されます。輸入量＝CE'

厚生の増大？

「厚生の損失」ではなくて逆に増えているので，「厚生の増大」と表現しています。

例題13

次の図のD, Sはそれぞれある財に対する国内需要曲線と供給曲線である。この国が海外と貿易を行っていないときの均衡はEであり、均衡価格はPである。今、海外と貿易を開始することにより、国際価格P^*で輸入が行われたとする。次の文はこのときの社会的余剰による貿易利益の説明であるが、I, IIの{ }内からそれぞれ妥当なものを選んでいる組合せはどれか。

(市役所)

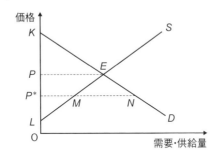

貿易を行うことで、I{a. 消費者余剰は増加するが、生産者余剰は減少し、b. 消費者余剰、生産者余剰とも増大し}、社会的余剰はII{a. △EMN、b. △EKL、c. △P^*LM}だけ増大する。

	I	II
1	a	a
2	a	b
3	a	c
4	b	c
5	b	a

解法のステップ

社会的余剰を改めて分析すると以下のようになります。

貿易前：消費者余剰△KPE + 生産者余剰△PLE
$$= \triangle KLE$$

貿易後：消費者余剰△KP^*N + 生産者余剰△P^*LM
$$= KLMN$$

よって、消費者余剰は△KPEから△KP^*Nに増加し、生産者余剰は△PLEから△P^*LMに減少（Iの答え）、社会的余剰の増加分は△EMN（IIの答え）となることから、正答は**1**になります。

 ちなみに輸入量は？

貿易によって消費がP^*Nと増加し、生産はP^*Mと減少するので、輸入量はMN（$P^*N - P^*M$）となります。

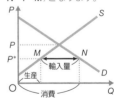

パレート最適って何だろう？
～ミクロ経済の究極的な理論です～

さまざまな経済活動の結果，財（モノ）が生産され，私たちに配分されます。経済学ではこのことを資源配分するといいます。**パレート最適**な状況とは，その分け方（資源配分）に無駄がなく，最も効率的な状態をさします。

 エッジワース・ボックス

エッジワースというイギリスの経済学者は，このパレート最適な状態を「**エッジワース・ボックス（エッジワースの箱）**」という考え方を導入して説明しました。

エッジワース・ボックスでは，第2章で学んだ**無差別曲線**が使われています。さらに，これまでの理論は，1人の消費者が，2つの財をどれだけ消費するかを考えましたが，ここでは消費者は2人になり，2人で2つの財をどう配分するかという前提に変わります。

それでは，個人をA，BとしてまずX財とY財に関するそれぞれの無差別曲線を描いてみます。次ページ上段の左図は個人AのX財とY財の無差別曲線で，右図は個人Bの無差別曲線です。個人Bの場合は原点が左下角ではなく，通常のグラフを逆立ちさせたようにして，原点が右上角に描かれています。

この2つの無差別曲線を合体させたものがいわゆるエッジワース・ボックスです。

たとえば，次ページの図の点Pにおいては，個人AはX財を$O_A X^*$，Y財を$O_A Y^*$だけ需要し，個人BはX財を$O_B X^*$，Y財を$O_B Y^*$だけ需要していることを表していますが，この点Pはパレート最適といえるのでしょうか？

答えは，点Pはパレート最適な点ではありません。資源配分に無駄があるというわけです。結論からいえば，パレート最適な資源配分が達成されている点は，両者の無差別曲線が接する点をさします。図では点S，点Q，点Tが該当します。

 無差別曲線の復習

それぞれの無差別曲線は原点から遠くなればなるほど満足度が高まりましたね。

 グラフの見方に注意

逆立ちをさせられた個人Bの無差別曲線は，U_{B1}，U_{B2}，U_{B3}と移動するほど効用が高まり，個人Aの無差別曲線とは逆になることに注意しましょう。

 なぜこんな書き方をするの？

2人の個人に2つの財をいかに配分するかをみるためで，右上と左下に原点がとられています。実際には，X財が$O_A X$（X軸の長さの分）だけ存在する，Y財が$O_A Y$（Y軸の長さの分）だけ存在しており，原点からの座標によって，財の配分がわかります。

【パレート最適とエッジワース・ボックス】

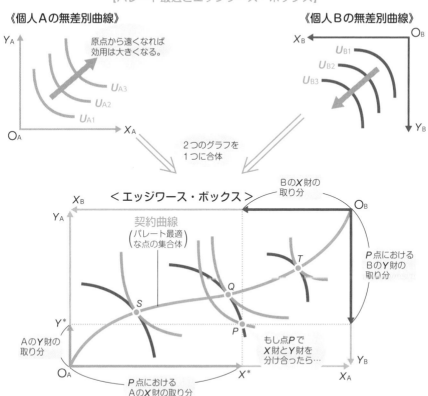

《個人Aの無差別曲線》

原点から遠くなれば
効用は大きくなる。

U_{A3}
U_{A2}
U_{A1}

《個人Bの無差別曲線》

U_{B1}
U_{B2}
U_{B3}

2つのグラフを
1つに合体

<エッジワース・ボックス>

契約曲線
(パレート最適)
な点の集合体

BのX財の
取り分

P点における
BのY財の
取り分

AのY財の
取り分

もし点Pで
X財とY財を
分け合ったら…

P点における
AのX財の取り分

第**4**章 余剰とパレート最適（基礎）

　無差別曲線は無数に描くことができるので，パレート最適
な点はいくつも存在します。ですから，点S，点Q，点Tと
同じようにパレート最適な資源配分が達成される点を結ぶと
１本の曲線を描くことができます。これを**契約曲線**と呼び，
図ではO_AからS，Q，Tを通りO_Bを結んだ線となります。

　　　　パレート最適と契約曲線

パレート最適：
　資源配分に無駄がない，最も効率的な状態で，両者
　の無差別曲線が接する点

契約曲線：
　パレート最適な点を結んだ線

パレート最適の
「パレート」って？
パレート（1848〜1923）
とはイタリアの経済学者の
名前で，資源配分の効率性
を理論的に説明した人です。
なお，エッジワース（1845
〜1926）はイギリスの経
済学者です。

エッジワース・ボックスは，あまりに独創的なので，経済学を初めて学ぶ読者は，この時点でいろいろと疑問がわいてくるでしょう。

たとえば，「S・Q・Tの点は何が違うの？」という質問を受けることがあります。解説してみます。

S，Q，T点はパレート最適な点なので，資源配分（財を分け合う）の観点からは，3点のどこでX財とY財を分配しても，無駄のない理想的な状態です。そういう意味では同じです。ただ，たとえば，点Sと点Qでの分配の状態をみると，個人Aにとっては，原点O_Aから遠い位置にある点Qのほうが効用（満足度）は大きく，個人Bは，逆に自分の原点O_Bから遠い点Sのほうがいいということになります。つまり，パレート最適な点それぞれの優劣はつけられないという特徴があるのです。

パレート最適な
点SとQの比較
個人A：$S<Q$
個人B：$S>Q$
⇓
SとQの優劣は
つけられない

パレート最適を詳細分析

今，パレート最適な状態とは，資源配分が最も効率的である状態だと述べましたが，これはミクロ経済学における定義ではありません。教科書的なパレート最適の定義は，「ほかのだれの効用も減らさないように自己の効用をもはや高めることができない状態」という難解な表現になっています。

では，この難解なパレート最適の定義をきちんと説明して，「パレート最適」の理解をさらに深めることにしましょう。

ただし，以下の説明は少し難解です。教養試験対策としては，ここまで説明したパレート最適の教科書的な定義だけを覚えておけばいいので，ここを飛ばして**例題14**に進んでもらってもかまいません。関心のある人だけ挑戦してみてください。

では，前ページで描いたエッジワース・ボックスの図の一部だけを取り出した図を描いて説明します。

「ほかのだれの効用
も…」の部分
経済学は欧米からの輸入の学問だと冒頭で指摘しましたが，事実，日本の経済学のテキストは和訳されているわけです。「ほかのだれの効用も…」の部分は，「…することなく…しない」という「not… without…」構文で，まったく直訳調の下手な和訳なのですが，これが実は見事にパレート最適の意味を説明しているのです。

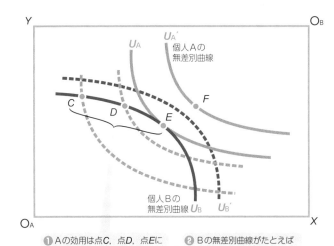

❶ Aの効用は点C, 点D, 点Eに
無差別曲線が移ると高まる。
しかし, 点Eより高まると…
➡
❷ Bの無差別曲線がたとえば
U_BからU_B'へ移動して,
Bの効用は下がってしまう。

第**4**章 余剰とパレート最適（●基礎）

たとえば上図のように財X, Yに対して２人の個人A, B
が存在すると仮定して, U_A, U_A', U_B, U_B'はそれぞれA, B
の無差別曲線とします。点EはU_AとU_Bが接していますので
パレート最適な点です。このE点が,

「ほかのだれの効用も減らすことなく自己の効用をもは
や高めることができない状態」

であることを説明するというのがここでのねらいです。そこ
で, さらにわかりやすくするために, 「ほかのだれ」の「ほ
か」を個人B, 「自己」を個人Aとして,

「個人Bの効用を減らすことなく個人Aの効用をもはや
高めることができない状態」

と読み替えて, 点Eがパレート最適な点であることを証明し
てみましょう。

ではまず, 点Cから点D, また点Dから点Eへの移動で個人
Aと個人Bの効用（満足度）はどのように変化するでしょう
か。

点C ⇒ 点D

点Cから点Dへの移動で個人Bの効用に変化はありませ
ん。U_Bという同じ無差別曲線上にあるからです。

**さっきのと少し違っ
ているけど？**

この図は, エッジワース・
ボックスを簡潔にしたもの
で, 文字どおり箱のように
描かれています。矢印を伴
うグラフが, AさんとBさ
んのX財, Y財の取り分を
正確に示していてわかりや
すいのですが, 単純化, 抽
象化をよしとする経済学で
は, この例図のように, 箱
の形を好んで使う場合があ
ります。もっとも, どちら
のグラフも同じことなの
で, あまり気にしないでく
ださい。

効用の大きさの比較

効用の大きさは無差別曲線
全体で原点から遠いかどう
かで判断します。無差別曲
線は同じ満足度を示す消費
の組合せを示していました
よね。したがって, くれぐ
れも原点から点Cと点Dの
距離だけで個人Aの効用の
大きさを比較しないように
気をつけてください。

これに対して個人Aの効用は，点Cと点Dを通る個人Aの無差別曲線（色の破線）を比較すると，点Dを通る個人Aの無差別曲線のほうが，原点O_Aから遠くなっていますので，点Cから点Dへの移動でAの効用を高めています。したがって，点Cから点Dへの移動は，個人Bの効用を減らすことなく個人Aの効用を高めています。

点D ⇒ 点E

次に点Dから点Eへの移動も，個人Bにとっては，同じ無差別曲線上なので効用に変化はありせんが，個人Aの効用は，点D上の無差別曲線からU_Aの無差別曲線に移動していることから，効用は増加しています。

点E ⇒ 点Fへ

ところが，点Eから点Fへ移動したらどうでしょうか？個人Aの効用はこれまでの例と同じように，無差別曲線が原点から遠くなっていますので（U_A→U_A'）効用は高まりますが，個人Bの効用は，個人Bの無差別曲線が原点のO_Bに近づいていますので減少しています。

つまり，個人Bの効用を減らさない（個人Bの無差別曲線がU_B上）という条件においては，個人Aの効用は，点Cから点Dで高まり，点Eに向かって「高まって高まって」，点Eに達した時点が最高となります。

ところが，点Eを越えて，個人Aの無差別曲線が点Eよりもわずかでも上方へ移動すれば，個人Bの効用が下がる（個人Bの無差別曲線がBの原点に近づく）ので，パレート最適の定義である「個人Bの効用を減らすことなく個人Aの効用をもはや高めることができない状態」のうち，「個人Bの効用を減らすことなく」という条件から外れることになるのです。

したがって，パレート最適な点は，このグラフにおいては点Eに相当します。

--- パレート最適 ---

ほかのだれの効用も減らすことなく自己の効用をもはや高められない状態

効用の変化を
表にすると

$C ⇒ D$	
個人A	効用が上がる
個人B	不変

$D ⇒ E$	
個人A	効用が上がる
個人B	不変

$E ⇒ F$	
個人A	効用が上がる
個人B	効用が下がる

今は点Eがパレート最適であることを説明しましたが，点E→点Fに移動しても，点FのところがBの無差別曲線との接点になっていればパレート最適であるということになります。

まとめると…

パレート最適が，資源配分に無駄がない効率化している理想的な状態ということは，これまで扱ってきた完全競争市場における需要曲線と供給曲線の均衡点や，効用最大化の最適消費点などもすべて「パレート最適が実現している」といえます。ということは，**パレート最適とは，ミクロ経済学の究極的な理論**といえるのです。

専門試験ではこうした理解を踏まえたうえで多くの発展的
な問題が出てきますが，教養試験ではパレート最適の定義の
理解などが問われる次のような基本的な問題が主流です。

例題14

　契約曲線とは２人の消費者の無差別曲線の接点の軌跡である。契約曲線に関す
る次の記述のうち，最も妥当なものはどれか。なお，図はエッジワースの箱であ
り，原点O_Aからは個人Ａに，O_Bからは個人Ｂに配分される２財X，Yの量が示さ
れている。
　　　　　　　　　　　　　　　　　　　　　　　　　　　　　　　　　（市役所）

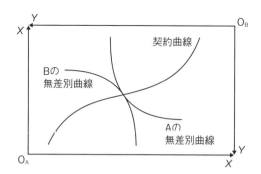

1　契約曲線は２人の効用を足し合わせた値が最大になるような配分を示す。
2　契約曲線は，もはや一方の効用を減少させずに他方の効用を高めることがで
　きない財の配分の集合を示す。
3　契約曲線は，効用水準にかかわらず２人の効用が同じになるような配分の集
　合を示す。
4　契約曲線は，右上にいくほど２人の効用を足し合わせた値が大きくなってい
　る。
5　契約曲線は，右上にいくほど両者の効用がそれぞれ高くなっている。

解法のステップ

　パレート最適の教科書的な定義がそのまま述べられている
2が正答となります。
　5に関して，契約曲線は，右上に行くほどＡの効用は増加
しますが，Ｂの効用は低下します。

お疲れさま！

次項はパレート最適に比べ
るとずっと楽ですよ。本章
ももう一息。頑張って！

教4-3
市場の失敗というのがある
～パレート最適を政府が実現～

　現実の経済において，パレート最適な状態が常に実現するとは限りません。たとえ完全競争市場の世界でも，市場メカニズムが働かず，効率的な資源配分が実現できない場合がいくつかあります。こうしたケースを経済学では**市場の失敗**と呼びます。ここでは，「市場の失敗」の例として主に公共財を取り上げます。

 ### 公共財

　これまで例として扱ってきたリンゴ，ビールといった財は，厳密にいえば**私的財**と呼ばれます。

　これに対して，**公共財**とは，道路，港湾，公園など政府（国や地方自治体）が提供する公共的な財や，警察，消防から，上下水道，医療，教育，交通などの公共サービスをさします。逆にいうと，私的財は公共財以外のすべての財（モノ）・サービスということになります。

　では，公共財と私的財の違いは何でしょうか。

　企業が供給する財・サービスである私的財とは異なり，公共財には**非競合性**と**非排除性**という性質があります。別のいい方をすれば，私的財には競合性と排除性があります。このあたりを具体的に説明していきます。

●非競合性と競合性

　私的財で，たとえば魚市場のせりのような場合，競争で高い値をつけた人がその財を得ることができると考えれば，私的財には競合性があるといえます。

　これに対して，公共財はたとえば公共の公園などにおいて，最初に来た家族がその公園を独占できるというようなことはありません。

　つまり公共財には，ほかの人の消費（ここでは公園で遊ぶこと）を減らすことなく，全員が同時に同じ量の財を消費で

 私的財って初めて出てきたけど…

通常，私的財という方はせずに，単純に「財」といって差し支えありません。公共財が出てきたときに，私的財と正確に表現しているだけです。**財＝私的財**です。私的財の定義については特に重要ではありませんので，軽く流してくださいね。

 公務員の仕事こそ

公務員をめざす皆さんは，まさしく公共財を提供するという政府（国や地方自治体）の仕事，専門的には公共経済の活動に就こうとしていることになりますね。

 非競合性から得られる原則

だれもが等しく同じ量を享受できる非競合性の原則を**等量消費の原則**といいます。

きる（みんなが同じだけ遊べる）という性質があります。

●非排除性と排除性

　私的財であれば，ある財を購入した人はその財をほかの人と共有する必要はなく，当たり前のことですが，その財を自分のものとして独占できます。このとき，ほかの人たちは排除されたということができます。

　私的財において，財は購入代金を支払った人にだけ供給され，その人だけが消費することができ，購入代金を支払わない人は消費することができません。

　ところが公共財の場合，たとえば消防において，ある家が火事になったとすると，その家が税金を払っていない家だという理由で排除されることはありません。だれでも必要があれば，消火活動を要請することができます。

　つまり，公共財の場合，ある人はそれに対する対価を支払わなくても，それを消費できるという性質があります。

　公共財の非競合性と非排除性は理解できましたか？

　それでは，公共財を民間企業による供給に任せるとどうなるでしょうか。

　たとえば，公共財である橋が私的財であれば，排除性があることから，その橋はお金を出したその個人の所有となり，ほかの人の利用を排除できることになります。そうなると，極端な場合，橋を利用したい人々はそれぞれ自前の橋を作らなければなりません。本来橋はその場所に１つあれば事足りるところですが，必要以上に橋ができるとなれば，必要な供給量を上回ることになり，社会的に最適な量よりも過剰供給となってしまいます。

　つまり，公共財の供給を民間企業に任せると，社会的に最適な供給量を実現できないおそれがあるので，公共財は政府（国や地方自治体）が供給量を決定することが望ましいのです。

　公共財は市場メカニズムのみで最適な資源配分（**パレート最適**）が実現できませんから，私的財と違って，政府が関与することでパレート最適な状態が実現することになります。

　教養試験では，これらの公共財の特徴に関する問題がよく出題されます。それでは，実際の過去問で確認してみましょう。

ごまかす人もいるのでは？

まさにそのとおりで，なかにはなるべく公共財の費用を負担しないで便益のみを受けようとする**フリーライダー（ただ乗り）**と呼ばれる問題が生じることになります。

パレート最適な状態？

「資源配分に無駄のない，最も効率的な状態」ですね。

「市場の失敗」の考え方を整理してみよう

公共財を
市場原理にゆだねると
↓
供給過剰となって
パレート最適が実現しない
↓
政府が供給量を決定
↓
パレート最適な状態が
実現する

公共財について述べた次のア～エのうち，正しいものをすべて挙げてあるのはどれか。

(市役所)

ア　公共財には私的費用と社会的費用，あるいは私的便益と社会的便益が乖離している。

イ　国防，消防は公共財だが，混雑現象が起こる空港や高速道路は公共財ではなく私的財である。

ウ　公共財の場合，市場メカニズムによって最適な資源配分は行われない。

エ　公共財の生産は私企業よりも公企業のほうが望ましい。

1　ア，イ
2　ア，ウ
3　イ，ウ
4　イ，エ
5　ウ，エ

解法のステップ

今までの説明でウとエが正しいというのは判断できると思います。正答は**5**です。

アに関しては次項で扱う外部効果にかかわる内容ですが，ここでは選択肢の組合せで，アの内容がわからなくても正答は導けると思います。

イについてですが，公共財にも純粋公共財と準公共財という区別をする場合があります。**純粋公共財**の例が国防，消防，警察サービスという公共財などをさします。これに対して，空港，高速道路，医療，教育，上下水道といった公共財は**準公共財**に入ります。

準公共財について説明すると，公共財の特徴に，非競合性と非排除性がありましたね。たとえば，空港や高速道路は混雑現象が起きるのですべての人が等しく消費ができるわけではありません（等量消費にならない場合がある）。また，高速道路は料金を払わなければ利用できません（排除性がある場合も考えられる）。

こうした意味で，これらの財は，非排除性と非競合性を完全に満たさないこともあるので，純粋公共財ではなく準公共財と呼ばれるのです。

乖離？

乖離（かいり）とは，単純に離れていることです。経済学ではときおり出てくる表現です。

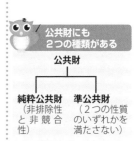

公共財にも 2つの種類がある

公共財
├ **純粋公共財**（非排除性と非競合性）
└ **準公共財**（2つの性質のいずれかを満たさない）

試験対策として…

純粋公共財と準公共財の違いは，教養試験レベルで問われることは少ないです。このテーマは財政学の専門試験の内容になっています。

さまざまな「市場の失敗」

公共財以外にも市場の失敗の例があります。詳細は，専門試験レベルの「市場の失敗」（⇒ p.309）で解説しますので，ここでは定義のみ示しておきます。その名称だけ頭に入れておいてください。

●外部効果

外部効果とは，「ある経済主体の行動の結果が，市場の取引を通さずに，直接にほかの経済主体に影響を及ぼす効果」と一般的には定義づけされます。この外部効果は，さらにその効果がマイナスに働く場合とプラスに働く場合とで，**外部不経済**と**外部経済**とに分類されます。

外部不経済の例としては，公害など環境破壊が挙げられます。完全競争市場で，政府の規制がないような状況において公害を引き起こしている企業は，対策費用を計上して対策に乗り出そうとしません。

一方，外部経済の例としては，新幹線の新駅設置や世界遺産への登録によって観光客が増え，地域経済を潤すといった関係や，養蜂業者と果樹園経営者などが挙げられます。果樹園にミツバチが飛んできて受粉させてくれてよく実が育つことから，養蜂業者は果樹園に対して，意図せずに恩恵を与えています。

このような市場の失敗のケースにおいては，市場外で起きているので，価格や数量調整など市場メカニズムは働きません。したがって，政府が，課税（罰則）や補助金などを通じて，最適な資源配分を実現させることが望まれます。

●費用逓減産業

費用逓減産業とは，電力，ガス，鉄道事業など，最初に投下すべき固定費用が巨額となりますが，いったん稼働すると，財・サービスを供給し続けるうちに（平均）費用がだんだん減っていくような産業をいいます。

この場合，新規参入は少なく，自然に独占化します（費用逓減産業を自然独占という）。よって，パレート最適な資源配分は実現できないので，政府による規制や補助金政策によってパレート最適の実現がめざされます。

外部効果の
イメージ

・外部不経済（公害）
　↓
　政府：課税
　↓
　パレート最適

・外部経済
　↓
　政府：補助金
　（経済にプラスの効果を
　与えている企業に補助金
　付与）
　↓
　パレート最適

逓減？

逓減（ていげん）とは，数量が次第に減っていくことです。

●余 剰

余剰：消費者や生産者が得られる利益のこと
消費者余剰：
　「消費者が得をしたと思った部分」△*ABE*
生産者余剰：
　「生産者が得をしたと思った部分」△*BOE*
社会的余剰（総余剰）：
　△*AOE*＝消費者余剰＋生産者余剰
　完全競争市場であれば，社会的余剰は△*AOE*で常に最大になる。

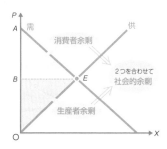

●パレート最適

パレート最適：
　資源配分に無駄のない，最も効率的な状態
→ほかのだれの効用も減らさずに自己の効用をもはや高めることができない状態
　パレート最適は，**エッジワース・ボックス**で説明。
パレート最適な点は，両者の無差別曲線が接する点（図では点*S*，点*Q*，点*T*）
契約曲線：パレート最適な点を結んだ線

【パレート最適とエッジワース・ボックス】

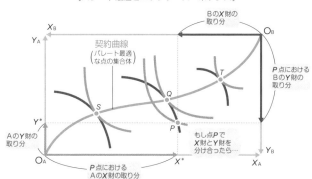

●公共財

公共財：非競合性と非排除性という性質を持つ財
　　　　（警察，消防，水道，医療，道路，港湾，公園など）
　公共財の費用を負担しないで便益のみを受けようとする**フリーライダー**（ただ乗り）問題のおそれあり。

専門試験レベル

ウォーミングアップ
ミクロ経済学の数学
～微分は怖くない～

　本格的な公務員試験向け経済原論（ミクロ経済学）の議論に入る前に，専門試験の経済原論では計算問題を避けて通ることはできませんので，経済の初学者が特に気になってしまう数学について説明します。

　ただし，「数学」といっても，「経済学で使う数学」です。しかも，基本的に「暗記科目」である「公務員試験の経済学」なので，さらに限定されます。

　また，本格的な専門試験のミクロ経済学の問題といっても，普通の**四則計算**（足し算，引き算，掛け算，割り算）や**分数計算**に加えて，$y = ax + b$といった**関数**に，**指数**計算や，**微分**の意味の理解と計算だけで対応できるのです。

どんどん飛ばして！

できる人はわざわざ最初から読む必要はありません。不安だなと思うところだけ読んで確認してもらえればけっこうです。

四則計算？

足し算（加法），引き算（減法），掛け算（乗法），割り算（除法）の４つの計算のことを四則計算といいます。「加減乗除」といういい方もありますね。
なお，足し算の答えを「和」，引き算の答えを「差」，掛け算の答えを「積」，割り算の答えを「商」と呼んだりもします。

🚩 計算のきまりと分数計算

　計算のきまりといっても，たいしたことではありません。足し算（加法），引き算（減法），掛け算（乗法），割り算（除法）は普通に計算するだけでいいのです。

　ただ，少し気をつけたいことがあるので，具体的に計算例を挙げながら説明してみます。

●負の数の引き算
$$8 - (-3) = 8 + 3 = 11$$
$$(-2) - (-6) = -2 + 6 = 4$$

●負の数の掛け算・割り算
　符号（＋，－）の違いだけに注意！　負の数が偶数個あるときは正の符号，負の数が奇数個あるときは負の記号になります。
$$(-12) \times (-4) = 48$$
$$(-12) \div 4 = -3$$
$$54 \div (-9) = -6$$

正・負？

正（せい）というのは「＋（プラス）」のことで，負（ふ）というのは「－（マイナス）」のことです。

86

●分数の足し算・引き算

分母が同じとき：分母はそのままで，分子の足し算，引き算をします。

分母が異なるとき：分母を同じに（通分）してから分子の足し算，引き算をします。

$$\frac{1}{5} + \frac{3}{5} = \frac{4}{5}$$

$$\frac{1}{2} + \frac{1}{6} = \frac{3}{6} + \frac{1}{6} = \frac{4}{6} \quad 約分して \quad = \frac{2}{3}$$

$$\frac{5}{6} - \frac{4}{9} = \frac{15}{18} - \frac{8}{18} = \frac{7}{18}$$

$$\left(-\frac{7}{2}\right) - \left(-\frac{7}{3}\right) = -\frac{7}{2} + \frac{7}{3} = -\frac{21}{6} + \frac{14}{6} = -\frac{7}{6}$$

●分数の掛け算・割り算

掛け算：分子どうし・分母どうしを掛けます。

割り算：掛け算に直して計算します（「割る」とは，その数の逆数を掛けることと同じです）。

$$\left(-\frac{3}{4}\right) \times \frac{1}{2} = -\frac{(3 \times 1)}{(4 \times 2)} = -\frac{3}{8}$$

$$\left(-\frac{3}{4}\right) \div \frac{1}{2} = -\frac{3}{4} \times \frac{2}{1} = -\frac{(3 \times 2)}{4} = -\frac{6}{4} = -\frac{3}{2}$$

●四則を含む計算

①かっこがあるときはかっこの中を先に計算します。

②掛け算と割り算は，足し算・引き算より先に計算します。

$$10 + (-5) \times 3 = 10 + (-15) = 10 - 15 = -5$$

$$12 \times (8 - 3) = 12 \times 5 = 60$$

$$8 + 2 \times (9 - 6) = 8 + 2 \times 3 = 8 + 6 = 14$$

$$4 - \frac{3}{4} \div \left(\frac{2}{3} - \frac{3}{4}\right) = 4 - \frac{3}{4} \div \left(\frac{8}{12} - \frac{9}{12}\right)$$

$$= 4 - \frac{3}{4} \div \left(-\frac{1}{12}\right)$$

$$= 4 - \frac{3}{4} \times (-12)$$

$$= 4 + \frac{36}{4}$$

$$= 4 + 9 = 13$$

通分？

分母どうしを同じ数にすることです。

$$\frac{5}{6} - \frac{4}{9}$$

を例にみてみましょう。

分母の6と9の最小公倍数は18です。

それで分母が18になるように，$\frac{5}{6}$ の分子と分母には 3 を掛け，$\frac{4}{9}$ の分子と分母には2を掛けて，

$$\frac{15}{18} - \frac{8}{18}$$

とするのです。

分母が同じになれば，あとは分子どうしを計算すればOKです。

約分？

分母，分子の両方を割れる数をみつけてどんどん割っていくことです。

$\frac{4}{6}$ は，分母も分子も 2 で割れるので，それぞれ割って $\frac{2}{3}$ となります。

逆数？

2 つの数を掛けると 1 になるとき，一方の数を他方の数の逆数といいます。

つまり，$\frac{2}{3}$ の逆数は $\frac{3}{2}$，

4の逆数は $\frac{1}{4}$，ちなみに，

1の逆数は1，－1の逆数は－1です。

分数の符号の表記

$$-\frac{3}{4} = \frac{(-3)}{4} = \frac{3}{(-4)} \cdots$$

3つとも同じです。

指　数

たとえば,「4×4×4」は,4 が 3 回掛け合わされているので「4^3」と表記されます。

指数とは「4^3」の場合,数字の右肩にある数字 3 のことです。その指数を伴う計算をするためにはいくつか便利な公式があります。公務員試験の経済学の計算問題でよく使う公式を,例示しながら確認してみます。

- $a^m \times a^n = a^{m+n}$

  $2^3 \times 2^2 = 2^5$

- $(a^m)^n = a^{mn}$

  $(5^2)^3 = 5^6$

これをそのまま計算して確認してみると,$(5^2) \times (5^2) \times (5^2) = 15625$ となります($5^6 = 15625$)。

- $\dfrac{a^m}{a^n} = a^{m-n}$

  $\dfrac{2^5}{2^3} = 2^{5-3} = 2^2$

こちらもそのまま計算してみると,$\dfrac{2 \times 2 \times 2 \times 2 \times 2}{2 \times 2 \times 2} = \dfrac{32}{8} = 4$ と確認できます。

- $a^0 = 1$

  $3^0 = 1,\ 6^0 = 1$

この公式が成り立つ理由は,$a^1 = a$ だから(1 乗は表記しない),$a^0 = a^{1-1} = a \div a = 1$ となります。

- $a^{-n} = \dfrac{1}{a^n}$

  $2^{-3} = \dfrac{1}{2^3} = \dfrac{1}{8}$

この公式も,$a^{-n} = a^{0-n}$ なので,3 番目の公式から $\dfrac{a^0}{a^n} = \dfrac{1}{a^n}$ となります。

4^3

「4 の 3 乗（じょう）」と読みます。

勉強の心得

ここでは,指数計算の公式を覚えようとするのではなく,一読した後は,実際に指数計算の問題で,計算に困ったときに確認するというように辞書代わりに活用してください。たくさんの（指数）計算問題を解くことで自然と身についていくでしょう。

$a^0 = 1$

$x^0 = 1,\ y^0 = 1$ など,0 乗はどんな場合も 1 になると覚えておきましょう。

$a^{-n} = \dfrac{1}{a^n}$

マイナス乗は「ひっくり返って分数の形になる」と覚えておきましょう。

関 数

　数学が苦手な人の中には「関数」と聞いただけで「うわ！もう絶対わからない！」という拒否反応を示す人もいるほど，本当に嫌われていますよね。なかには関数のことを「せきすう」と呼んでしまう学生もいるくらいです。

　しかし，関数といっても「数学の関数」ではなく，「経済学で扱う関数」なので内容はシンプルです。

●関数とは？

　ある値（たとえばx）を決めると，それに対応して別の値（たとえばy）が1つ決まるとき，数学では「yはxの関数である」といういい方をします。

　つまり，**関数**というのは，「xとyの関係を式の形にしたもの」ということができます。ですから，その式に従って，xの値が変化することで，yの値も変わってくるわけです。

●一次関数

　では，具体的な関数の例として，最も基本的な一次関数を紹介します。これこそが公務員試験の経済学の理解に必要な関数です。

　一次関数は，$y = ax + b$の形です。たとえば，$y = 3x + 4$の式があれば，$x = 1$なら$y = 7$，$x = 2$なら$y = 10$というように，xの値が変化することでyの値も変わっていきます。

　経済学で重要なのは**傾き**の概念です。$y = ax + b$の式では傾きはaに相当し，今の$y = 3x + 4$の例では「3」が傾きとなります。また，$y = ax + b$の「b」は，xの値がゼロのときのyの値（**y切片**）になります。

　一次関数$y = 3x + 4$のグラフは以下のようになります。

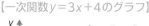

【一次関数$y = 3x + 4$のグラフ】

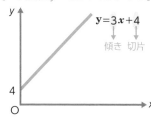

$y = 3x + 4$
傾き　切片

関数の表し方

関数は英語で「function」なので，よくfが使われます。xの関数yを$f(x)$と書いたりしますし，$x = a$を代入したときに決まる関数の値を$f(a)$と表すこともあります。

二次関数も三次関数もあるの？

一次関数は$y = ax \sim$，二次関数は$y = ax^2 \sim$，三次関数は$y = ax^3 \sim$という形なのですが，公務員試験の経済学では「こういうときにはこうする」ということだけを覚えていれば解ける問題がほとんどなので，そんなに怖がる必要はありません。

ここがポイント

一次関数の傾きは，経済学の基礎であるだけでなく，実際に問題を解く際に，傾きを使うことが多くありますので，非常に重要なポイントです。しっかり身につけておきましょう。

では，傾きってどう求めるのでしょうか。傾きは，横軸（x軸）の変化に対する縦軸（y軸）の変化で求められます。

⊿って何の記号？

⊿は「デルタ」と読みます。⊿がついたときには，その変化分（変化量）を意味します。たとえばxが10から15に増加すると，$\varDelta x$は5といった具合です。

$$\text{傾き（勾配）} = \frac{\text{縦軸の変化（}\varDelta y\text{）}}{\text{横軸の変化（}\varDelta x\text{）}}$$

【$y=\dfrac{1}{4}x+3$のグラフ】

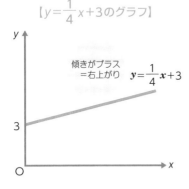

傾きがプラス＝右上がり　$y=\dfrac{1}{4}x+3$

【$y=-x+8$のグラフ】

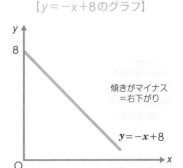

傾きがマイナス＝右下がり

$y=-x+8$

傾きが負（マイナス）のときは，右上図のように，$y=-ax+b$で右下がりのグラフに変わり，$y=-x+8$であれば，傾きは-1，y切片（y軸）の値は8になります。

教養試験レベルで最初に学んだ需要曲線と供給曲線も，数学的には，P(価格)とX(数量)の一次関数です。需要曲線が右下がりであるということは，傾きが負（マイナス）になっているということです。

また，需要と供給の均衡点（均衡価格と均衡数量）は，需要曲線と供給曲線の**交点**のことであり，数学では需要曲線と供給曲線を**連立方程式**にして求めることになります。

連立方程式は，マクロ経済学でも頻繁に使いますので，次に説明します。

連立方程式

連立方程式では，x，yを求めるために，xかyどちらか計算しやすいほうを，最小公倍数を利用して消すのがコツです。

$$\begin{cases} 2x-3y=4 & \cdots\cdots\cdots① \\ 3x-4y=5 & \cdots\cdots\cdots② \end{cases}$$

傾きの求め方

では次のグラフで傾きは何でしょうか。

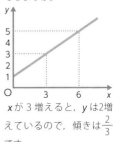

xが3増えると，yは2増えているので，傾きは$\dfrac{2}{3}$です。

需要曲線・供給曲線

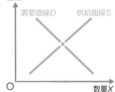

価格P

需要曲線D　　供給曲線S

数量X

この例では，x を消すのであれば，2 と 3 の最小公倍数が 6 なので，

①×3 ⇒ $6x-9y=12$　　　　　…………①′

②×2 ⇒ $6x-8y=10$　　　　　…………②′

よって，①′−②′ で $y=-2$ が得られます。

あとは，①式か②式に，$y=-2$ を代入して，$x=-1$ を求めるだけです。

よって，この例の解は，$x=-1$，$y=-2$ となります。

では，次に経済学っぽい連立方程式を解いてみましょう。

$$\begin{cases} y=2x-3 \\ y=-\dfrac{1}{2}x+1 \end{cases}$$

両方とも「$y=\sim$」の形になっているので，**代入**するだけで y を消去できます。

$$2x-3=-\frac{1}{2}x+1$$

移項して整理すると，

$$2x+\frac{1}{2}x=1+3$$

$$\frac{5}{2}x=4$$

$$x=4\times\frac{2}{5}=\frac{8}{5}$$

$x=\dfrac{8}{5}$ を $y=2x-3$ に代入すれば，

$$y=2\times\frac{8}{5}-3$$

$$y=\frac{16}{5}-\frac{15}{5}=\frac{1}{5}$$

となります。よって，この例の解は，$x=\dfrac{8}{5}$，$y=\dfrac{1}{5}$ です。

ちなみに，$x=\dfrac{8}{5}$ を $y=-\dfrac{1}{2}x+1$ の式に代入しても同じ答えを得られます。

連立方程式
といっても…

それほど難しいものをやるわけではなく，中学 2 年生でやる数学のレベルなので安心してください。

①′−②′ ？

$$\begin{array}{r} 6x-9y=12 \\ -\underline{)\ 6x-8y=10} \\ -y=2 \end{array}$$

というやり方です。
手順としては，
①′ の $6x$ から②′ の $6x$ を引くので，
　$6x-6x=0$
これで，x が消えます。
次は①′ の $-9y$ から②′ の $-8y$ を引くので，
　$-9y-(-8y)=$
　　　$-9y+8y=-y$
次は①′ の 12 から②′ の 10 を引くので，2。
これで，$-y=2$ が求められます。

代入？

文字または変数を，数または文字・式などで置き換えることです。
たとえば，左の計算でいえば，「$y=-2$」ということは，「y という文字と -2 は同じ」ということなので，①式 $2x-3y=4$ の「y」を「-2」に置き換えて x を求めます。
　$2x-3\times-2=4$
　$2x+6=4$
　$2x=4-6$
　$2x=-2$
　$x=-1$

→ 微 分

では，いよいよ経済学に出てくる数学の「目玉」である**微分（ぶん）**をやってみましょう。

経済初学者のだれもが恐れている微分計算ですが，公務員試験の経済原論で使う微分は，数学の微分より極めて限定されています。

実際の計算問題を解くために覚えておかないといけないのは，微分の公式と，偏微分のやり方，最大値を求める際の微分の活用のしかたの３点だけなのです。

「微分は数学」という考えは捨てて，「微分は経済学の道具」という認識を持って，気楽に取り組んでみてください。

●「微分する」とは？

経済学のレベルで，「微分する」とはどういうことでしょうか。それは「接線の傾きを求めること」です。以下のグラフで説明します。

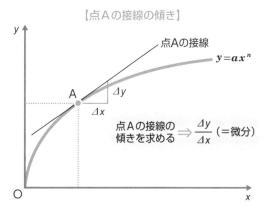

【点Ａの接線の傾き】

点Ａにおいて微分するとは，点Ａの接線の傾き，つまり横軸の変化Δxに対する縦軸の変化Δyを求めることなのです。

これを経済学では，$\dfrac{\Delta y}{\Delta x}$ などと表します。これがまさに「接線の傾きを求める＝微分する」という式なんです。

そして，実際 $y = ax^n$ の微分計算は，$\dfrac{\Delta y}{\Delta x} = n \cdot a \cdot x^{n-1}$ の公式で求めます。

移項して整理？

「＝」の右側から左側へ（右辺から左辺へ），左側から右側へ（左辺から右辺へ）移動させることを移項といいます。
移項するときは符号が逆になる（プラスならマイナス，マイナスならプラス）と単純に覚えておいてください。
ちなみに「整理」というのは，同じ文字項どうしをまとめることをさしています。

Δ（デルタ）が出てくると，とたんに難解な数学の雰囲気が出てきてしまいますが，単に「変化分」「変化量」を表しているにすぎません。
イメージだけで難しいと思わないでくださいね！

微分の表記

「$y = ax^n$ で，y を x で微分する」というのを $\dfrac{\Delta y}{\Delta x}$ と表す以外にも，$\dfrac{dy}{dx}$ とか $f'(x)$ などと表記することもあります。どれも同じ意味なので，戸惑わないでください。

ウォーミングアップ

微分の公式

$$y = ax^n \text{ を微分} \Rightarrow \frac{\Delta y}{\Delta x} = n \cdot a \cdot x^{n-1}$$

では，具体的に練習してみましょう。とにかく上の公式に数字を代入するだけです。

実際の計算① 最も単純な場合 <<<<<<<<<<<<<<<<<<<<

$y = 2x^3$ を微分せよ。

本当に，上の公式に数値を代入するだけです。

❶ 指数 n の数を前に持ってくる

$$\frac{\Delta y}{\Delta x} = 3 \cdot 2 \cdot x^{3-1} = 6x^2$$

❷ 指数 n の数から1を引く

実際の計算② 複数の項がある場合 <<<<<<<<<<<<<<<<<<

$y = 3x^4 + 5x^2 + 2x + 9$ の式で y を x 微分せよ。

この場合は，各項それぞれに微分の公式を当てはめます。

$$y = \quad 3x^4 \quad + \quad 5x^2 \quad + \quad 2x \quad + \quad 9$$

微分　　　微分　　　微分　　計算しない

$$\frac{\Delta y}{\Delta x} = 4 \cdot 3 \cdot x^{4-1} + 2 \cdot 5 \cdot x^{2-1} + 1 \cdot 2 \cdot x^{1-1}$$
$$= 12x^3 + 10x^1 + 2x^0$$
$$= 12x^3 + 10x + 2$$

偏微分

次に微分の応用で**偏微分**というのもあります。しかし，基本は微分と同じです。偏微分とは変数が3つ以上ある場合の

$\frac{\Delta y}{\Delta x}$ は必ず微分？

$\frac{\Delta y}{\Delta x}$ が出てきたからといって，絶対に微分しなくてはいけないというわけではありません。x や y の変化量が具体的にわかっている場合には，そこに数値を当てはめればいいのです。

公式中の「・」

掛けるの記号「×」と同じ意味です。文字式中で「×」を使うとエックスと似ていて紛らわしいので「・」が使われます。

x 微分？

微分する際のいい方には「$y = ax^n$ を微分」だけではなく「y を x で微分」「y を微分」「y を x 微分」「〇〇の式を微分」などなどありますが，すべて同じ意味です。あまり気にしないでください。

計算上の注意

計算②では，$2x$ の項を微分する際に，公式の使い方を練習するためにあえて $2x^1$ として計算しました。1乗は表記しないので，$2x^1 = 2x$。また，ゼロ乗は1でしたね。$2 \cdot x^0 = 2$。

「9」はなんで計算しないの？

計算②で「9」は微分計算しませんでしたが，$\frac{\Delta y}{\Delta x}$ は x の変化による y の変化をみるものなので，そもそも x がついていない数は変化しようがないため，無視していいわけです。

微分で，たとえば「$z=5x^2y^4$」のようなパターンです。

　偏微分とは文字どおり，「偏って微分する」ということで，「$z=5x^2y^4$」の場合は2つの微分計算が可能となります。zをxで偏微分する場合と，zをyで偏微分する場合です。そして，偏微分といっても微分の公式を使って計算します。

実際の計算③ zをxで偏微分する場合 <<<<<<<<<<<<<<<

　xについてのみ微分し，yについてはあたかも定数と同じように微分の計算対象ではありません。

　$z=5x^2y^4$のとき，zをxで偏微分せよ。

　y^4は計算されないで，y^4とそのまま表記されます。

$$z = \underset{微分}{5x^2} \cdot \underset{そのまま}{y^4}$$

$$\frac{\varDelta z}{\varDelta x} = 2 \cdot 5 \cdot x^{2-1} \cdot y^4$$
$$= 10xy^4$$

実際の計算④ zをyで偏微分する場合 <<<<<<<<<<<<<<<

　こちらはyについてだけを微分し，xについては微分しません。

　$z=5x^2y^4$のとき，zをyで偏微分せよ。

$$z = \underset{そのまま}{5x^2} \cdot \underset{微分}{y^4}$$

$$\frac{\varDelta z}{\varDelta y} = 5 \cdot x^2 \cdot 4 \cdot y^{4-1}$$
$$= 20x^2y^3$$

　このように，公務員試験における経済原論の微分は，定義としての「接線の傾き」と，あとは微分の公式$\frac{\varDelta y}{\varDelta x}=n \cdot a \cdot x^{n-1}$を覚えて計算するだけですので，たくさん計算問題に当たって慣れておきましょう。

偏微分？

経済学で使う偏微分は，それほど難解ではありませんので安心してください。
また，ミクロ経済学では，家計の行動を示す消費理論のところで，x財とy財を消費して，効用Uがどうなるかというような場面での計算に使われる程度で，それほど出題頻度は高くはありません。

変数？

変数（へんすう）とは，関数中の$x \cdot y \cdot z$などの文字のことです。未知あるいは不定の数を表しています。

偏微分の表記

微分のときには$\frac{dy}{dx}$という表記がありましたが，偏微分を表す際には∂を使って，$\frac{\partial y}{\partial x}$などと表すこともあります。
ちなみに∂は「ラウンド」と読みます。

「微分してゼロ」で最大値！

　ウォーミングアップの最後に，最大値を求める際の微分の活用のしかたを紹介します。

　微分ってこんな便利な使い方もあるのかという印象を持ってもらって，数学が苦手な方も「微分」を見直してもらいたいと思います。

　ミクロ経済学では，「効用の最大化」などの計算で，最大値を求めることがよくありますが，そんなとき「微分してゼロと置く」と比較的簡単に最大値が求められるのです。

　たとえば，関数のグラフが以下のような形状をしていたとしましょう。このとき，A点が最大値を示しています。この最大値A点に接線を引くと，x 軸と平行になります。接線が平行ということは，接線の傾きはゼロということを意味します。

【最大値（最小値）と接線の傾き】

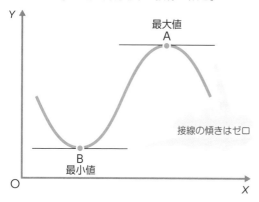

　つまり，Y の式を微分してゼロと置いて計算すれば，Y の値を最大にする X の値を求めることができるのです。

　ちなみにB点は最小値ですが，最小値の傾きもゼロなので，こちらも「微分してゼロ」を活用できます。

　さて，それでは，専門試験レベルに突入です。

　計算については，そのときそのときにまた詳しく説明していますので，怖がらずにチャレンジしてみてください！

　きっと，苦手意識を取り除けますよ！

「微分してゼロ」の もっと深い意味

公務員試験の経済学では，微分してゼロと置いたときに最大値と最小値が両方出てくることはめったにありません。

↓

つまり，最大値と最小値の求め方を使い分ける必要はなく，利潤最大化の問題では効用関数の式を微分してゼロと置くと最大値が，また費用最小化の問題では費用関数の式を微分してゼロと置くと最小値が得られるようになっていると理解しておいてください。

● **専門試験レベルの「出題傾向」**

　専門試験レベルについては，試験によって出題傾向が大きく異なっているので，各章の初めに，その章の出題頻度を4段階で記しています。

　　無星　：近年出題がない
　　★　　：ときおり出題がある
　　★★　：繰り返し出題がある
　　★★★：毎年のように出題がある

　この出題傾向を参考にして，勉強を進めていってください。

需要と供給（実践）

2人の経済学者の話

　本書をスタートするに当たって，「教養試験レベル」ではまず需要曲線と供給曲線，さらに市場の均衡と調整メカニズムについて学びました。「専門試験レベル」でも市場理論から始めます。

　ここでの主要テーマはワルラスとマーシャルという経済学者の市場理論です。「基礎から実践へ」と経済学の深まりもよく理解できるのではないかと思います。

　このテーマに関しては，教養試験ではたくさんの問題が出題されるのに対して，専門試験ではそれほど出題頻度は高くないといえるかもしれません。ただ，出題される場合は，「くもの巣」調整などを中心に理論問題が取り上げられる傾向が強いようです。また，地方上級試験では，排出権取引をテーマにしたややマニアックな問題もみられるなど，全体的に基本から応用問題まで難易度の幅は広いです。経済学の基本中の基本であるだけに，得点源としておきたい分野ですね。

出題傾向
国家総合職：　　国家一般職：★　　地方上級：★★★
国税専門官：★　市役所：★

ワルラスvsマーシャル
～2人の巨匠はいかに市場を説明したか？～

本書の冒頭で，専門試験レベルでは経済学者の理論を学ぶということに言及したと思いますが，本項では2人の有名な経済学者が登場します。しかも両者の理論を比較するという作業も伴います。

ワルラス的調整過程（価格調整メカニズム）

おなじみの需要曲線Dと供給曲線Sが与えられています。今，この市場において価格水準が均衡価格より高いAの価格であるとします。このときの供給量と需要量との差をみると，**超過供給**（需要＜供給）になっていることがわかります（Aの価格のときの供給量はE点，需要量はC点）。こんな場合は，市場での価格が下がることで，超過供給が解消されました。

一方，価格水準が均衡価格より低いBの価格だとすると，**超過需要**（需要＞供給）となりますが，今度は市場での価格が上昇することで，超過需要が解消されました。

【ワルラスの価格調整メカニズム】

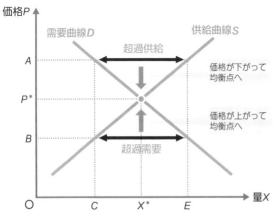

ワルラスの理論

難しい話ではなく，教養試験レベルで学んだ内容（詳細はp.23へ）がまさにワルラスの理論になります。
**ワルラス的調整過程＝
　　価格調整メカニズム**
です。

ワルラスと
価格調整メカニズム

一般均衡理論なる難しい理論に取り組んでいたフランスの経済学者M. E. ワルラス（1834〜1910）は，散歩に出かけた際に，閉店間際で野菜のたたき売りが行われていた場面をみて，「これこそが市場が均衡するための原理だ」と気づいたそうです。
今でも，閉店間際のスーパーでは生鮮食料品が「おつとめ品」などと称して割引販売されていますよね。スーパー側としては生鮮品なので今日中に売ってしまおうと価格を下げるわけです。超過供給が発生したときに価格が低下するという価格調整メカニズムの例ですね。
ちなみに，ワルラスは，この世の中の経済現象を数学で定式化することに成功した（一般均衡理論）人だそうです。つまり，ミクロ経済学を難しくした「張本人」ということでしょうか!?

このように，価格面から市場調整機構が働いて均衡価格P^*へ向かうことを，ワルラスという経済学者が説明したので，**ワルラス的調整過程**と呼びます。

マーシャル的調整過程（数量調整メカニズム）

では，専門試験レベルで初めて登場するマーシャルの理論についてみてみましょう。

●供給量がAのとき

下図のような需要曲線Dと供給曲線Sが与えられ，この市場において数量が均衡数量X^*より少ないAの水準で与えられているとします。

このとき，売り手の価格である**供給者価格**（供給曲線とぶつかるところで示されるE）と，買い手の価格である**需要者価格**（需要曲線とぶつかるところで示されるC）とを比較すると，需要者価格Cのほうが供給者価格Eよりも高いことを示しています。

【マーシャルの数量調整メカニズム】

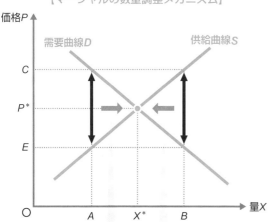

数量Aのとき，
需要者価格C＞供給者価格E
↓
売り手は生産量を増やす

数量Bのとき，
需要者価格E＜供給者価格C
↓
売り手は生産量を減らす

マーシャルと
数量調整メカニズム

当時の古典派経済学を集大成したとされるイギリスの経済学者A.マーシャル（1842〜1924）も，散歩をしていて工事の現場に通りかかったとき，そこに住宅の販売価格○○ポンドという立て看板をみて，「あーこれだ！」とばかりに数量調整の原理を見出したといわれています。

需要者価格と
供給者価格って？

需要者価格P_D（＝買い手価格，消費者価格）：消費者が買ってもいいと思う価格のこと。左図ではCのこと。
供給者価格P_S（＝売り手価格，生産者価格）：生産者が売りたい価格のこと。左図ではEのこと。

もちろん，実際の住宅市場において，当初，需要者価格は目にみえてわからず，買い手が増えるということで，売り手は需要者価格が供給者価格よりも高いと判断するわけです。

需要者価格と供給者価格という用語はなじみがないと思いますので，分譲住宅の例で説明してみます。

不動産の広告などで「販売価格3,000万円から」などと書いてあるのをみたことがあるかと思います。この販売価格というのが供給者価格に相当します。売り手側の「○○円ぐらいで売りたい！」という価格です。これに対して，需要者価格とは，買い手側の「○○円ぐらいの値段なら買う！」という価格です。

つまり，Aという分譲住宅の供給量は，均衡生産量X^*よりも少ないので，希少価値があるとばかりに買い手は高くても買いたいと考えて，需要者価格（P_DここではE）が高くなっているのです。

したがって，不動産のような市場では，マーシャルの理論によれば，供給者は需要が強いとみたときには，価格をさらに引き上げるのではなく，供給量を増やす，つまりこの例ではもっと住宅を建設することで対応します。前ページの図ではX^*の水準まで供給量を増やしていくことになります。結果的に需要者価格CがP^*まで下がり，需要者価格と供給者価格の価格差も解消されるのです。

●供給量がBのとき

一方，数量が均衡数量より多いBの水準で与えられているとします。このとき，需要者価格（P_DここではE）と供給者価格（P_SここではC）を比較すると，供給者価格Cのほうが需要者価格Eよりも高いことがわかります。このとき，売り手は需要が弱いとみたときには，供給者価格を下げるのではなく，供給量を減らすことで対応します。

この結果，供給量が減少することで，住宅の価値が上がるため需要者価格が上昇し，需要者価格と供給者価格の価格差が解消するように調整されます。こうして，長期的には均衡数量X^*へ向かうことになります。

このように，需要および供給は，数量の変化によって調整されるとして，数量面から市場調整メカニズムが働くことをマーシャルが説明したことから，数量調整で市場均衡に達することを**マーシャル的調整過程**と呼びます。

注意！

マーシャル的な数量調整過程の場合，価格は需要者価格が主導している点に気をつけてください。
ここでは完全競争市場を前提としています。家計も企業もプライス・テイカー（価格受容者）ですが，市場価格というのは需要者がこの価格で買うという水準で決まると考えてください。

過去問ではどう問われる？

このワルラス的調整とマーシャル的調整についての話は，実際のミクロ経済学の問題にはどういう形で登場するのでしょうか。

次の過去問をみてもわかるように，需要曲線と供給曲線が通常の形状でない場合，たとえば，需要曲線が右上がりになったり，供給曲線が右下がりになったりしている場合，**市場の調整機能が**ワルラス**的な価格調整メカニズム**とマーシャル**的な数量調整メカニズム**のどちらが働いて均衡に到達するかというところが問われます。

🐌 **普通の需給曲線だったら？**

通常の右下がりの需要曲線と右上がりの供給曲線のグラフであれば，今みてきたようにワルラス的にもマーシャル的にも，つまり価格調整でも数量調整でも市場均衡が実現します。

第1章 需要と供給（実践）

🌿 **例題1**

ある財の需要曲線（DD'）と供給曲線（SS'）が図のように示される市場があるとする。この市場の均衡の安定性をワルラス的調整過程，マーシャル的調整過程について考えた場合，最も妥当なものはどれか。

（国税専門官　改題）

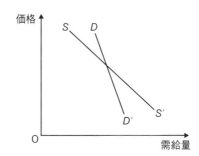

	ワルラス的調整過程	マーシャル的調整過程
1	不安定	安定
2	安定	安定
3	安定	不安定
4	不安定	不安定

🍃 **解法のステップ**

設問のグラフは，供給曲線が右下がりという特殊な形をしています。こういうときにワルラス的な価格調整メカニズムやマーシャル的な数量調整メカニズムは働くのでしょうか。それぞれ確認してみましょう。

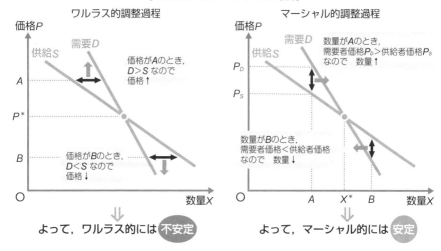

ワルラス的調整過程

価格P

供給S　需要D

A

P^*

B

O　　　　　　　　　数量X

価格がAのとき，
$D>S$なので
価格↑

価格がBのとき，
$D<S$なので
価格↓

⇩

よって，ワルラス的には 不安定

マーシャル的調整過程

価格P

供給S　需要D

P_D

P_S

O　　　　A　X^*　B　数量X

数量がAのとき，
需要者価格P_D>供給者価格P_S
なので　数量↑

数量がBのとき，
需要者価格<供給者価格
なので　数量↓

⇩

よって，マーシャル的には 安定

●ワルラス的調整過程（価格調整メカニズム）で安定するか？

　たとえば，上の左図のように価格水準が均衡価格より高いAで与えられると考えてみましょう。価格Aでは，需要量と供給量の差を比較すれば超過需要（需＞供）が発生していることがわかります。したがって，市場では価格が上昇していき，均衡価格P^*から離れる方向に動いていきます。これをワルラス的調整過程で「不安定」になるといいます。

　また価格水準が均衡価格より低いBで与えられると考えても同様です。供給量と需要量の差を比較してみると超過供給（需＜供）が発生しているので価格は低下していき，均衡価格P^*から乖離する（離れる）方向に動いていくため，この場合，やはりワルラス的調整過程では不安定となります。

●マーシャル的調整過程（数量調整メカニズム）で安定するか？

　たとえば，上の右図のように数量が均衡数量より少ないAの水準で与えられているとします。需要者価格P_Dと供給者価格P_Sを比較すれば，需要者価格P_Dのほうが高いことがわかります。したがって，生産者は，買い手が高く買ってくれ，「うれしい」と思って，生産量（供給量）を増やし，均衡生産量に近づいていきます。このときマーシャル的に安定するといいます。

　また数量が均衡数量より多いBだったとすると，需要者価格と供給者価格を比較すれば，需要者価格のほうが低いこと

安定？不安定？

この場合の「安定」というのは，価格（または数量）調整メカニズムが働いて，均衡に至ることです。「不安定」というのは，均衡から逆に離れていくことをいいます。

＜？　＞？

数学の記号で，どちらがより大きいかを示すものです。「A＞B」の場合は，AのほうがBよりも大きい（多い）ということになります。

ワルラス的調整をまとめると

ワルラス的価格調整メカニズムが働くかは，需要と供給を比較する。
価格Aのとき，
　需＞供 ⇒ 価格↑
　均衡価格P^*から離れる
価格Bのとき，
　需＜供 ⇒ 価格↓
　均衡価格P^*から離れる

がわかり，生産者は，「買い手は自分たちの提示する価格では買ってくれない」と「がっかり」して供給量を減らします。その結果，需要価格と供給価格の価格差は縮小，長期的には市場は均衡数量へ近づいていきます。

こうして，本問では，ワルラス的調整過程では不安定（価格調整メカニズムは機能せず）で，マーシャル的調整過程で安定する（数量調整メカニズムが機能する）ので，正答は **1** になります。

手っ取り早い見極め方！

ここで価格調整によるワルラス的調整過程で安定する（「ワルラス的に安定」という）か，数量調整によるマーシャル的調整過程で安定する（「マーシャル的に安定」という）かの手っとり早い見極め方を紹介します。

ワルラス的に安定するかをみる場合，グラフの均衡点の近辺に，需要曲線と供給曲線に向かって横線を引き，マーシャル的に安定するかをみる場合，グラフの均衡点の近辺に需供曲線に向かって縦線を引いて調べます。グラフを使ってみてみましょう。

マーシャル的調整をまとめると

マーシャル的価格調整メカニズムが働くかは，需要者価格P_Dと供給者価格P_Sを比較する。
数量Aのとき，
　需要者価格＞供給者価格
　　⇒ 「喜んで」
　　　　生産量を増やす
数量Bのとき，
　需要者価格＜供給者価格
　　⇒ 「がっかりして」
　　　　生産量を減らす

素早い見分け方

ワルラス　⇒　横線
マーシャル　⇒　縦線
横線，縦線はどこに引いてもかまいません。

【ワルラス的調整とマーシャル的調整の見分け方】

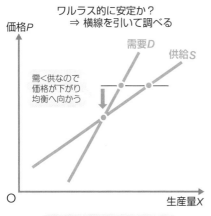

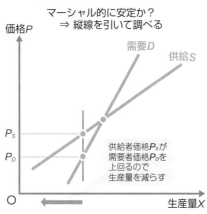

くもの巣調整って何だろう？
～くもの巣みたいにってことかな～

本章の最後に，「**くもの巣調整過程**」というもう一つの市場均衡理論を説明します。これはマーシャルの理論をより現実的に説明したものです。

くもの巣？

これまでワルラス，マーシャルと有名な学者の名前をとった自動調整メカニズムの説明だったのが，「くもの巣」って少し違和感を覚えませんか？　でも，この理論を学んでいくうちに，見事な表現だと思うようになりました。

くもの巣調整過程

ワルラスの価格調整メカニズムの場合には，閉店間際のスーパーマーケットのタイム・サービスをみればわかるように，価格の変化に対して需要は瞬時に調整されるといえます。しかし，マーシャル的な数量調整メカニズムの場合，そういうわけにはいきません。供給量の調整には一定の時間，すなわち**タイムラグ（時間差）**が生じてしまうのです。

● くもの巣調整過程で安定する場合

たとえば，ある農家が，今年のコメの生産数量を X_0 で決めたとします。このとき，下の左図で，需要者価格と供給者価格を比較すると，需要者価格 P_0 のほうが高いので，農家は

【くもの巣調整過程の安定と不安定】

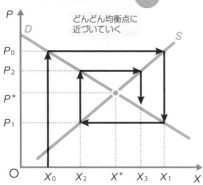

くもの巣調整過程で **安定**

どんどん均衡点に近づいていく

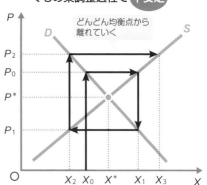

くもの巣調整過程で **不安定**

どんどん均衡点から離れていく

「うれしくて」価格P_0の水準で，供給曲線に対応する数量X_1まで生産を増加させようとします。しかし，今年はX_0で生産するので，この話は翌年のことになります。これがタイムラグということです。

そして，翌年，農家は生産量を数量X_1の水準に設定しますが，このときの需要者価格と供給者価格を比較すると，需要者価格がP_1と供給者価格より低いので，生産者は「がっかり」して，自分たちの供給曲線に従って，その次の年のコメの生産数量をX_2に減らします。そして，すべてのコメを販売しようと価格を需要者価格であるP_2に決めます。このときP_2は供給者価格P_1より高いので農家は，そのまた次の年の生産を供給曲線に対応させてX_3とします。

以下この作業を繰り返すと，最終的には均衡点で長期安定化していきます。生産量が増減しながら均衡点へ移動する様子がちょうどくもの巣のようにみえることから，こうした生産数量の調整は**くもの巣調整過程**と呼ばれます。

くもの巣が安定する
動きを整理すると…

今年：生産量はX_0 ⇒ 需要者価格はP_0 ⇒ うれしい

翌年：生産量X_1へ増加 ⇒ 需要者価格はP_1 ⇒ がっかり

翌々年：生産量X_2へ減少 ⇒ 需要者価格はP_2 ⇒ うれしい

●くもの巣調整過程で安定しない場合

一方，前ページの右図でみてみましょう。先ほどと同様に，「今年のコメの生産数量をX_0で決めた」として始めて，作業を繰り返すと，最終的には均衡点から遠ざかることになり，くもの巣調整過程は不安定となり，成立しません。

くもの巣調整過程の安定条件

ではこの2つのグラフの違いは何でしょうか。それは，需要曲線と供給曲線の傾き（絶対値）が違っていますね。くもの巣調整過程で安定するのは，供給曲線の傾きが需要曲線の傾きより大きい場合です。

くもの巣調整過程の安定条件は次のようになります。

くもの巣調整過程の安定条件

需要曲線の傾きの絶対値 < 供給曲線の傾きの絶対値

そこで問題です。101ページの例題1にあった図の場合，くもの巣調整過程により市場均衡が安定するでしょうか，不安定となるでしょうか？

傾きの絶対値を比較すると，

絶対値？

これも数学用語です。0からどれだけ離れているかを表し，｜A｜と記します。要するに，プラスの方向でもマイナスの方向でもいいので，どれだけ程度が大きいかを意味します。

例題1の図

（需要曲線の傾きの絶対値）＞（供給曲線の傾きの絶対値）
となっていることから，答えは「不安定」となります。

では次の過去問ではどうでしょうか。

例題2

ある財の価格を*P*，数量を*X*として，需要関数が*X*＝−3*P*＋8，供給関数が*X*＝2*P*−1で示されるとき，くもの巣調整過程における市場価格の均衡に関する次の記述のうち，最も妥当なものはどれか。

（地方上級）

1　市場価格は，需要の価格弾力性が供給の価格弾力性より絶対値において小さいので，次第に均衡点より発散し不安定的である。

2　市場価格は，需要の価格弾力性が供給の価格弾力性より絶対値において大きいので，次第に均衡点に収束し安定的である。

3　市場価格は，需要の価格弾力性と供給の価格弾力性とが絶対値において等しいので，均衡点が収束も発散もせず，循環的変動を繰り返し安定的である。

4　市場価格は，供給曲線の傾斜が需要曲線の傾斜より緩やかなので，次第に均衡点より発散し不安定的である。

5　市場価格は，供給曲線の傾斜が需要曲線の傾斜より急なので，次第に均衡点に収束し安定的である。

解法のステップ

まず，問題文の需要関数（＝需要曲線）と供給関数（＝供給曲線）をそれぞれ*P*＝〜の形に式変形します。

需要曲線：$P = -\dfrac{1}{3}X + \dfrac{8}{3}$

供給曲線：$P = \dfrac{1}{2}X + \dfrac{1}{2}$

市場均衡がくもの巣調整過程において安定的であるための条件は，供給曲線の傾きの絶対値|*S*|＞需要曲線の傾きの絶対値|*D*|でした。本問では$|S| = \dfrac{1}{2}$，$|D| = \dfrac{1}{3}$であり，

$\dfrac{1}{2}$のほうが$\dfrac{1}{3}$より大きいので，この条件を満たします。よって，正答は**5**となります。

今，くもの巣調整過程の安定条件「需要曲線の傾きの絶対値＜供給曲線の傾きの絶対値」を紹介しましたが，実は，ワ

どうして，P＝〜に変形するの？

一次関数*y*＝*ax*＋*b*の形と同じようにして，需給曲線の傾きを比較するためです。価格*P*が*y*軸にとられていますからね。

ルラス的調整とマーシャル的調整過程の安定条件について
も，傾きの比較で見極めることができます。紙面の関係でそ
の理由については割愛しますが，参考までに「第1章のまと
め」に載せておきます。

　以上が，需要と供給の市場メカニズムについての解説でし
た。教養試験レベルの中で説明した市場理論と比較すると，
経済学者の理論も登場するなど，ちょっと専門的な議論をし
ているということがわかったと思います。

変形のしかた

需要関数$X=-3P+8$
Xの項とPの項をそれぞれ
移項して，
$3P=-X+8$
両辺を3で割って（$\frac{1}{3}$を掛
けて），
$\frac{1}{3}\cdot3P=\frac{1}{3}(-X+8)$
$P=-\frac{1}{3}X+\frac{8}{3}$
供給関数も同様の手順です。

第**1**章　需要と供給（実践）

第1章のまとめ

●ワルラス，マーシャル，くもの巣調整過程の4パターン

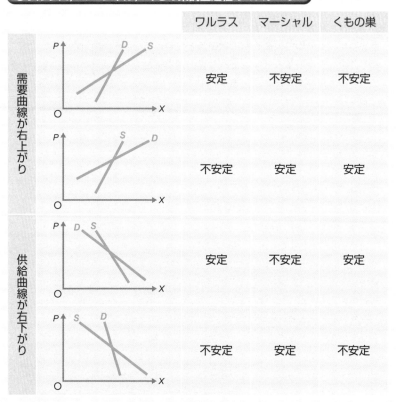

	ワルラス	マーシャル	くもの巣
需要曲線が右上がり（上段）	安定	不安定	不安定
需要曲線が右上がり（下段）	不安定	安定	安定
供給曲線が右下がり（上段）	安定	不安定	安定
供給曲線が右下がり（下段）	不安定	安定	不安定

●ワルラス的調整過程の安定条件（参考）

需要曲線Dの傾きの逆数 ＜ 供給曲線Sの傾きの逆数

●マーシャル的調整過程の安定条件（参考）

需要曲線Dの傾き ＜ 供給曲線Sの傾き

くもの巣調整過程の安定条件と違って絶対値ではないので，需要（供給）曲線が右下がりの場合は，傾きが負（マイナス）になるので，注意が必要です。

●くもの巣調整過程の安定条件

需要曲線の傾きの絶対値 ＜ 供給曲線の傾きの絶対値

消費者を徹底分析

　いわゆる「消費者行動理論」ともいわれる「消費」については，ミクロ経済の中心であるだけでなく，ほかの章の内容理解にも通じる極めて重要なテーマです。専門試験対策としての消費の理論は，教養試験レベルを質・量ともに上回る内容です。教養試験レベルの内容をしっかりと理解して，本章に臨んでください。

　専門試験の定番でもあり，毎年，高頻度で出題されています。特に出題頻度が高い分野は，効用最大化と弾力性です。難易度もかなり高いものもあります。教養試験レベルの内容は，まさに専門試験レベルの実力をつけるためのものであったといい切れるでしょう。

　計算問題は苦手とする人が多いのですが，実際の試験では大きなウエートで出題されるので捨てては通れません。

　経済学の高度な理論と複雑な計算問題を同時にこなさなければならないタフな章となりますが，エンジン全開で頑張ってください。

出題傾向

国家総合職：★★★　国家一般職：★★★　地方上級：★★★
国税専門官：★★　市役所：★★

専2-1

効用の最大化を求めよう！
～われわれが経済学的にめざすこと～

すでに基礎編で，消費者（家計）は効用（満足度）を最大化するために行動することを説明し，そのことを無差別曲線と予算制約線を使って図でも示しました。実践編では，効用最大化を一層理論的に考えていきます。そのためにまず限界効用と限界代替率について学びましょう。

 ## 効用 *U* と限界効用 *MU*

効用（満足度）を数値化した場合，たとえばビールをジョッキ1杯，2杯，3杯…と飲んでいったときの効用が以下のように変化したとしてグラフに示してみました。これを難しく表現すれば，「効用関数」といいます。

【ビールの杯数と効用の推移】

杯数	1	2	3	4	5
効用	100	160	200	220	230
限界効用		60	40	20	10

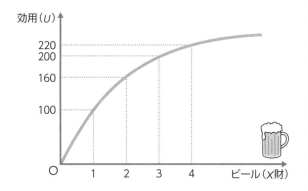

限界効用 *MU* とは，消費をもう1単位（1つ）増やすと効用（満足度）がどれだけ増えるかという意味になります。

一言…

ミクロ経済学の基本は「消費」理論，その消費理論の基本が「効用最大化」です。

復習

無差別曲線に関してはp.42，予算制約線についてはp.45を参照してください。

「限界」の意味

「限界」は「もう限界だ」という意味の限界（limit）ではなく，「ぎりぎりの」という意味の限界で，英語ではmarginalに相当します。「追加的な1単位」という訳もあり，わかりやすくいえば，「もう1つ増やせば」と考えるのがベストです。「1単位」も便利ないい方で，1本，1個，1枚，1箱，1パックなど状況に応じてどうとでもいい表せます。

効用？

効用とは，英語の「utility」で，わかりやすくいうと「満足度」というような意味を持っています。

110

このケースでは，「ビールをもう1杯追加して飲んだときの満足度」ということです。1杯目の満足度が100で，2杯飲んで160ということは，限界効用は60になります。つまり，2杯目それ独自の満足度が限界効用とみなしていいですね。さらに2杯目から3杯目を追加したときの限界効用は40，3杯目から4杯目を追加したときの限界効用は20ということになります。

●限界効用逓減の法則

一般的にはこのように限界効用の値はだんだん小さくなっていきます。

たとえば，夏の暑い日に飲むビールを想像してもらいたいのですが，1杯目の「うまい」と，2杯目の「うまい」はどちらが満足度は大きいでしょうか。ビールを飲んでいくうちに確かに全体での満足度は増加しますが，満足度の度合いはだんだん小さくなります。最初の1杯目のほうが，4杯目よりもおいしさ（満足度）が大きいはずです。このように限界効用が徐々に減少することを**限界効用逓減の法則**といいます。

●限界効用の求め方は「微分」

では，この限界効用はどうやって求めるかというと，答えは微分することなのです。微分とは接線の傾きのことでした。傾きですから接線の「ヨコ」の変化に対する「タテ」の変化です。

もう一度，ビールの効用のグラフをみてみましょう。限界効用の定義である「ビールxをもう1杯飲んだときの効用Uの大きさ」とは，まさに，ビールxの変化（ヨコの変化Δx）

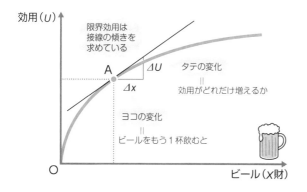

効用（U）

限界効用は
接線の傾きを
求めている

A

ΔU タテの変化
＝
効用がどれだけ増えるか

Δx

ヨコの変化
＝
ビールをもう1杯飲むと

O ビール（x財）

飲めば飲むほど…

大酒飲みの方の中には，飲めば飲むほど効用（満足度）が高まるという人がいるかもしれません。そういう方の限界効用は，逓減どころか逓増していくのですが，経済学の世界では一般的に，のどが潤ってくると，お腹もいっぱいになって，飲んでいくうちのビール1杯独自の満足度はだんだん小さくなってくると考えていきます。
ビールでピンと来ない場合は，ビールではなく，うどんやそば，天丼や親子丼の例で考えてみてください。

微分？

詳細については p.92を参照してください。

限界効用は
微分して求める

図では，A点における接線の傾きがA点の限界効用で，効用の式を微分して求めることになります。
たとえば，効用関数が$U=2xy$でxの限界効用を求めるとすれば，$U=2xy$をxで微分（正確には偏微分）して$\frac{\Delta U}{\Delta x}=2y$となります。
また，Y財の限界効用は，効用関数Uを微分して$\frac{\Delta U}{\Delta y}=2x$です。

111

に対する効用Uの変化（タテの変化ΔU）のことです。

つまり，限界効用は，効用のグラフの任意の点において，接線の傾きを求めていることにほかなりません。

「限界」とはまさに微分の考え方と同じことで，限界効用は効用の式（効用関数）を微分して求めることができます。

 限界効用の定義

限界効用MU：
   消費財Xを1単位追加したときの効用Uの大きさ

$$MU=\frac{\Delta U}{\Delta x} \quad \text{（効用関数をx微分したもの）}$$

無差別曲線と限界代替率MRS

次に限界代替率について説明します。「限界」ですので，限界効用と同じように計算は微分して求めますが，ここでは「微分＝接線の傾き」の，「接線」は何のグラフの接線でしょうか。それは無差別曲線です。

●無差別曲線のおさらい

無差別曲線については教養試験レベルで基本的な学習はしましたが，簡単におさらいしてみましょう。

一般的な無差別曲線は，原点に対して凸型の右下がりの曲線で，①同じ満足度（効用）を示す消費の組合せを示し，ま

「限界」ときたら

「限界○○」と名前がついた用語がこれからもたくさん出てきますが，求め方は「微分する」と覚えておいてください。
限界＝微分＝接線の傾き

*Δ*って何だっけ？

Δは「デルタ」と読みます。Δがついたときには，その変化分を意味します。たとえば生産量Qが10から15に増加すると，ΔQは5といった具合です。

効用関数はどういう式？

効用関数の式は，たとえば「$U=x^2y^3$」などのように問題文中に与えられます。

三次元の無差別曲線？

本来の無差別曲線は，X財とY財の消費に対する効用の大きさを表すので，三次元（立体）の図になります。

【無差別曲線】

本来の無差別曲線

効用

無差別曲線は効用水準を輪切りにしたもの

Y財の消費量

U_2

U_1

O

X財の消費量

Y財

無差別曲線

U_1　U_2

原点から遠ければ効用は高い

A
(2, 4)

B
(4, 2)

無差別曲線上の点（A点，B点）で消費すると満足度が同じ

O

X財

た，②原点から離れるほど効用が高い，という特徴がありました。

●限界代替率とは？

まず定義からですが，**限界代替率MRS**とは，X財・Y財とある場合に，「X財を追加的に1単位増やしたときに，効用水準を一定に保つためにはY財をどれだけ減らさなければならないか」ということを意味します。つまり，限界代替率とはX財とY財の交換の比率ということができます。

たとえば下図には，X財をリンゴ，Y財をミカンとした無差別曲線が描かれています。そこで無差別曲線上の点をたとえば，A点（1，5），B点（2，3），C点（3，2），D点（5，1）としてみます。

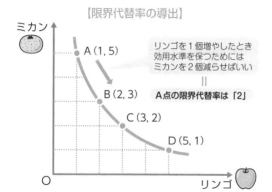

【限界代替率の導出】

ミカン

A (1, 5)

リンゴを1個増やしたとき
効用水準を保つためには
ミカンを2個減らせばいい
=
A点の限界代替率は「2」

B (2, 3)

C (3, 2)

D (5, 1)

O　　　　　　　　リンゴ

図中のA点（リンゴ1個，ミカン5個）における限界代替率は，リンゴをもう1個消費するときに，効用を維持する（同じ無差別曲線上にある）ためには，ミカンを5個から何個減らさなければならないかということを示します。

ここでは，リンゴを追加的に1個増やして2個にするので，リンゴが2個であれば，図よりミカンは5個から2個減らして3個（B点）でなければ効用が同じになりません。よって，A点における限界代替率（交換比率）は，リンゴ1個を増やしたときにミカンを2個減らすので，「2」ということになります。

つまり，リンゴ1個とミカン2個と交換したというわけです。限界代替率は交換の比率でしたね。

限界代替率はヨコの変化Δx（リンゴを1個増やす）に対

**限界代替率を
英語で解釈すると**

限界代替率（Marginal Rate of Substitution）の「Substitution」は，「代替」というよりも，「交代」すなわち「交換」と考えたほうがいいでしょう。限界代替率は，**「ある財をもう1つ追加するとき，別の財といくつで交換するか」**とするのが適訳ですね。

もう少し具体的に説明すると…

1つのかごにリンゴとミカンが盛られているケースで考えてみましょう。かごの中身の効用（満足度）は同じでなければならないという前提で，たとえば，かごの中に，リンゴが1個とミカンが5個入っている（グラフのA点）とします。
そこにリンゴをもう1個追加したいのですが，そうするとかご全体としての効用が高まってしまうので，ミカンを何個か減らさなければなりません。この例では，ミカンを2個減らしてリンゴを1個加えることで，効用を同じに保てます。

効用（満足度）
は同じ

リンゴ
1個追加

ミカン
2個減らす

するタテの変化Δy（ミカンを2個減らす）で求められますので、A点における接線の傾き（ここでは2）ということになります。「限界」ときたら「微分」でしたね。

このことを式で示せば、

$$限界代替率MRS = -\frac{\Delta y}{\Delta x}$$

となり、やはり限界代替率の式は微分の形に表されています。

A点以外にもB点、C点、D点においても限界代替率は、それぞれの点における無差別曲線の接線の傾きに等しいことになります。数字で示せば、

$$A点のMRS = -\frac{\Delta y}{\Delta x} = -\left(-\frac{2}{1}\right) = 2$$

$$B点のMRS = -\left(-\frac{1}{1}\right) = 1$$

$$C点のMRS = -\left(-\frac{1}{2}\right) = \frac{1}{2}$$

となります。

B点について、先ほどのリンゴとミカンのたとえで説明すると、かごの中にリンゴ2個、ミカン3個入っているときにリンゴをもう1個追加したいとすると、同じ満足度を維持するためにはグラフより、ミカンを1個減らさなければなりません。B点における限界代替率（リンゴ1個とミカンの交換の比率）は1ということです。

マイナスの符号がついているけど？

−の符号が頭につくのは、無差別曲線が右下がりであるために、X財を1単位増やせば効用を同じにするために、必ずY財を減らさなければならないので、$\frac{\Delta y}{\Delta x}$の値はマイナスになってしまいます。そのため、経済学では限界代替率を正の値（プラスの値）で表すために最初からマイナスの符号をつけてあります。

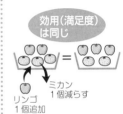

効用（満足度）は同じ

リンゴ1個追加　ミカン1個減らす

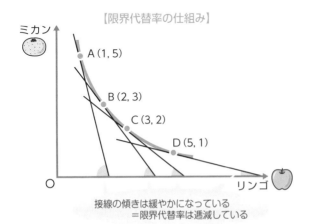

【限界代替率の仕組み】

ミカン

A (1, 5)
B (2, 3)
C (3, 2)
D (5, 1)

O　リンゴ

接線の傾きは緩やかになっている
＝限界代替率は逓減している

数字で示した限界代替率をみると，*X*財の量が増えるとだんだんと低下$\left(2 \Rightarrow 1 \Rightarrow \dfrac{1}{2}\right)$しています。これをグラフでみると，前ページにあるように，無差別曲線の接線の傾き（限界代替率）は緩やかになっています。

このことを**限界代替率逓減の法則**といいます。これは，最初に（A点），リンゴは1個しかなかったので，もう1個リンゴを追加するには，ミカン2個と交換してもよかったのですが，B点では，リンゴはすでに2個あるので，A点のときに比べるとリンゴに対する欲求は小さくなります。つまり，リンゴの消費を追加的に増やしていくにつれて，ミカンとの交換価値がだんだん下がっていくのです。

 限界代替率の定義

> 限界代替率$MRS = -\dfrac{\Delta y}{\Delta x}$（無差別曲線の接線の傾き）

予算制約線

次の「最適消費点」を理解するために，教養試験レベルで学んだ予算制約線（⇒ p.45）の知識が必要です。しっかり復習してから進んでください。専門試験での予算制約線の理論的な内容は教養レベルと同じです。

最適消費点

教養試験レベルで学んだように（⇒ p.49），消費者が効用を最大化させるためには，予算内でできるだけたくさん消費をすることが望まれます。つまり，最適消費点は，(1)予算を完全に使い切る予算制約線上にあるということと，(2)無差別曲線はできるだけ原点から遠くに位置していることが必要です。(1)と(2)を同時に満たす合体したグラフをかくと次のように描かれます。

結論からいえば，消費者は*E*点で効用を最大化することができます。この予算制約線と無差別曲線の接点のことを**最適消費点**（効用最大化を実現する消費点）といいます。消費者

第**2**章 家計の行動（実践）

こういう関係もある

限界代替率$\left(MRS = -\dfrac{\Delta y}{\Delta x}\right)$は，2財の限界効用の比に等しい$\left(MRS = \dfrac{MU_x}{MU_y}\right)$という関係もあります。

これは，*x*の限界効用$MU_x = \dfrac{\Delta U}{\Delta x}$を*Y*財の限界効用$MU_y = \dfrac{\Delta U}{\Delta y}$で割り算すれば，

$$\frac{\dfrac{\Delta U}{\Delta x}}{\dfrac{\Delta U}{\Delta y}} = \frac{\Delta U}{\Delta x} \times \frac{\Delta y}{\Delta U}$$

$$= \frac{\Delta y}{\Delta x}$$

となり限界代替率と等しくなるということからもわかります。

↓

この公式$\left(MRS = \dfrac{MU_x}{MU_y}\right)$は後に効用最大化の公式を説明するときに使うので，今は頭のすみに残しておいてください。

略語解説

ここで，経済用語の略語を改めて確認してみましょう。

M：予算
MRS：限界代替率
MU_x：*X*財の限界効用
MU_y：*Y*財の限界効用
P_x：*X*財の価格
P_y：*Y*財の価格

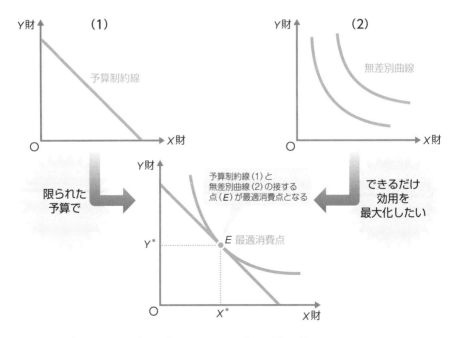

(1)

Y財

予算制約線

O → X財

(2)

Y財

無差別曲線

O → X財

限られた
予算で

Y財

予算制約線(1)と
無差別曲線(2)の接する
点(E)が最適消費点となる

Y* ⋯⋯⋯ E 最適消費点

O X* → X財

できるだけ
効用を
最大化したい

はX財をX*個，Y財をY*個消費することで，効用（満足度）
を最大にすることができるのです。

効用最大化の条件

最適消費点＝予算制約線と無差別曲線の接点

　ここで合点がいかない人もいるかもしれません。最適消費
点は予算制約線上にあるということでしたが，次ページの左
図のように，A点やB点だっていいのではないかという人
や，原点から遠い無差別曲線が満足度が高いのであれば，C
点のような点だっていいのではないかと考える人もいるでし
ょう。順番に説明します。

●A点やB点が最適消費点とはならない理由

　A点とB点を通る無差別曲線U'を引き，そのU'上の点E'
を描いてみます。無差別曲線は同じ満足度を示す消費の組合
せでしたので，A点，B点，E'点の効用は同じになります（A
＝B＝E'）。ここで，E点とE'点を比較するとどちらの効用
が大きいかといえば，原点よりも遠いところに位置するE点
です（E＞E'）。つまりE点はA点，B点よりも満足度が高い
ことになります（E＞A＝B）。

**効用最大化を
口語的にいうと**

無差別曲線U'から効用が
高まって高まって（無差別
曲線が原点から遠くなって
遠くなって），もうこれ以
上高まったら（無差別曲線
が遠くなったら），予算オー
バーとなってしまうぎり
ぎりのところが，無差別曲
線Uで，そのE点が効用最
大化の最適消費点です！

学習上の心得！

実は，消費者行動理論にお
いて，この最適消費点を示
す効用最大化のグラフが，
すべての基本といっても過
言ではありませんのでしっ
かりと理解しておいてくだ
さい。

● C点が最適消費点とはならない理由

C点を通る無差別曲線はU''で描かれますが，C点は予算線の外にあり予算を超えてしまうので最適消費点にはなりません。さらにいえば，E点よりもわずかでも原点から遠くなれば，新たな無差別曲線が描かれるために予算オーバーとなってしまいます。ですから，予算制約線内で効用を最大化するのはE点以外にはありません。

よって，効用最大化の点（最適消費点）は，無差別曲線と予算制約線の接点であるE点に当たります。

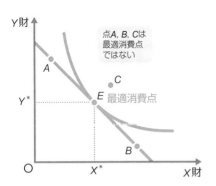

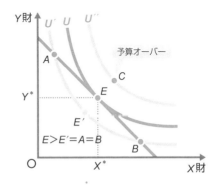

➡ 効用最大化の公式を導こう！

今度は，効用最大化（最適消費）の点の具体的な公式について説明します。

次ページの左図で，最適消費点であるE点では予算制約線と無差別曲線が接しており，**限界代替率MRS＝予算制約線の傾き$\dfrac{P_x}{P_y}$** が成立しています。なぜそうなるのかを説明します。

予算制約線の傾き$\dfrac{P_x}{P_y}$は価格比でしたね。この効用最大化を示すE点における無差別曲線の接線を引けばちょうど予算制約線と重なります。無差別曲線の接線の傾きは限界代替率MRSでした。つまり，予算制約線と無差別曲線の接線が「くしくも」一致して$\dfrac{P_x}{P_y}=MRS$が実現しています。

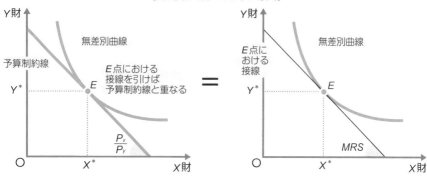

限界代替率 MRS ＝予算制約線の傾き $\dfrac{P_x}{P_y}$

ただし，残念ながら実際の計算問題ではこの公式は活用できません。115ページの側注で触れた「限界代替率は2財の限界効用の比に等しい（$MRS = \dfrac{MU_x}{MU_y}$）」という関係を組み合わせて，最適消費点（効用最大化の点）は2財の限界効用の比と価格比に等しいという以下の式で表すことができます。

限界効用の比 $\dfrac{MU_x}{MU_y}$ ＝価格比 $\dfrac{P_x}{P_y}$

これが計算問題で実際に活用できる公式です。さらに上式の $\dfrac{MU_x}{MU_y} = \dfrac{P_x}{P_y}$ の部分を，式変形をすると，

$$\frac{MU_x}{P_x} = \frac{MU_y}{P_y}$$

となり，この式を**加重限界効用均等の法則**と呼びます。

このように，最適消費点（効用最大化点）を求めるための公式は，次の2つがありますが，後者のほうが多用されているようです。

$MRS = \dfrac{P_x}{P_y}$ ，$MRS = \dfrac{MU_x}{MU_y}$ から，

限界効用の比 $\dfrac{MU_x}{MU_y}$ ＝価格比 $\dfrac{P_x}{P_y}$

公式導出の経緯

グラフからみて判断すると，限界代替率 MRS ＝予算制約線の傾き $\dfrac{P_x}{P_y}$

↓

計算問題で使うために，

$\dfrac{MU_x}{MU_y}$（限界効用の比）

$= \dfrac{P_x}{P_y}$（価格比）

↓

さらに，応用問題にも対処するために，

$\dfrac{MU_x}{P_x} = \dfrac{MU_y}{P_y}$

どうやって式変形するの？

$\dfrac{MU_x}{MU_y} = \dfrac{P_x}{P_y}$ の式に，まず，両辺に MU_y をかけて，次に P_x で割り算をして求めます。細かいところはいいので，とにかく覚えてしまいましょう。

効用最大化の実用的な公式②

$$\frac{MU_x(X財の限界効用)}{P_x(X財の価格)} = \frac{MU_y(Y財の限界効用)}{P_y(Y財の価格)}$$

● MU_x，MU_yの求め方

MU_xはX財の限界効用，MU_yはY財の限界効用です。

たとえば，効用関数$U=xy^2$があったとして，X財とY財の限界効用はどうなりますか？　答えは，それぞれxとyで偏微分して求めます（偏微分については⇒p.93）。

$$MU_x = \frac{\Delta U}{\Delta x} = 1 \cdot x^{1-1} \cdot y^2 = y^2$$

$$MU_y = \frac{\Delta U}{\Delta y} = 2 \cdot x \cdot y^{2-1} = 2xy$$

以上が効用最大化の理論的説明と公式です。では以下の過去問に挑戦してみてください。

> **どうして使える公式が2つもあるの？**
>
> 「加重限界効用均等の法則」$\frac{MU_x}{P_x} = \frac{MU_y}{P_y}$のほうは，式をそのまま解釈すれば，**「貨幣1単位当たりの限界効用」**とも呼ばれ，応用問題で活用される場合もあります。そもそも，「加重限界効用均等の法則」という名称があること自体，こちらの公式がより重要なのかもしれませんね。

例題1

2財x, yを消費するある個人の効用関数が，

$u=xy^2$　　　〔u：効用水準　x：x財の消費量　y：y財の消費量〕

で示されるとする。x財の価格が1，y財の価格が4，所得が60であるとする。この個人が効用を最大化するときのx財とy財の最適消費量はそれぞれいくらか。

（裁判所事務官　改題）

	x財	y財
1	20	5
2	20	10
3	30	10
4	30	15
5	40	15

解法のステップ

効用最大化の問題は，以下のような手順で解いていきます。

（1）予算制約式を作る

まず，予算制約式は$P_x \cdot X + P_y \cdot Y = M$（$P_x$：X財の価格，$X$：X財の数量，$P_y$：Y財の価格，$Y$：Y財の数量，$M$：予算）でした。

問題文にある条件より，予算制約式は以下のとおりです（以下XとYは，混乱を避けるため「x」「y」と表記）。

$$x + 4y = 60 \qquad \cdots\cdots\cdots ①$$

（2）公式を使った式を作る

次に公式ですが，**加重限界効用均等の法則** $\dfrac{MU_x}{P_x} = \dfrac{MU_y}{P_y}$ を用います。

公式に条件の数字を代入するのですが，問題文より $P_x = 1$，$P_y = 4$ は与えられています。また，MU_x と MU_y は前ページの「MU_x, MU_y の求め方」の効用関数が同じ「$u = x^2 y^3$」であったので説明を省略しますが，$MU_x = y^2$，$MU_y = 2xy$ となります。よって，

$$\frac{y^2}{1} = \frac{2xy}{4}$$

この式を交差法で整理して，

$$2xy = 4y^2$$

両辺を $2y$ で割って，

$$\frac{2xy}{2y} = \frac{4y^2}{2y}$$

$$x = 2y \qquad \cdots\cdots\cdots ②$$

を得ます。

（3）両者を連立方程式で解く

①，②式の両者を連立方程式で解きます。

②式を①式に代入して，

$$2y + 4y = 60$$
$$6y = 60$$
$$y = 10$$

$y = 10$ を②式に代入して，

$$x = 2 \cdot 10 = 20$$

（①式に代入してもよいが，②式に代入のほうが楽）

したがって，正答は **2** です。

効用最大化の問題の解法パターン

①**予算制約式を作る**
②**公式を使った式を作る**
③**両者を連立方程式で解く**

ここで，別解を2つ紹介します。これまでの経済学の理論

交差法って何？

$\dfrac{A}{B} = \dfrac{C}{D}$ のとき，

$$A \times D = B \times C$$

となるという公式です。もちろん，交差法を用いなくても計算できますが，これから使用する場面が出てくると思い，ここで取り上げました。

$\dfrac{MU_x}{MU_y} = \dfrac{P_x}{P_y}$ を使って

$\dfrac{MU_x}{MU_y} = \dfrac{P_x}{P_y}$（限界効用の比＝価格比）を使っても，同様の答えを得ます。

$$MRS = \frac{MU_x}{MU_y} = \frac{\dfrac{\Delta u}{\Delta x}}{\dfrac{\Delta u}{\Delta y}}$$

$$= \frac{y^2}{2xy} = \frac{y}{2x}$$

価格比 $\dfrac{P_x}{P_y}$ は $\dfrac{1}{4}$ なので，公式より，

$$\frac{y}{2x} = \frac{1}{4}$$

となります。これを整理すると，交差法で，

$$2x = 4y$$
$$x = 2y$$

という関係式が導出できます。

確認しておこう！

本問ではX財を20，Y財を10消費することで効用が最大化することをグラフでも確認しておきましょう。

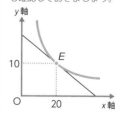

についてこられなかった人でも解ける便利なやり方です。

あとは同様に連立方程式を解いていけばいいのです。

●別解１：微分の活用

「微分してゼロと置くと，最大値が得られる」という性質を活用して解く方法です。

まず，予算制約式$x + 4y = 60$を整理した$x = 60 - 4y$を効用関数$u = xy^2$に代入します。

$$u = (60 - 4y)y^2$$
$$= 60y^2 - 4y^3$$

次に，この式をyで微分してゼロと置きます。

$$\frac{\Delta u}{\Delta y} = 120y - 12y^2$$
$$= 12y(10 - y)$$
$$= 0$$

よって，$y = 10$　（経済学で0は答えにならない）

この式を予算式に代入して，

$$x + 40 = 60$$
$$x = 20$$

●別解２：スーパー公式の活用

もう１つの別解ですが，これは奥の手ともいえるもので，効用最大化の消費量を直接求める公式を使う方法です。

効用関数が，$u = x^\alpha y^\beta$の形（コブ＝ダグラス型効用関数と呼ばれる）をしていた場合，最適消費量は以下の公式であっさりと求めることができます。

🐗 効用最大化の消費量（超裏わざ公式）

$$x = \frac{\alpha M}{P_x(\alpha + \beta)}$$
$$y = \frac{\beta M}{P_y(\alpha + \beta)}$$

P_x：x財の価格　x：x財の数量
P_y：y財の価格　y：y財の数量
M：予算　α：xの指数
β：yの指数

本問の場合，諸条件の数値をこの公式に代入すれば簡単に解答を得ることができます。

$$x = \frac{1 \times 60}{1 \times (1 + 2)} = 20$$

$$y = \frac{2 \times 60}{4 \times (1 + 2)} = \frac{120}{12} = 10$$

もし，本問が「この個人の効用の最大値はいくつか」と問われていたら，最適消費量$x = 20$，$y = 10$を効用関数$u = xy^2$に代入して，$u = 20 \times 100 = 2000$となります。

 計算上の注意

ここでは，効用を最大にするyの値を求めるために，予算式を$x = \bigcirc y$に変形して，効用関数の式に代入しましたが，効用を最大にするxの値を求めたければ，予算制約式を$y = 15 - \frac{1}{4}x$

の形にして，効用の式に代入して微分してもよいのです。

↓

ただし，計算が大変なので，$x = \bigcirc y$に変形させました。

 注意しよう！

この種の効用最大の値を求める問題では，この公式を使えば楽であることは間違いないのですが，「限界代替率＝限界効用の比＝価格比」や加重限界効用均等の法則の理論も理解していなければ，対応できないこともあるので注意してください。

ここで，コブ＝ダグラス型効用関数の公式が成立する理由について説明してみたいと思います。関心のある方だけお読みください。

　コブ＝ダグラス型効用関数$u = x^{\alpha} y^{\beta}$の指数は，x財とy財に対する所得の分配率を表します。もし，$u = xy$なら，所得をx財とy財に$\frac{1}{2} : \frac{1}{2}$に分けて支出することを意味します。本問の場合，効用関数は$u = xy^2$なので，所得60を$\frac{1}{3} : \frac{2}{3}$に分けて支出します。そうすると，所得をいかに分配したか（実際の支出額）は，x財の場合$60 \times \frac{1}{3} = 20$，$y$財なら$60 \times \frac{2}{3} = 40$となります。

　では，どれだけ消費（需要）したかについては，
　　価格×量＝支出額（需要額）
の関係から，
　x財の場合，価格が1だから，$1x = 20$より，$x = 20$
　y財の場合，価格が4だから，$4y = 40$より，$y = 10$
となるのです。

　この超裏わざ公式とは，今，説明した一連の過程が公式化されています。上の説明の内容をより忠実に示すとしたら，公式は，次のように書き換えることができるでしょう。

$$x = \frac{\alpha M}{P_x(\alpha + \beta)} = \frac{\alpha}{(\alpha + \beta)} \cdot \frac{M}{P_x}$$

$$y = \frac{\beta M}{P_y(\alpha + \beta)} = \frac{\beta}{(\alpha + \beta)} \cdot \frac{M}{P_y}$$

右欄でも確認してみてください。

コブ＝ダグラス型？

コブ＝ダグラス型の名称については，第3章（p.188）で学びます。

超裏わざ公式の裏の裏!?

y財でいえば，
$\frac{\beta}{(\alpha + \beta)}$は指数の比率（所得の配分）で，本問であれば，所得の$\frac{2}{3}$倍を支出（需要）することを示します。
　↓
実際の支出額は，所得M（＝60）の$\frac{2}{3}$倍の40となります（公式では$\frac{\beta}{(\alpha + \beta)} \times M$の部分）。
　↓
最後に求める需要量（消費量）yは，価格P_y（＝4）で割り算をして，$40 \div 4 = 10$を得ることができます（公式では$(\frac{\beta}{(\alpha + \beta)} \times M \div P_y)$の部分）。
結果として，公式はこっちが覚えやすいかもしれませんね！

第2章　家計の行動（実践）

専2-2

特殊な無差別曲線がいっぱい
～家計の行動に応じて変わる～

これまで，無差別曲線といえば，下図のように右下がりで原点に対して凸型の無差別曲線を扱ってきました。これが一般的な無差別曲線です。

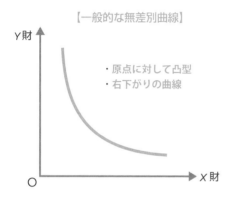

【一般的な無差別曲線】

・原点に対して凸型
・右下がりの曲線

Y財

O   X財

しかし，この一般的な無差別曲線以外にも，さまざまな無差別曲線が存在します。まず，L字型の無差別曲線と，右下がりで直線型の無差別曲線から紹介します。教養試験レベルで学んだ「代替財と補完財」（⇒p.40）を復習してから入ってください。

L字型の無差別曲線

無差別曲線がL字型になるときの効用は，2つの財の消費がある一定の比率で増加する場合に最大化します。言い換えれば，2つの財の消費が一定の比率の増加でなければ，どちらか一方の財が多く与えられても消費を増やさないので，効用が変化しないパターンです。

たとえば，コーヒー1杯に角砂糖を2個入れて飲む人の無差別曲線のようなケースです。仮にコーヒー1杯に対して砂糖が3個あっても（点B），この消費者は角砂糖を2個しか

ほっと一息

これまで難しいテーマを扱ってきましたが，この特殊な無差別曲線については比較的楽で，ほっと一息といった感があります。例示も生活感覚にあふれ「楽しく」学べるかもしれません。

無差別曲線って
何だっけ？

無差別曲線は，同じ効用（満足度）を示す消費の組合せを示すものでした。
（⇒p.42）

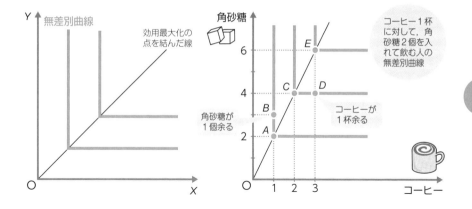

使わない（1個余る）ので，効用は点 A（コーヒー1杯と角砂糖2個）のときに最大化します。

　または，コーヒーが3杯あっても角砂糖が4個しかない場合（点 D），この消費者はコーヒーを2杯しか飲まない（角砂糖が4個しかないから）ので，点 C で効用が最大化されます。

　つまり，この人にとって，コーヒーと角砂糖は，1杯と2個（点 A），2杯と4個（点 C），3杯と6個（点 E）というように，1：2の比率でないと効用は最大にならないのです。

　このように，L字型の無差別曲線の効用最大化の点は，消費の比率によって異なるL字型の角の部分で決まっていきます。無差別曲線は無数に描けるので，効用最大化の点を結ぶと図のように1本の線で示すことができます。

　一般的に，コーヒーと砂糖は補完財の関係ですが，例示したように，「コーヒー1杯に角砂糖を2個入れて飲む人」とさらに限定する場合は，両財の関係は**完全補完的**ということになります。

 **完全な補完財の
ほかの例**

このほかにも靴，手袋，ペットボトルの本体とキャップというようなペアないしセットで使うものが該当します。ペア，セットでないと商品になりませんから，必ずこの場合であれば1：1の比率で消費されるということです。

～～～ **特殊な無差別曲線①**

L字型の無差別曲線：完全な補完財の無差別曲線

右下がりで直線型の無差別曲線

2つの財があって，どちらの財を選んでも効用の変化は生じないという完全に代替的な財である場合，下の左図のように，無差別曲線が右下がりの直線となります。

右下がりで直線型の無差別曲線の例としては，トンボ鉛筆の鉛筆と三菱鉛筆の鉛筆などがあります。つまり，たとえば，鉛筆を10本準備しなければならないとすると，通常，トンボの鉛筆でも三菱の鉛筆でも10本そろえばどちらでもかまいませんよね。トンボの鉛筆が3本，6本，8本あれば，三菱の鉛筆はそれぞれ7本，4本，2本あればそれでいいわけです。またはどちらか一方が10本あってもかまいません。

**ほかの
完全代替財の例**

おつりをもらうときの100円玉と500円玉の例があります。おつり500円をもらう場合，100円玉が5枚でも500円玉が1枚でもその人にとっては500円のおつりをもらうことが重要であり，小銭の種類は関係ありません。

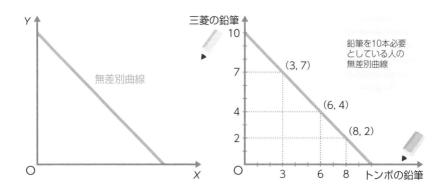

特殊な無差別曲線②

**右下がりで直線型の無差別曲線：
　　　　　　　完全な代替財の無差別曲線**

ここで，代替財と補完財について発展的な復習をしつつ，L字型と右下がりで直線型の無差別曲線の問題に当たります。

●教養試験レベルでの理解

代替財とは文字どおり代わりになる財で，たとえばコーヒーと紅茶，ご飯とパンなどの関係を示し，需要（消費）の変化が逆になりました。

補完財は，コーヒーと砂糖，パンとバターなど文字どおり

**教養試験レベルでの代
替財と補完財の定義**

代替財：財Aの需要↑（↓）
　　　　財Bの需要↓（↑）

補完財：財Aの需要↑（↓）
　　　　財Bの需要↑（↓）

互いに補い合う財で，需要の変化は同じでしたね。

教養試験レベルではこの理解で十分ですが，専門試験のミクロ経済学ではもうちょっと定義が複雑になります。

●専門試験レベルでの理解

代替財は，2財以上の財が存在する市場において，「ある財の価格が低下（上昇）すると，他方の財の需要が減少（増加）する財のこと」といういい方をします。

また，**補完財**についても，きちんとした定義では「財の価格が低下（上昇）すると，他方の財の需要が増加（減少）する財」となります。

復習

代替財と補完財についておさらいしたい方は，p.40を参照してください。

覚え方はこんな感じで…

代替関係にある財は，価格の変化で，両財の需要は逆になる（増－減）（減－増）。

補完関係にある財は，価格の変化で，両財の需要が同じになる（増－増）（減－減）。

第2章 家計の行動（実践）

【代替財と補完財の定義】

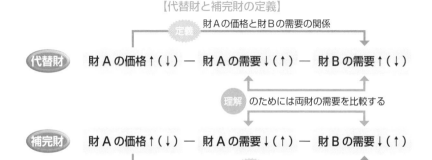

一方の価格と他方の財の需要を比較するというのは違和感がありますね。覚え方からすれば，具体例をイメージして，教養試験レベルの定義のように，互いの需要量を比較することがベストだと思います。そこで，一方の財の価格の変化で，その財の需要がどうなるかをまず考えて，ほかの財と需要どうしで比較するのがお勧めです。

たとえば，「コーヒーの価格が値上がりすれば，コーヒーの需要が減少します。その分，コーヒーの代替財である紅茶の需要はコーヒーの代わりに増加し（もちろんここでは好みは無視する），コーヒーの補完財である角砂糖の需要は一緒に減少する」，といった具合です。

次の文のA〜Cに当てはまる言葉の組合せとして，最も妥当なものはどれか。

（地方上級）

X財の価格上昇がY財の需要量を減少させるとき，Y財をX財の（　A　）財と呼ぶ。（　A　）財の例として，たとえば，コーヒーと（　B　）が挙げられる。X財とY財とが完全な（　A　）財であるとき，その無差別曲線は下の（　C　）図のようになる。

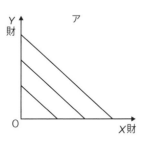 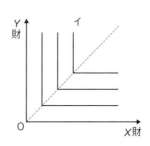

	A	B	C
1	補完	紅茶	ア
2	補完	砂糖	イ
3	補完	砂糖	ア
4	代替	紅茶	ア
5	代替	砂糖	イ

解法のステップ

　空欄A，Bは，今までの説明で容易に解答できると思います。いうまでもなくAは補完財で，その例としてはコーヒーと砂糖（Bの答え）ですね。

　そこで，この問題を解答するためのポイントは「完全な補完財」と「完全な代替財」のグラフがどれなのかということです。結論からいえば，「完全な補完財」のグラフはイの図で（Cの答え），L字型の無差別曲線と呼ばれます。よって，本問の正答は**2**となります。

　ほかにも，特殊な無差別曲線はいくつもあります。代表的なものを紹介しておきます。

とりあえず
形から入ろう！
完全な代替財のグラフ：
　図ア
完全な補完財のグラフ：
　図イ

原点に対して凹型の無差別曲線

一般形である原点に対して凸型の無差別曲線とは逆に、無差別曲線が原点に対して凹型になるのは、たとえば、ビールと日本酒両方を交互に飲むよりもビールか日本酒のどちらか1種類のお酒を飲むほうが、高い満足度を得る人の場合などです。ですので原点に対して凹型の無差別曲線は「ちゃんぽんで飲むことが嫌な人の無差別曲線」といわれます。

凸型？凹型？

「原点に対して」というところがポイントです。凸型は、原点からみたときに、でっぱりが原点に向いているということになり、凹型は原点からみると湾曲にくぼんでいるということです。

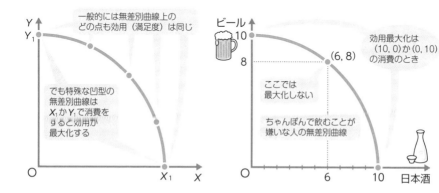

こういう人は、ちゃんぽんで飲むと効用が減少します。上の右図では、日本酒6本、ビール8本を飲む場合よりも、日本酒10本だけ、またはビール10本だけを飲んだほうが、満足度が高くなるという無差別曲線です。そして、原点に対して凹型の無差別曲線の効用最大化点は、X_1かY_1のどちらかに決まります。

ちゃんぽん？

いろんなものを混ぜるという意味で、この場合はいろんな種類のお酒を飲むことをさしています。

特殊な無差別曲線③
原点に対して凹型の無差別曲線：
**　ちゃんぽんで飲むことが嫌いな人の無差別曲線**

なお「ちゃんぽん」が共通語でないという指摘もあり、「一方の財のみを消費する人の無差別曲線」と表現される場合もあります。

右下がりで直線型と凹型の無差別曲線の関係

先ほど出てきた右下がりで直線型の無差別曲線は、凹型の無差別曲線の特殊形とみなされることもあります。凹型のでっぱりが押さえられて、直線になったというイメージです。

縦または横の直線型の無差別曲線

無差別曲線がx軸またはy軸と垂直になるパターンで，一方の財にのみにしか関心がない場合の無差別曲線です。たとえば，コーヒーか紅茶の一方にしか関心のない人を例に挙げてみます。図のx軸，y軸にそれぞれコーヒーと紅茶をとります。

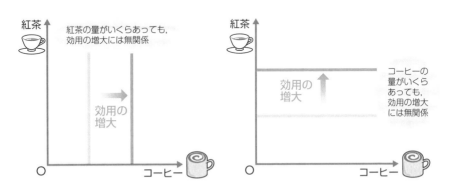

左の図は，コーヒーにしか興味を示さない人の無差別曲線です。この人はコーヒーの消費が増加するときに効用（満足度）が増加しますが，紅茶の消費が増えても効用は変化しないので，無差別曲線は横軸に対して垂直になります。

一方，右の図は，紅茶にしか興味を示さない人の無差別曲線で，横軸に対して水平になります。コーヒーの消費が増加してもこの人の効用は変化しませんが，紅茶の消費が増加すればこの人の効用は増加します。

特殊な無差別曲線④
縦または横の直線型の無差別曲線：
　　　　一方の財にしか関心のない人の無差別曲線

要するに…

縦または横の直線型の無差別曲線の場合，関心のない財はいくつあってもその人にとってはまったく関係がありません。たとえば，コーヒーにしか関心がない人は，水が3杯，30杯，100杯あっても，コーヒーの数だけが問題になるのです。

右上がり型の無差別曲線

右上がり型の無差別曲線は，一方の財が効用をもたらし，もう一方の財が不効用をもたらす場合の無差別曲線です。

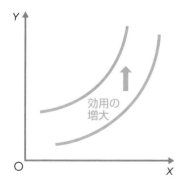

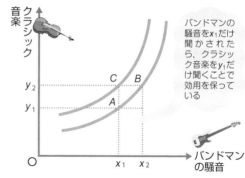

バンドマンの騒音をx_1だけ聞かされたら、クラシック音楽をy_1だけ聞くことで効用を保っている

よく引き合いに出される例で示せば、上図の場合、X財が不効用をもたらす隣の部屋から聞こえてくる下手なバンドマンの演奏（騒音）と仮定し、Y財がその人の効用を高める心地よいクラシック音楽の音色とします。

たとえば、今A点にあるとすると、それはx_1だけの量のバンドマンの騒音を聞かされるなら心地よいクラシック音楽をy_1まで聞かなければならないことを示します。

もし、ここでバンドマンの騒音をさらに聞かされることがあれば（x_2まで）、この人が効用を一定に保つためには、クラシック音楽をさらに聞かなければなりません（y_2まで）。この結果、この人の効用はA点からB点に移動します。このために無差別曲線は右上がりの形になります。

そして、その人が効用を高めるということは、バンドマンの騒音を30分聞かされて、クラシックの音楽を1時間聞いたときにA点の位置にある人は、クラシックをさらに1時間聞けば、効用（満足度）はさらに高まります（C点）。

特殊な無差別曲線⑤

右上がりの無差別曲線：心地よい財と不快な財の無差別曲線

では、さまざまな無差別曲線に関する問題に当たってみましょう。

直線では描かれない！

右上がりの無差別曲線は、文字どおり「曲線」で描かれていますが、「直線」で描かれない点に注意しましょう。「効用関数」のところで「ビールは飲めば飲むほど満足度全体は高まるが、増え方はだんだん小さくなる」（限界効用逓減の法則⇒p.111）という箇所があったと思いますが、それとは逆の原理です。不快な音を聞かされれば、聞かされるだけ、極端な話、「発狂」寸前まで聞かされたら、それはクラシックをこれまでの何倍も聞かなければならないっていう感じですね。

第**2**章　家計の行動（実践）

専門

例題3

無差別曲線の形状に関する次の記述のうち，最も妥当なものはどれか。

（地方上級　改題）

1　縦軸に緑茶，横軸にコーヒーをとったとき，コーヒーにしか興味を示さないAさんの無差別曲線は，横軸に対して垂直になる。

2　縦軸に心地よいクラシックの音色，横軸に隣室のバンドマンの騒音としかいいようのないギターの音をとったとき，クラシックファンのBさんの無差別曲線は，横軸に対して水平になる。

3　縦軸にビール，横軸に日本酒をとったとき，両方を交互に飲むよりも，1種類のお酒だけを飲み続けることが好きなCさんの無差別曲線は，原点に対して凸型になる。

4　無差別曲線が右下がりで原点に対して凸型であろうと凹型であろうと，縦軸の財に対する横軸の財の限界代替率は逓減する。

5　無差別曲線が原点に対して凸型であるとき，財が上級財であれば，予算制約線と無差別曲線の接点を結んでできる価格消費曲線は右上がりになる。

解法のステップ

これまでの説明で容易に判別できると思います。

1．説明に示したとおり，横軸に対して垂直な無差別曲線の正しい説明です。よってこれが正答です。

2．横軸に対して水平ではなく，右上がりの無差別曲線になります。

3．原点に対して凸型ではなく，凹型でした。凸型と凹型は勘違いのないように気をつけてください。

4．凸型と凹型の無差別曲線の限界代替率に関して，図で示せば簡単に理解できるでしょう。限界代替率は無差別曲線の接線の傾きでしたので，それぞれにX財の消費量が増加

いろいろな無差別曲線の問題の取組み方

たとえば，原点に対して凹型の無差別曲線は，「ちゃんぽんで飲むことが嫌いな人」の無差別曲線というふうに，それぞれの無差別曲線の形状を具体例で覚えておくことが第一歩です。

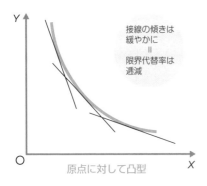

接線の傾きは
緩やかに
＝
限界代替率は
逓減

原点に対して凸型

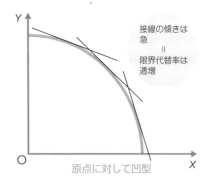

接線の傾きは
急
＝
限界代替率は
逓増

原点に対して凹型

するごとに接線を引いて判断できます。

　原点に対して凸型の無差別曲線の場合，限界代替率は逓減し（接線の傾きが徐々に緩やかになり），原点に対して凹型の無差別曲線の場合，限界代替率は逓増して（接線の傾きが徐々に急になって）います。

5．まだ触れていないところなので，正誤判断はできなくて当然です。ちなみに価格消費曲線ではなくて，所得消費曲線とするのが正しい記述です。

所得消費曲線と価格消費曲線

所得消費曲線と価格消費曲線については，次の項目で詳しく解説します(⇒p.134)。

専2-3

所得消費曲線と価格消費曲線
～所得や価格が変われば消費も変わるよね～

　ここまで，無差別曲線の形が違ったとしても，総じて私た
ち消費者は，限られた所得（予算）の範囲内で，できるだけ
効用（満足度）を高めようとすることを学びました。
　今度は，所得が増えたり減ったり，価格が上がったり下が
ったりしたとき，私たちの消費行動がどう変化するかを考え
ていきます。

 ## 所得消費曲線

　家計の行動（基礎）で，予算制約線について学んだよう
に，所得の変化で予算制約線は，傾きを変えずに平行移動し
ました。たとえば，所得（予算）の増加でさらに買い物でき
る量が増えるので，予算制約線は所得の増加で右にシフトし
ました。
　そして効用最大化は，予算制約線と無差別曲線の接点で決
まりましたが，所得が変化すると当然効用最大化点も変化し
ます。つまり，下図で予算制約線M_1では最適消費点E_1，予
算制約線M_2ではE_2といった具合です。このように，所得が
変化したときの効用最大化点を結んだ曲線を**所得消費曲線**
（下図の太線）と呼びます。

復習

予算制約線については
p.45を参照してください。

再確認しておこう！

効用の最大化を示す図

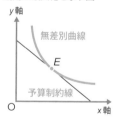

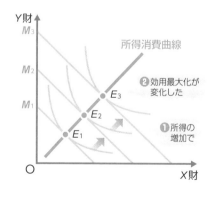

　専門試験のミクロ経済学では，以下のように，所得消費曲線から，上級財，下級財，ギッフェン財を見分けるという問題がよく出題されます。

例題4

　図のSS曲線は，所得のすべてを使ってX財とY財を購入するある消費者の所得が変化したときの所得消費曲線を描いたものである。図の所得消費曲線上の点に関する次の記述のうち，最も妥当なものはどれか。

(地方上級)

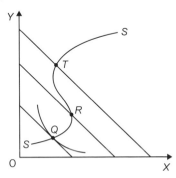

1　R点ではX財は上級財，Y財は下級財である。

2　R点ではY財は上級財，X財は下級財である。

3　T点ではX財は上級財，Y財は下級財である。

4　T点ではX財はギッフェン財，Y財は上級財である。

5　Q点ではX財は下級財，Y財は上級財である。

解法のステップ

　設問の図はこの所得消費曲線が直線ではなく文字どおり曲線で描かれていますが，そこからいかに財の種類を見分けたらいいのかを考えます。

　より正確な理解のために，設問を変えます。たとえば，最適消費点がQ点からR点へ変化すれば，X財とY財は上級財か下級財かと問われたとしたらどうでしょうか？

　予算制約線はM_1からM_2へと右上方に移動しています。つまり所得の増加です。所得の増加で，X財は，x_1からx_2へ増加，Y財はy_1からy_2へ増加しているので，X財，Y財はともに上級財ということになります。

再確認しておこう！

上級財：
　所得の増加（減少）⇒
　　需要が増加（減少）
下級財：
　所得の増加（減少）⇒
　　需要が減少（増加）
ギッフェン財：
　価格の上昇（低下）⇒
　　需要が増加（減少）
（p.38，39参照）

【例題4のグラフ①】

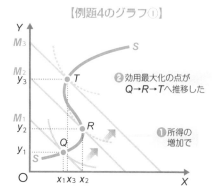

**複雑そうに
みえるなあ?**

例題4のグラフは複雑にみえますが、p.134の「所得消費曲線」のグラフに直線で描かれた所得消費曲線（こっちはすっきりしています）が曲線になったものというふうに考えてください。無差別曲線を補って（破線）考えればもっと明確になるでしょうか。

　もう一問、最適消費点が*R*点から*T*点へ移動した場合どうなるでしょうか。同様に予算制約線はM_2からM_3へ右上方移動しているので、所得が増加しています。このとき、*X*財は、x_2からx_3へ減少しています。所得の増加で需要（消費）が減少するので*X*財は下級財です。*Y*財はy_2からy_3へ需要が増加しているので上級財となります。

**所得消費曲線から
財の種類を見分ける**

①予算制約線の移動が所得の変化を表す。
②その所得の変化で、需要の増減をグラフから確認する。
本文中の例では、それぞれ所得の増加で、需要がどうなっているかを調べることになります。
*Q*点⇒*R*点：*X*財は上級財、
　　　　　　*Y*財も上級財
*R*点⇒*T*点：*X*財は下級財、
　　　　　　*Y*財は上級財

●実際の解説

　ではもとに戻って、改めて例題4を解いてみましょう。

　本問は改題した*Q*点から*R*点という問い方ではなく、「*Q*点では」「*R*点では」「*T*点では」という問い方をしています。こういう場合には、たとえば「*Q*点近辺では」というふうに考えます。そこで、所得消費曲線の向きがどちらに向いているのかを見極めることです。

　*Q*点近辺で、予算制約線が右上移動（所得の増加）した場合は、所得消費曲線も右上に向いているので、所得の増加で

**ギッフェン財は
どう見極めるの?**

ギッフェン財かどうかは価格の変化と需要の変化の関係から判断するので、所得の変化と需要の変化しか示していない所得消費曲線からは判別できません。

【例題4のグラフ②】

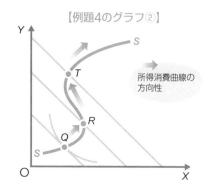

X財，Y財はそれぞれ需要が増加しています。したがって，両財とも上級財ですので，X財を下級財とした**5**は誤りです。

R点近辺では，予算制約線が右上移動（所得の増加）で所得消費曲線は左上を向いています。このときX財の需要は減少，Y財の需要は増加しているので，X財は下級財，Y財は上級財となるので，**2**が正答となります。当然**1**は誤りです。

T点近辺では，所得の増加でX財，Y財の需要がそれぞれ増加していますので，ともに上級財になりますから，**3・4**は誤りとなります。

エンゲル曲線も知っておこう

ここで上級財，下級財との関連でエンゲル曲線について説明します。

エンゲル曲線とは，所得が変化したとき，1つの財の消費（需要）量がどのように変化するかを示した曲線のことです。

それでは，実際のエンゲル曲線のグラフをみてみましょう。エンゲル曲線は，縦軸に所得M，横軸にはX財の消費量をとります（グラフによっては，縦軸にX，横軸にMをとる場合もあります）。

下の左図は，所得の増加（$M_1 \rightarrow M_2$）で，X財の消費が増加（$x_1 \rightarrow x_2$）しているので上級財を示しており，右の図は逆に所得の減少（$M_3 \rightarrow M_2$）で，X財の消費が増加（$x_1 \rightarrow x_2$）しているので下級財のグラフを示しています。

したがって，エンゲル曲線が右上がりなら上級財，右下がりなら下級財となります。

「エンゲル係数」とは違う！

エンゲル係数は，家計の消費支出の中で，食費にどれだけお金が使われているかを示した指標です。ここで出てくるエンゲル曲線とは異なるので注意しましょう。

エンゲル曲線

ドイツの社会統計学者の名前からきています。ちなみに「エンゲル係数」もこのエンゲル（1821～1896）が考案したものです。

【エンゲル曲線】

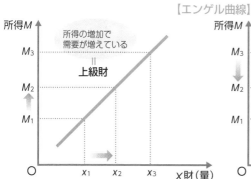

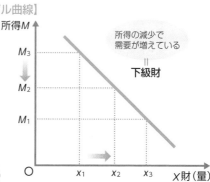

そういう意味で，エンゲル曲線は，所得と消費の関係が直接グラフに示されているので，上級財か下級財かの判断をする際に，所得消費曲線よりも簡単に判別できるといってもいいでしょう。

エンゲル曲線と
財の種類
右上がり：上級財
右下がり：下級財

例題5

　ある消費者は所得のすべてをX，Y財を購入するために支出するものとする。下図は，X，Y財の価格が一定という条件の下で所得が変化したときの消費者のエンゲル曲線を描いたものである。次の記述のうち，最も妥当なものはどれか。

（地方上級　改題）

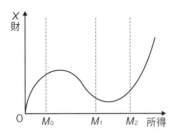
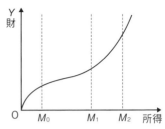

1 所得水準M_0では，X財は下級財，Y財は下級財である。

2 所得水準M_0では，X財はギッフェン財，Y財は下級財である。

3 所得水準M_1では，X財はギッフェン財，Y財は下級財である。

4 所得水準M_1では，X財は下級財，Y財は上級財である。

5 所得水準M_2では，X財は上級財，Y財はギッフェン財である。

解法のステップ

　上級財，下級財，ギッフェン財かを区別するために，所得の各点近辺において，所得の増加で財が増加しているか減少しているかを，エンゲル曲線から判断します。

　所得水準M_0では，所得の増加（X軸上でM_0点から右方向）でエンゲル曲線が右上がりになっています。つまり，X財，Y財の需要（消費）はともに増加しているので，X財もY財も上級財です。

　所得水準M_1では，所得の増加でX財は需要が減少している（エンゲル曲線が右下がり）ことから，X財は下級財，Y財は上級財となります。

　所得水準M_2では，ともに上級財であることがわかりますね。

　なお，所得と1つの財の需要の関係を示すエンゲル曲線か

エンゲル曲線の
縦軸と横軸

エンゲル曲線は横軸に財の数量，縦軸に所得を取ることもあれば，横軸に所得，縦軸に財の数量を取ることもあります。いずれにしても，形状は変わりません。

らギッフェン財は判別できません。

したがって，正答は**4**となります。

 ## 価格消費曲線

132ページの例題3の肢**5**で，価格消費曲線という用語が出てきました。所得消費曲線は，所得が変化したときの最適消費点の軌跡でしたが，価格消費曲線とは何でしょうか。以下にこの価格消費曲線を紹介します。

下のグラフをみてください。

Y財の価格が一定で，X財の価格がP_{x1}からP_{x2}，P_{x3}と低下していくと，予算制約線の傾き$\left(\dfrac{P_x}{P_y}\right)$は分子の値（$P_x$）が小さくなることから緩やかになるので，図のように，この個人の予算制約線は下端だけが右方にシフトしていきます。

そして，予算制約線の変化に伴い，最適消費点も変化していきます。このときの価格の変化と最適消費点の変化の軌跡を表した曲線を**価格消費曲線**といいます（図の太線）。

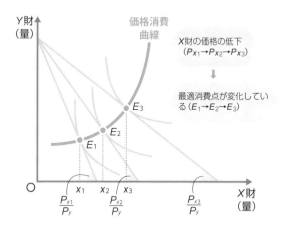

 え？増えてない？

グラフのX軸は「X財の価格」ではなくて，「X財の消費量」を示しています。X財の価格が下がっていくと，同じ値段で買えるモノの量は増えていきますから，価格の低下によって$X_1 \to X_2 \to X_3$と右にずれていっているわけです。
Y軸は「Y財の消費量」です。価格が一定ならば買える量も一定になります。

 なぜこんなグラフの形になるの？

予算制約式
（$P_x X + P_y Y = M$）を，
$Y = -\dfrac{P_x}{P_y} \cdot X + \dfrac{M}{P_y}$に変形して考えると，$X$財の価格の低下で，$Y$切片の$\dfrac{M}{P_y}$は変わらずに，予算制約線の傾き$\dfrac{P_x}{P_y}$（価格比に相当）で，$X$財の価格$P_x$（分子の値）が低下していくので，左図のように傾きは緩やかになっていきます。

次項では，この価格消費曲線とこれまでに学んだ所得消費曲線の考え方をフル回転させながら，「代替効果」と「所得効果」について学びます。

代替効果と所得効果って？
～家計の心理を追跡！～

ここでのテーマは，「価格が変化したり所得が変化したりすることで，消費者の需要はどのように変化するのか」ということです。

これまでみたように，通常，財の価格が低下（上昇）すれば，その財の消費量は増加（減少）しましたね。しかしその需要の変化は，経済学的にいえば，純粋な価格の変化と実質的な所得の変化によるものとに分類できます。前者が代替効果，後者が所得効果です。

代替効果

たとえば，商店街に魚屋と肉屋が1軒ずつしかなく，魚が1匹200円，肉が1パック200円と同じ値段で売られており，ある人が魚と肉をそれぞれ1,000円分買いに来たとします。このとき，魚の値段が，200円から100円に下がった場合の消費者行動はどうなるのでしょうか。

魚は安くなったので需要が増加しますね。一方，肉のほうは値段が高くなったわけではないのに，魚の値段が安くなった分，**割高**になってしまいました。その結果，肉の需要が減少することになります。相対的に高くなった肉を買うことをやめて，安くなった魚が買われるのです。つまり需要が代替

【代替効果のイメージ】

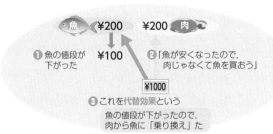

本項のはじめに

この代替効果と所得効果のテーマは，ミクロ経済学を勉強する人たちが最初にぶつかる大きな山といってもいいかもしれません。チャレンジ精神で乗り切りましょう。

代替効果と所得効果の前提

一言で，価格が下がって（上がって），需要が増える（減る）といっても，その途中，「代替効果と所得効果」という過程があって，需要の変化があるということです。

した（乗り換わった）ことになります。この変化を**代替効果**といいます。

所得効果

　一方，魚の価格が低下したことによって，たとえば，1,000円持って1匹200円の魚を5匹買いに来た消費者にとって，魚の値段が200円から100円に下がれば，魚を最大10匹買うことができるようになります。

　経済学では，所得が変化しなくても価格の低下で実質的に購入可能量が増加することを**実質所得**が増加したといいます。

　この例では，魚の割引によって実質所得が増加したことで，魚の需要量が増加することになるのです。こうした実質的な所得変化による需要量の変化を**所得効果**と呼びます。

【所得効果のイメージ】

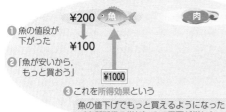

❶魚の値段が下がった　¥200→¥100

❷「魚が安いから，もっと買おう」　¥1000

❸これを所得効果という
魚の値下げでもっと買えるようになった（実質所得の増加）ので需要が増した。

全部効果

　以上から，経済学において，財の価格の変化によって最終的に需要が増加したか減少したかは，代替効果と所得効果の両方の大きさから判断しなければなりません。そして，代替効果と所得効果の両方を合わせたものを**全部効果**といいます。

　今の例で，仮に「魚の価格が1匹200円から100円に下がって15匹需要が増えた」といったときは，代替効果による需要と所得効果による需要を合わせて，全部効果で15匹増加したということなのです。つまり通常，価格が下がって需要（消費）が増えたというとき，それは全部効果による需要の増加のことをさしているのです。

代替効果と所得効果のまとめ

代替効果：相対価格の変化による需要量の変化
所得効果：実質的な所得変化による需要量の変化

次に代替効果と所得効果がグラフ上でどこに位置するかを理解し，そこから財の種類を判別することを考えます。

価格が変化したときの代替効果と所得効果による需要の変化をグラフで説明します。では，次ページのグラフをみながらついてきてください。

X財の価格が下がったときの代替効果と所得効果

X財の価格が低下すると，予算制約線はMからM'へ，y軸を基点にx軸の右のほうに末広がりのように移動します。

この結果，当初，無差別曲線Uにおいて，最適消費点は点Pの位置にありましたが，X財の価格が下がったことによって，最適消費点は無差別曲線U'上の点Rに移ります。

この動きは，一般的に「価格が下がれば，需要が増える」ということを示しています。本項では，この過程で，代替効果と所得効果による需要の変化がどうなっているかをグラフで確認するわけです。

●代替効果はどう示される？

ここから，代替効果がどう描かれるかをみてみましょう。「新しい予算制約線M'に平行でかつ当初の無差別曲線Uに接する点線（これを補助線という）を引き，その接点を点Qとする」という作業を最初に行います。

このとき，点Pと点Qは同じ無差別曲線上にありますが，経済学では効用水準が同じなので，実質所得も同じとみなされます。

つまり，点Pから点Qへの需要量の変化は，実質所得が一定でX財とY財の価格比，すなわち純粋な価格変化による消費量の変化を表していることになります。

具体的には，X財の価格低下で，両財の価格比は$\dfrac{P_x}{P_y}$から

$\dfrac{P_x'}{P_y}$へ変化しました。そして新しい予算制約線M'と補助線は平行なので，補助線の傾きは新しい予算制約線M'の傾きと同じことになります。

したがって，点Pから点Qへの移動は，代替効果を表しています。

X軸とY軸

グラフのX軸は「X財の価格」ではなくて，「X財の消費量」を示しています。X財の価格が下がっていくと，同じ値段で買えるモノの量は増えていきますから，価格の低下によって$X_1 \rightarrow X_2 \rightarrow X_3$と右にずれていっているわけです。Y軸は「Y財の消費量」です。価格が一定なので買える量も一定になります。

覚えてください！

左の色文字のフレーズは口を突いて出てくるぐらいしっかり覚えてください。また，自分で何回も図を描いて，手が勝手に動くくらいになってください。

点P→点Q（代替効果）

実質的に所得が同じでX財の価格が低下したときの消費量を示しています。

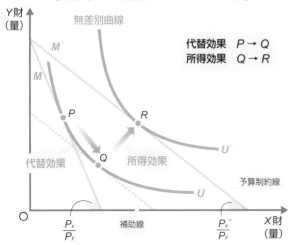

【代替効果と所得効果のグラフ上の位置】

代替効果　$P \to Q$
所得効果　$Q \to R$

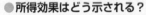

理解するうえで
ここが大切

同じ無差別曲線上の点　⇒
　効用が同じ＝実質所得水
準も同じ
経済学ではそう考えるのだ
と，柔軟に対応してくださ
い。

第2章　家計の行動（実践）

●所得効果はどう示される？

　では，もう一方の所得効果がグラフでどう描かれるかをみてみましょう。

　点線の補助線を「新しい予算制約線と平行」に引きましたが，これは所得の変化をみるためでした。補助線と新しい予算制約線は平行なので，X財とY財の価格比も同じです。

　また，価格の低下は同じ予算でも買える量が増える（購買力が高まる）ので，実質所得が増加することを意味します。

　ですから，補助線上にある点Qから新しい予算制約線M′上の点Rへの移動は，価格比が一定で実質的な所得の変化による需要量の変化，すなわち，所得効果を表しています。

　以上から，X財の価格が下がったとき，代替効果と所得効果は次のように示されます。

こういうことかな？

教養試験レベルでいう「価格が下がると需要が増える」は，実は全部効果による需要の変化を示していたのですね。

　　代替効果と所得効果の点の変化

X財の価格が下がったとき
　　代替効果：点P ⇒ 点Q
　　所得効果：点Q ⇒ 点R

　なお，代替効果と所得効果の両方の効果を足し合わせた効果が全部効果です。ここでは，当初の点Pから点Rへの変化に相当します。

では，問題としてはどんな問われ方をするかみてみましょう。まずは基本的な問題で，今の説明の結論を知っているだけで解ける問題です。

 例題6

　図は２財についての無差別曲線（U）と予算線（M）である。今，一方の財の価格が低下してM'になった。このとき，代替効果と所得効果による需要の変化の組合せとして，最も妥当なものはどれか。

（国税専門官　改題）

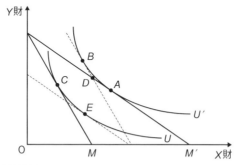

	代替効果	所得効果
1	$E \to C$	$C \to D$
2	$E \to A$	$C \to E$
3	$C \to E$	$E \to A$
4	$B \to A$	$E \to B$
5	$A \to B$	$B \to C$

解法のステップ

　紛らわしい線が引かれたりしていますが，今説明したように，代替効果は$C \to E$，所得効果は$E \to A$の動きを示しているので，正答は**3**と容易に解答できるでしょう。

　ここまでの説明で，X財の価格が低下したときの代替効果と所得効果がグラフでどのように示されるかは理解できたと思います。

　今度はグラフから財の種類，つまりX財，Y財が上級財，下級財，あるいはギッフェン財を判別する問題です。ここではX財の価格が低下した場合で説明します。

 学習のポイント

代替効果と所得効果は，途中の過程の理解は難しかったと思いますが，今のような問題もあります。まずは結論だけでもしっかりと覚えることから始めましょう。

X財の価格が下がったときの財の種類をグラフから判別

　上級財，下級財，ギッフェン財かどうかは基本的に所得効果によって判別されます。

●X財が上級財の場合

　P点からQ点への変化である代替効果は，X財の価格低下によりX財の需要（消費）量を増加させています（$x_1→x_2$）。

　Q点からR点への所得効果は，X財の需要が増加している（$x_2→x_3$）ので，このグラフでX財は上級財であることがわかります。

　では，この場合，Y財はどうでしょうか？　Y財が上級財か下級財かということに関しても，同じ所得効果から判別します。つまり，QからRへの移動（所得の増加）によって，Y財の需要はy_2からy_3へ増加しているので，Y財も上級財ということになります。

定義を再確認しよう

上級財：
　所得↑(↓)―需要↑(↓)
下級財：
　所得↑(↓)―需要↓(↑)
ギッフェン財：
　価格↑(↓)―需要↑(↓)
（p.38，39参照）

全部効果はどうなる？

代替効果でプラス（$x_1→x_2$），所得効果でプラス（$x_2→x_3$）なので，両者を足した全部効果も当然プラス（$x_1→x_3$）になります。

【X財が上級財のグラフ】

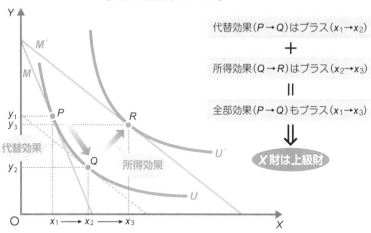

代替効果（$P→Q$）はプラス（$x_1→x_2$）
＋
所得効果（$Q→R$）はプラス（$x_2→x_3$）
＝
全部効果（$P→Q$）もプラス（$x_1→x_3$）
⇓
X財は上級財

●X財が下級財（ギッフェン財でない）の場合

　今度は次ページの図をみてください。上級財の場合と同様に，代替効果はP点からQ点への変化で，このとき，X財の需要量は増加しています（$x_1→x_2$）が，違いはQ点からR点への所得効果です。

この場合，所得の増加でX財の需要量は減少している（$x_2{\to}x_3$）ので，X財は下級財となります。

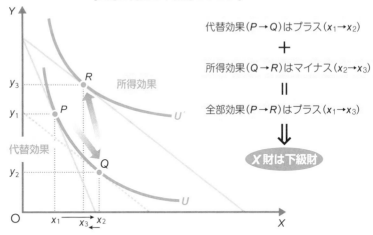

【X財が普通の下級財のグラフ】

代替効果（$P{\to}Q$）はプラス（$x_1{\to}x_2$）

＋

所得効果（$Q{\to}R$）はマイナス（$x_2{\to}x_3$）

＝

全部効果（$P{\to}R$）はプラス（$x_1{\to}x_3$）

⬇

X財は下級財

　ただし，上図でその所得効果による需要の減少は，代替効果による需要の増加を打ち消すほどのものではありません。したがって，X財が下級財の場合，全部効果ではX財の需要が増加（$x_1{\to}x_3$）しています。つまり，X財の価格の変化によって，（最終的な）需要は増加しているので，X財はギッフェン財ではありません（通常の下級財）。

　一方，この場合のY財は，X財の価格低下による所得効果で需要が増加（$y_2{\to}y_3$）しているので，Y財は上級財ということになります。

●X財がギッフェン財の場合

　次は次ページの図をみてください。X財がギッフェン財の場合，上級財や（ギッフェン財でない普通の）下級財の場合と同様に，P点からQ点への代替効果で，X財の需要量は増加（$x_1{\to}x_2$）しています。

　しかし，Q点からR点への所得効果は，大きく減少（$x_2{\to}x_3$）しています。したがって，X財は下級財ということになります。

　しかし，先ほどの通常の下級財の場合と違って，全部効果がどうなっているかといえば，代替効果のプラスを打ち消すほど所得効果がマイナスになっている結果，全部効果は負

ギッフェン財って何だっけ？
ギッフェン財は，もともとは下級財で，その中で特に価格が下がる（上がる）と，「需要」が減少（増加）する特殊な財のことでした。（⇒p.39）
↓
ギッフェン財
　価格↑（↓）─需要↑（↓）ということは逆にいえば，上級財同様，ギッフェン財でない下級財は，価格が下がる（上がる）と「需要」は増える（減る）といういい方もできます。このときの「需要」は全部効果による需要をさします。

（マイナス）になっています。

　つまり，価格の低下によって，最終的に需要が減少（$x_1 \to x_3$）しているのです。価格の低下で需要が減少する財はギッフェン財でしたので，このグラフにおいてX財は，通常の下級財とは区別して，ギッフェン財になります。

【X財がギッフェン財のグラフ】

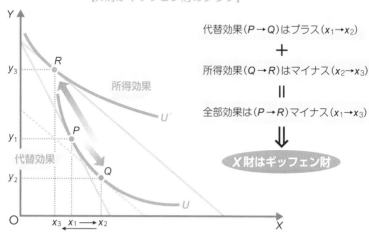

代替効果（$P \to Q$）はプラス（$x_1 \to x_2$）

＋

所得効果（$Q \to R$）はマイナス（$x_2 \to x_3$）

＝

全部効果は（$P \to R$）マイナス（$x_1 \to x_3$）

⇩

X財はギッフェン財

　ちなみに，Y財の需要はQ点からR点への所得効果で増加しているので，Y財は上級財です。

　以上，X財の価格の低下によるX財の需要量の変化を表でまとめると以下のようになります。

X財の価格が下がったときの需要の変化

	代替効果	所得効果	全部効果
上級財	増加	増加	増加
下級財	増加	減少	増加
ギッフェン財	増加	減少	減少

　一方，Y財の判別方法も所得効果からだけ判断します。しかも，公務員試験においてX財の価格の低下（上昇）で，Y財がギッフェン財であるケースはほぼありません。グラフで

ギッフェン財の定義と違うのでは？

いかなる財でも，代替効果による需要は，X財の価格が低下（上昇）すれば，必ず増加（減少）します。ギッフェン財でも価格が低下すると，代替効果による需要は増加します。
通常，ギッフェン財の定義である「価格が下がれば（上がれば），需要が下がる（上がる）」という場合の需要は，全部効果による需要をさします。混乱のないように注意してください。

描くのは不可能に近いからです。したがって，Y財の場合，常に上級財か下級財だと考えておいてもかまいません。

　逆にいえば，Y財の選択肢にギッフェン財とあったら誤りと判断できるので，下級財でも，代替効果と所得効果の大きさを比較する必要はありません。

　では，以上の点を踏まえたうえで，過去問2問に挑戦してみてください。

例題7

　図は2つの財X，Yの購入に充てている個人の予算制約線（AB，AC）と無差別曲線（U₁，U₂）を表したものである。当初の最適消費点はE₀であったが，Xの価格が変化し最適消費点がE₂に変化した。この場合に関する次の記述のうち，最も妥当なものはどれか。ただし，DFとACは平行であり，名目所得は変化しないものとする。

（国家一般職［大卒］）

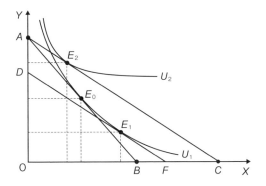

1　XとYはともに上級財である。また，Xは代替効果が所得効果を上回っているのでギッフェン財ではない。

2　Xは上級財であるが，Yは下級財である。また，Xは代替効果が所得効果を上回っているのでギッフェン財ではない。

3　XとYはともに下級財である。また，Xは代替効果が所得効果を上回っているのでギッフェン財である。

4　Xは下級財であるが，Yは上級財である。また，Xは所得効果が代替効果を上回っているのでギッフェン財である。

5　Xは下級財であるが，Yは上級財である。また，Xは代替効果が所得効果を上回っているのでギッフェン財である。

解法のステップ

設問は「価格が変化した」としか書いてありませんが，グラフをみて，X財の価格が低下したことはすぐに判断できますね。

そして，所得効果がマイナス（E_1からE_2）になっていることから，X財は下級財です。そこで，ギッフェン財か普通の下級財なのかを区別するために，代替効果と所得効果の大きさを比較すると，所得効果のマイナスが代替効果のプラスを打ち消すほど大きくなっているので，X財はギッフェン財であるとわかります。

Y財については，所得効果で増加していることから，上級財です。したがって，正答は**4**となります。

名目所得？

問題文に「名目所得」という用語が出てきていますが，解答には影響を与えないので無視してください。

第**2**章 家計の行動（実践）

参考までに，整理すると…

代替効果：E_0からE_1
所得効果：E_1からE_2
全部効果：E_0からE_2

例題8

次の図は横軸にX財の数量x，縦軸にY財の数量yをとり，無差別曲線I_1，I_2と予算線B_1，B_2を描き，X財の価格低下の効果を示したものである。X財の価格が低下し，2財の購入量の組合せがAからA_2へ変化したとすると，2財はそれぞれどのような財であるといえるか。次のうち妥当な組合せはどれか。

（地方上級）

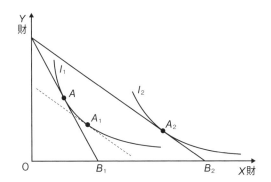

	X財	Y財
1	上級財	下級財
2	上級財	上級財
3	下級財	上級財
4	下級財	ギッフェン財
5	ギッフェン財	下級財

　所得効果（AからA_2）によって，X財の需要は増加していることから，X財は上級財です。それに対して，Y財の需要は減少しているので，Y財は下級財です。よって，正答は**1**となります。

⚓ **X財の価格変化に伴う財の種類を問う問題解答のコツ**

①所得効果から判断
　⇒　上級財であれば，そのまま全部効果を調べることなく上級財となる。代替効果について調べる必要はない。

②①で下級財となったときに，初めてその財がギッフェン財かどうかを代替効果との大きさから比較する

代替効果の大きさ ＞ 所得効果の大きさ　　　代替効果の大きさ ＜ 所得効果の大きさ
　　　　　⬇　　　　　　　　　　　　　　　　　　　　　⬇
　　（普通の）下級財　　　　　　　　　ギッフェン財（超下級財）

X財の価格が上がったときの
代替効果と所得効果

　これまでの説明は，X財の価格が下がったときの話でしたが，X財の価格が上昇した場合はどうでしょうか。価格が低下したときの説明とまったく逆のことが起こります。

●代替効果と所得効果はグラフでどう描かれる？

　当初，無差別曲線はUで最適消費点は点Aにあり，その後X財の価格上昇により，予算制約線がMからM'へ移動します。そして，そのときの最適消費点は無差別曲線U'上の点Cに移ります。

　このとき，「新しい予算制約線M'に平行でかつ当初の無差別曲線Uに接する補助線を引く」，そして，その接点を点Bとします。

　ここで，点Aと点Bは同じ無差別曲線上にあるので効用水準が同じで実質所得水準も同じとみなされます。また，点Cと点BにおけるX財とY財の価格比$\dfrac{P_x}{P_y}$は，予算制約線M'と

【X財の価格が上昇したときの効用最大化の変化】

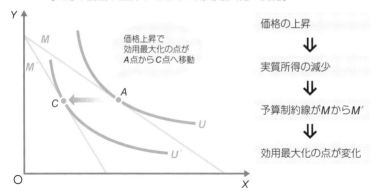

価格上昇で
効用最大化の点が
A点からC点へ移動

価格の上昇

⇓

実質所得の減少

⇓

予算制約線がMからM′

⇓

効用最大化の点が変化

【代替効果と所得効果を導出】

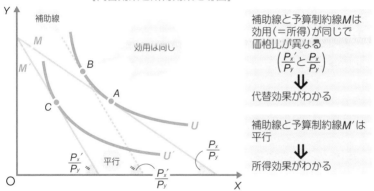

補助線と予算制約線Mは
効用（＝所得）が同じで
価格比が異なる

$$\left(\frac{P_x'}{P_y}と\frac{P_x}{P_y}\right)$$

⇓

代替効果がわかる

補助線と予算制約線M′は
平行

⇓

所得効果がわかる

補助線が平行なので同じです。

　したがって，点Aから点Bへの移動は，実質所得が一定で価格の変化に伴う需要の変化を示す**代替効果**を表しています。

　一方，点Bを持つ補助線と点Cを持つ予算制約線M′は，今説明したように価格比$\frac{P_x}{P_y}$が同じ平行線なので，点Bと点Cへの移動は，価格比が一定で実質的な所得の変化による需要量の変化を示す**所得効果**を表しています。

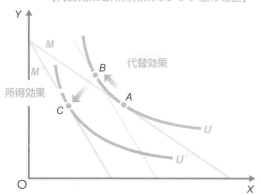

【代替効果と所得効果のグラフ上の位置】

 まとめ

まとめると，X財の価格が
上昇したときは，
　代替効果：点A ⇒ 点B
　所得効果：点B ⇒ 点C
となります。

X財の価格が上がったときの 財の種類をグラフから判別

● X財が上級財の場合

所得効果でB→Cへとシフトした場合，実質所得の減少で
X財の需要が減少（$x_2 \to x_1$）しているので，X財は上級財と
いうことになります。

● X財が下級財（ギッフェン財でない）の場合

また，所得効果でB→C'に変化したときは，X財の需要が
増加（$x_2 \to x_3$）しているので，X財は下級財ということにな
ります。しかし，代替効果による需要の減少（$x_4 \to x_2$）が，
所得効果の増加分を上回っているので，全体の需要（全部効
果A→C'）はまだ減少（$x_4 \to x_3$）しています。したがって，
X財はギッフェン財とはならずに，普通の下級財ということ
になります。

● X財がギッフェン財の場合

これに対して，所得効果でB→C''となった場合は，その
需要の増加分（$x_2 \to x_5$）が代替効果による需要の減少分
（$x_4 \to x_2$）より大きく，全部効果でもX財の増加（$x_4 \to x_5$）
となるので，X財はギッフェン財となります。

X財の価格上昇で，X財の需要は以下のようになります。

再確認しておきたい
重要項目

X財の価格上昇による代替
効果（A→B）で，X財の
需要は必ず減少します。需
要の「乗り換え」があるか
らです。

X財の価格上昇によって，
実質所得が減少します。
補助線から新しい予算制約
線への移動が所得の減少を
意味します。

X財，Y財の財の種類は，
まず所得効果によって判明
します。

X財が価格が上がったときの需要の変化

	代替効果	所得効果	全部効果
上級財	減少	減少	減少
下級財	減少	増加	減少
ギッフェン財	減少	増加	増加

くどいくらい定義を再確認しよう

上級財：
　所得↑（↓）―需要↑（↓）
下級財：
　所得↑（↓）―需要↓（↑）
ギッフェン財：
　価格↑（↓）―需要↑（↓）

● Y財の判別方法

　X財の価格の上昇によるY財の判別方法は，X財の価格低下のときと同様に，X財の価格が上昇したときの所得効果から判断します。

　最適消費点がCとなったとき，実質所得が減少した際の所得効果でY財の需要は増加（$y_2 \to y_1$）しているので下級財となります。

　一方，Y財は最適消費点がC'とC''になったとき，需要は所得効果で，それぞれ，$y_2 \to y_3$，$y_2 \to y_5$へ減少しているので上級財となります。

Y財についてのまとめ

X財の価格の上昇で，所得効果が
　$B \to C$のとき，
　　　需要↑…下級財
　$B \to C'$のとき，
　　　需要↓…上級財
　$B \to C''$のとき，
　　　需要↓…上級財

【X財の価格が上がったときの財の種類】

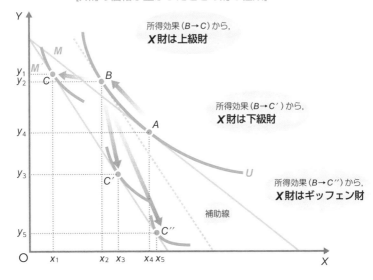

所得効果（$B \to C$）から，
X財は上級財

所得効果（$B \to C'$）から，
X財は下級財

所得効果（$B \to C''$）から，
X財はギッフェン財

補助線

では，問題で実際に練習してみましょう。

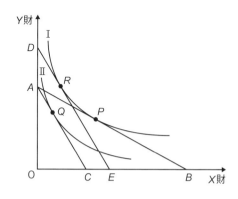

例題9

　次の図はX財とY財の無差別曲線を Ⅰ および Ⅱ で，予算線ABの消費者均衡点を点Pで，予算線ACの消費者均衡点を点Qで，ACに平行に描かれている予算線DEの消費者均衡点を点Rで示したものである。今，X財の価格が上昇し，予算線がABからACに変化し，消費者均衡点が点Pから点Qに移動した場合の記述として，最も妥当なものはどれか。

（地方上級　改題）

1　X財は上級財であり，Y財は下級財である。
2　X財は上級財であり，Y財は上級財である。
3　X財は下級財であり，Y財は上級財である。
4　X財は下級財であり，Y財はギッフェン財である。
5　X財はギッフェン財であり，Y財は下級財である。

解法のステップ

　これまでの説明で十分対応できるでしょう。X財の価格上昇で，予算制約線はABからACへと変化し，実質所得が減少しています。このとき，PからRへの変化が代替効果であり，X財の需要は減少しています。また，RからQへの変化が所得効果です。

　このとき，実質所得が減少するに従ってX財の消費は減少しているので，X財は上級財となります。一方，X財の所得効果RからQへの変化で，Y財の需要が減少しているので，Y財も上級財となります。よって，正答は**2**です。

消費者均衡点？

「最適消費点」や「効用最大化点」と同じです。

では，本項の最後に，グラフではなく文章題で財の種類を問う問題をやってみましょう。

ちなみにY財の価格低下と上昇に関するグラフの問題は皆無といってもいいですが，文章題の場合は出題されます。

例題10

X財，Y財の2財を消費する合理的な消費者の行動について，所得一定の下でX財またはY財の価格が変化した場合に関する次の記述のうち最も妥当なものはどれか。なお，X財とY財は代替的であるとする。

(国家一般職［大卒］)

1 X財の価格が上昇し，Y財の価格が不変である場合，Y財が上級財（正常財）であれば，Y財の消費は必ず増加する。

2 X財の価格が上昇し，Y財の価格が不変である場合，X財が上級財（正常財）であれば，X財の消費は必ず減少する。

3 X財の価格が上昇し，Y財の価格が不変である場合，Y財が下級財（劣等財）であれば，Y財の消費は増加するか，減少するかわからない。

4 Y財の価格が低下し，X財の価格が不変である場合，Y財が下級財（劣等財）であれば，Y財の消費は必ず増加する。

5 Y財の価格が低下し，X財の価格が不変である場合，X財が下級財（劣等財）であれば，X財の消費は増加するか，減少するかわからない。

解法のステップ

ここでは最初から表を活用しながら**1～3**，**4**，**5**と分けて説明します。

まず，**1～3**からです。代替効果は，X財の価格の上昇によって，X財，Y財がいかなる財であろうとも，X財が減少，Y財が増加します。また，所得効果に関しては，X財の価格上昇が実質所得の減少を意味します。以上を念頭に置いて，所得の減少で条件の財の需要がどうなるかを調べると，次の表のようにまとまります。

本問のポイント

設問の意図は，価格が変化した結果，「消費は…」となっていますが，この場合の消費は，最終的に需要がどうなるかということなので，代替効果と所得効果を調べて，全部効果による需要がどうなるかを判断しなければなりません。

	代替効果	所得効果	全部効果
1 Y財（上級財）	増加	減少	不定
2 X財（上級財）	減少	減少	減少
3 Y財（下級財）	増加	増加	増加

1．Y財が上級財なので，実質所得の減少で，所得効果による需要は減少します。そして，全部効果が「不定」という

意味は，本問の条件だけでは，代替効果の増加と所得効果の減少の大きさが比較できないので，最終的に増加か減少か判断できないという意味です。

2．X財は，**1**と同様に上級財なので，実質所得の減少で，所得効果による需要は減少します。したがって，価格が上がって減少した代替効果と合わせて考えても，消費（全部効果による需要）は，必ず減少します。よって，**2**が正答となります。

3．Y財は下級財なので，実質所得の減少で，所得効果による需要は増加します。したがって，代替効果による需要も増加しているので，最終的な消費は必ず増加します。

次に**4**，**5**です。Y財の価格の低下による需要の変化は以下のとおりです。

	代替効果	所得効果	全部効果
4 Y財（下級財）	増加	減少	不定
5 X財（下級財）	減少	減少	減少

4．Y財は下級財なので，実質所得の増加で，所得効果による需要は減少します。しかし，代替効果による需要増の大きさと，所得効果による減少分の大きさと比較できないので，消費（全部効果による需要）は増加したか，減少したかはわかりません。

5．X財も下級財なので，実質所得の増加で，所得効果による需要は減少します。しかも，Y財の価格の低下で，X財は割高となって，代替効果による需要が減少しているので，全部効果による需要も必ず減少します。

思い出そう！

「代替効果を判断するコツ
↓
割高になったか，割安になったか」
↓
たとえば，**1**〜**3**では，X財の価格が上がったので，Y財は割安となって，代替効果による需要が増える……という感じです。
↓
また，高くなったX財からは客が一部離れるので，X財は代替効果による需要が減少するのです。

Y財の価格が変化しても同じこと

これまでの事例や過去問ではX財の価格変化で実質所得がどうなったかをみましたが，Y財の価格変化でも同様なアプローチで解答できます。

Y財の価格の低下で…
代替効果：
　X財⇒割高，需要↓
　Y財⇒安くなった分，
　　　需要↑
所得効果：
　この消費者の実質所得が増加

最適労働供給って何だろう？
～効用を最大化する労働時間のこと～

これまで，所得消費曲線と価格消費曲線（代替効果と所得効果を含む）から財の種類を判断する方法を学びましたが，基本はすべて効用最大化のグラフから発展してきたものでした。本項の最適労働供給も同様です。

 最適労働供給のグラフ化

一般的な効用最大化の理論においては，X財とY財という2財をどれだけ消費すると効用（満足度）が最も大きくなるかを考えました。グラフでは下図のように示され，点Eが効用最大化の点（最適消費点）でした。

【消費と効用最大化】

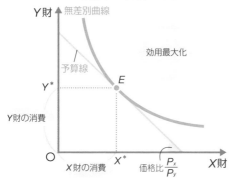

消費者行動理論の基本は，効用最大化（最適消費）で，ここで学ぶ「最適労働供給」も，基本的な理屈は同じです。

ただ違うのはx軸とy軸の取り方です。2財ではなく，x軸に余暇lをとり，y軸に所得Yをとります。そして余暇のx切片は通常は1日24時間の24と置きます（1年365日の365となることもあります）。したがって，24時間から余暇を引き算すれば労働時間を得ることができます。グラフで労働時

効用最大化の条件って何だった？

一見してわかる条件は無差別曲線の接線の傾きである限界代替率MRSと，価格比$\dfrac{P_x}{P_y}$が等しいことでした（⇒p.118）。

予算線？

予算制約線のことです。

余暇って何？

この場合の余暇lには，遊びや休憩の時間だけでなく，睡眠時間も含まれます。つまり，経済学での余暇とは，労働しない場合のすべての時間という意味です。ちなみに，余暇は英語のleisureで，一般的にl（エル）で表記されます。

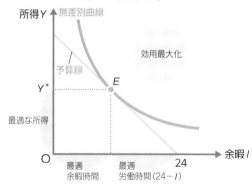

【最適労働供給】

所得Y　無差別曲線

効用最大化

予算線

Y^*　E

最適な所得

O　最適　最適　24　余暇 l
　余暇時間　労働時間(24−l)

間とは「$24−l$」のことです。

　余暇時間・労働時間と所得に対する考え方は人それぞれです。下図では，たとえば点Aをみると，余暇が多いので労働時間はそれだけ少なくなっています。当然ながら，労働時間が少ないので，所得は低くなります。「お金より遊ぶ時間が優先」というケースです。

　逆に点Bをみると，余暇が少ない代わりに所得は多くなっています。「余暇よりもお金を増やしたい」ということです。

効用最大化は
人それぞれ

労働時間・余暇時間の取り方には個人差があります。下図の点Aを好む人は，所得は少なくてもいいから余暇をたくさん取ることで効用を最大化しています。
一方，点Bを好む人は，余暇時間は少なくてもいいからたくさん働いて所得を増やすことで効用を最大化しているのです。

【余暇と所得の関係】

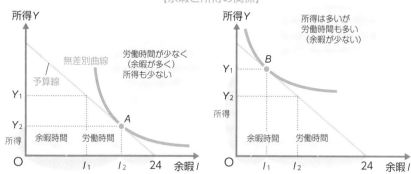

所得Y

無差別曲線

予算線

労働時間が少なく
（余暇が多く）
所得も少ない

Y_1

Y_2　A

所得

O　余暇時間　労働時間
　　l_1　l_2　24　余暇 l

所得Y

所得は多いが
労働時間も多い
（余暇が少ない）

Y_1　B

Y_2

所得

O　余暇時間　労働時間
　　l_1　l_2　24　余暇 l

　最適労働供給とは，グラフ上でいえば一般的な効用最大化と同じように，予算制約線と無差別曲線の接点で決まります。

　したがって，問題で「最適労働供給を求めよ」といわれたら，余暇と所得の関係における効用最大化の点での労働量を求めることになります。

最適労働供給の条件

　では，最適労働供給の条件についてまとめておきます。一般的な2財の消費による効用最大化の条件が，限界代替率 MRS と予算制約線の傾きである価格比 $\dfrac{P_x}{P_y}$ が等しくなることであったのと基本的に同様です。

　違いはまず，予算制約線の傾きが価格比ではなく賃金 w になることです。予算制約式は，$P_x \cdot X + P_y \cdot Y = 所得M$ で示されました。これを別の表し方をすれば，**所得Y＝賃金w×労働量L** となります。

　ただし，最適労働供給のグラフでは通常 x 軸に余暇 l をとるので，所得の式は，

$$所得Y = w\,(24 - l) = -wl + 24w$$

となります。これが最適労働供給における予算制約線式で

【賃金と最適労働供給の変化】

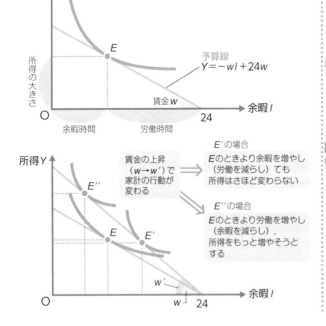

所得の表記は M？ Y？

同じことです。経済学ではアルファベットの使い方に慣習というものがあります。最適労働供給の場合は単に所得にYが活用されるだけなのです。

限界代替率？

　2つの財の交換の比率のことでした。詳しくはp.112を参照してください。
この場合は「労働を追加的に1単位増やしたときに，効用水準を一定に保つためには余暇をどれだけ減らさなければならないか」ということを示します。

予算制約式？

$M = P_x \cdot X + P_y \cdot Y$
（M：予算，P_x：X財の価格，X：X財の購入量，P_y：Y財の価格，Y：Y財の購入量）
詳しくはp.45を参照してください。

繰り返しますが…

労働時間以外をすべて余暇 l とみなしますので，
　$L = 24 - l$
になります。

最適労働供給の条件

最適労働供給の条件：
　限界代替率MRS＝賃金w

ただし，確実に理解しておかなければならないかというと，重要度は「効用最大化」ほど高くはありませんので，「何となく」覚えておいてください。

160

す。この式は，横軸に余暇 l，縦軸に所得 Y をとったグラフの傾きが賃金 w で，Y 切片が $24w$ の右下がりの直線のグラフを示しています。

ですから，最適労働供給の条件は，無差別曲線の接線の傾きである限界代替率 MRS と予算制約線の傾きである賃金 w が等しいことになります **（限界代替率 MRS＝賃金 w）**。

賃金が上昇すれば，働く意欲がわき，労働時間を増やして所得をさらに上げようとする人（E''）や，所得水準はそれほど変わらなくても，労働時間を減らして余暇を増やそうとする人（E'）が出たりと，家計の行動も変化してきます。

では，過去問に2問当たってみましょう。

例題11

ある人が働くことによって得た収入のすべてを財Xの消費に充てるとき，効用を最大化したときの労働供給量として，最も妥当なものはどれか。ここで，この人の効用関数 U は，$U＝x(24-L)$ であるとする。ただし，X財の価格は5，賃金率は10であり，x はX財の消費量，L は労働供給量（$0\leq L\leq24$）である。

(地方上級)

1 4
2 6
3 8
4 10
5 12

解法のステップ

最適労働供給の問題でも，解法パターンは効用最大化の問題と同様です。

効用最大化問題の解法パターン
p.126を参照してください。

● **予算制約式を作る**

予算制約式は $P_x \cdot X + P_y \cdot Y = M$ で示されましたが，条件を代入します。

ある人は働くことによって得た収入のすべてを価格が5である財Xの消費に充て，Y財の消費をしないので，この個人の予算制約式は $5x + 0 = M$ となります。

所得の M（Y）ですが，条件には賃金率が与えられています。したがって，所得 Y は**賃金率 w×労働供給量（＝労働時間）L**，すなわち，$Y = wL$ で表されるため，条件より賃金率

効用最大化の問題の解き方を思い出そう！
①予算制約式を立てる。
②公式か微分法で解く。
消費の応用問題では予算制約式を立てることができるかが最大のポイントになります。

は10で，労働時間をLとすれば所得は$10L$となります。よって，予算制約式は$5x + 0 = 10L$，これを整理して，

$$x = 2L \quad (すなわち x - 2L = 0) \qquad \cdots\cdots\cdots ①$$

となります。

●微分法の活用

次は，公式か微分法を活用しますが，最適労働供給の問題では，微分法のほうが早く解けるので，公式を活用するよりお勧めです。

微分法では，予算制約式を効用関数に代入し，$U = \sim L$の式に変形して，UをLで微分してゼロと置いて計算すれば，効用Uを最大にする最適労働供給量Lを導出できます。

そこで，予算制約式$x = 2L$を効用関数$U = x(24 - L)$に代入すると，

$$U = 2L(24 - L) = -2L^2 + 48L$$

UをLで微分してゼロと置くと，

$$\frac{\Delta U}{\Delta L} = -4L + 48 = 0, \quad L = 12$$

となり，正答は**5**です。

●《参考》公式の活用

参考までに，公式を使って解いてみます。

効用関数$U = x(24 - L)$より，$MU_x = 24 - L, \ MU_L = x$

予算制約式$P_x \cdot X + P_y \cdot Y = M$で価格比は$\dfrac{P_x}{P_y}$でしたので，本問の予算制約式$x - 2L = 0 \cdots\cdots①$より，価格比は$\dfrac{1}{2}$（価格は負にはならない）。

これらを公式に代入すれば，$\dfrac{24 - L}{x} = \dfrac{1}{2}$，交差法で式を整理すると，$2(24 - L) = x$。さらにまとめて$x + 2L = 48$。

これに予算制約式$x - 2L = 0$と連立させると，

$$\begin{cases} x + 2L = 48 & \cdots\cdots\cdots① \\ x - 2L = 0 & \cdots\cdots\cdots② \end{cases}$$

①－②より，$L = 12$を得ます。

なお，**加重限界効用均等の法則** $\dfrac{MU_x}{P_x} = \dfrac{MU_y}{P_y}$ （⇒ p.118）を使っても同様の結果が出ます。

予算制約式のまとめ

予算制約式を立てる
$$P_x \cdot X + P_y \cdot Y = M \ (Y)$$
$$\downarrow$$
$$5X + 0 = 10L$$
（Y＝賃金w×労働時間L）

微分法がオススメの理由

先ほど，最適労働供給では所得を表すのにYを用いる場合が多いといいましたが，公務員試験の最適労働供給の問題では，微分法を用いると早く計算できるようにうまくできているのです。

ところで微分法ってなんだっけ？

微分してゼロと置いて最大値を求めるやり方です。詳細についてはp.95へ。

効用最大化の公式

限界代替率＝限界効用の比
$$\frac{MU_x}{MU_y} = 価格比\frac{P_x}{P_y}$$
なお，限界効用MUについては p.110へ。

交差法って何？

$\dfrac{A}{B} = \dfrac{C}{D}$のとき，
$$A×D＝B×C$$
となるという公式です。

例題12

ある個人は1日の時間を余暇と労働に充て、この個人の効用関数が、

$$U = 2yl - y^2 - \frac{1}{2}l$$

〔y：1日の実質所得　l：1日のうち余暇に充てる時間（単位：時間）〕

で示されるとき、この個人が効用を最大にするためには、1日何時間働くことになるか。ただし、実質賃金率は1時間当たり1であるとする。

（国家一般職［大卒］）

1　7時間50分
2　7時間55分
3　8時間
4　8時間5分
5　8時間10分

解法のステップ

とにかく、予算制約式を求めましょう。

ここでは問題文から判断して、所得Y＝賃金w・労働量Lが直接予算制約式となりますね。また、労働時間に関する情報が直接ありませんが、余暇時間lが与えられているので、労働時間は24時間から余暇時間を引いた$24-l$とすることができます。よって、所得の式は、$Y = w(24-l)$で示され、本問では1時間当たりの実質賃金率が1なので、予算制約式は、$y = 24 - l$と表されます。

あとは、これを効用関数$U = 2yl - y^2 - \frac{1}{2}l$に代入して、$U$を$l$で微分してゼロと置いて、効用を最大にする$l$を求めます。

$$U = 2(24-l)l - (24-l)^2 - \frac{1}{2}l$$

$$= -576 + \frac{191}{2}l - 3l^2$$

$$\frac{\Delta U}{\Delta l} = \frac{191}{2} - 6l = 0, \quad \text{したがって、} \quad l = \frac{191}{12} = 15\frac{11}{12}$$

ただし、これはlの値で「最適な余暇時間」です。求めるのは「最適な労働供給時間」なので、これを24時間から引き算して、$24 - 15\frac{11}{12} = 8\frac{1}{12}$（時間）＝8時間5分となり、正答は**4**です。

本問の予算制約式のポイント

$P_x \cdot X + P_y \cdot Y = M$
（$Y = wL$）
特に条件がなければ$Y = w(24-l)$となります。

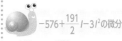

$-576 + \frac{191}{2}l - 3l^2$の微分

$$\frac{\Delta U}{\Delta l} = 1 \cdot \frac{191}{2} \cdot l^{1-1}$$
$$- 2 \cdot 3l^{2-1}$$

$$= \frac{191}{2} - 6l$$

$\frac{1}{12}$時間？

$\frac{1}{12}$時間が5分という計算はすぐにできますか？　ピンと来ない人は、時計の数字を思い出してください。時計盤は1時間を12等分しています。それで最初の数字「1」のところは、分針では「5分」を意味していますね。

専2-6

弾力性を完成させよう！
～ボールが弾む原理だったね～

本章最後のテーマは需要の価格弾力性です。教養試験レベルではすでにその基礎を学びました（⇒p.30）。ここでは，さらに発展的な内容を扱います。

需要の価格弾力性の計算

需要の価格弾力性とは，価格が変化したときに需要量がどれだけ変化するかを表す指標でした。

┌─ 需要の価格弾力性の定義 ─

$$\text{需要の価格弾力性}E_D = \frac{\text{需要の変化率}}{\text{価格の変化率}}$$

専門試験レベルにおいては，計算問題を処理するために，この公式をさらに詳細に説明します。

変化率の出し方は覚えていますか？　需要量をD，価格をPで表すと，価格の変化率は$\frac{\Delta P}{P}$，需要の変化率は$\frac{\Delta D}{D}$で示されます。そうすると，需要の価格弾力性E_Dを式の形で示すと次のようになります。

$$\text{需要の価格弾力性}E_D = -\frac{\text{需要量の変化率}}{\text{価格の変化率}} = -\frac{\frac{\Delta D}{D}}{\frac{\Delta P}{P}}$$

┌─ 需要の価格弾力性の公式 ─

$$\text{需要の価格弾力性}E_D = -\frac{\frac{\Delta D}{D}}{\frac{\Delta P}{P}} = -\frac{\Delta D}{\Delta P} \times \frac{P}{D}$$

なぜ式を展開して$\frac{\Delta D}{\Delta P}$の形にしたかというと，微分の形にしたいからです。

いろんな弾力性

需要の価格弾力性だけでなく，需要の所得弾力性，需要の交差弾力性，供給の価格弾力性などいろいろな弾力性がありますが，この中でも需要の価格弾力性があらゆる弾力性の基礎となります。

変化率？

たとえば100円から120円に価格が何%変化したかは$\frac{(120-100)}{100}$で0.2（＝20%）として求められます。
これを式の形で表してみましょう。$P=100$，$P'=120$とすると，$\frac{(P'-P)}{P}$になります。$P'-P$はΔPと表すので，価格の変化率は$\frac{\Delta P}{P}$ということになります。

なぜマイナスの符号がついてるの？

需要の価格弾力性E_Dを求める際にマイナス（−）の符号をつけるのは，一般的に価格が低下（上昇）すれば需要が増加（減少）するので，需要量の変化率を価格の変化率で割り算すると負（マイナス）になってしまいます。
そこで，限界代替率の処理と同様に，需要の価格弾力性の値を正の値にするためにマイナスをつけます。

$y = ax^n$ の式で y を x で微分するとき，$\dfrac{\Delta y}{\Delta x}$ で示したように，$\dfrac{\Delta D}{\Delta P}$ は，需要曲線の式 $D = Ax + B$ の式を微分することと同じです。逆にいえば，需要の価格弾力性の計算問題は，微分計算を活用して求めていきます。

式展開の途中の過程も説明すると…

$$\frac{\dfrac{\Delta D}{D}}{\dfrac{\Delta P}{P}} = \frac{\Delta D}{D} \times \frac{P}{\Delta P}$$

$$= \frac{\Delta D}{\Delta P} \times \frac{P}{D}$$

第 **2** 章　家計の行動（実践）

例題13

ある財の需要曲線と供給曲線がそれぞれ，

$$D = 16 - \frac{1}{6}P \qquad S = \frac{5}{2}P \qquad 〔D：需要量，P：価格，S：供給量〕$$

で示されるとき，市場均衡におけるこの財の需要の価格弾力性（絶対値）の値として，最も妥当なものはどれか。　（国家一般職［大卒］）

1 $\dfrac{1}{3}$　　**2** $\dfrac{1}{4}$

3 $\dfrac{2}{5}$　　**4** $\dfrac{1}{6}$

5 $\dfrac{1}{15}$

解法のステップ

市場均衡における価格および需要量は，市場均衡条件の需要 D ＝供給 S より，$16 - \dfrac{1}{6}P = \dfrac{5}{2}P$ なので，これを解いて P ＝ 6。この値を需要曲線の式に代入して，需要量 D の値を求めると $D = 15$ となります。よって，均衡点 E は (15, 6) で

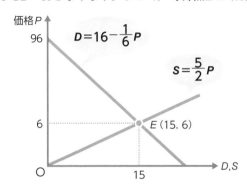

X軸のD, Sって？

通常数量は Q とか X で表されますが，この場合，需要曲線と供給曲線が $D=$〜，$S=$〜となっているので，需要量 D と供給量 S を量としてそのまま残しました。

す。本問では，この均衡点における需要の価格弾力性を求めることになります。

需要の価格弾力性 E_D の公式 $-\dfrac{\varDelta D}{\varDelta P}\cdot\dfrac{P}{D}$ に数値を代入していけば解答できます。今，説明したように，$\dfrac{\varDelta D}{\varDelta P}$ は，需要曲線 $D = 16 - \dfrac{1}{6}P$ を，P について微分したものなので，

$$\dfrac{\varDelta D}{\varDelta P} = 1 \times \left(-\dfrac{1}{6}\right)P^{1-1} = -\dfrac{1}{6}P^0 = -\dfrac{1}{6}$$

となります（ゼロ乗はすべて1）。

また，市場均衡における価格および需要量は，それぞれ $P = 6$，$D = 15$ でしたので，公式の $\dfrac{P}{D}$ の部分は，

$$\dfrac{6}{15} = \dfrac{2}{5}$$

これらを，上の公式に代入すると，

$$E_D = -\dfrac{\varDelta D}{\varDelta P}\cdot\dfrac{P}{D} = -\left(-\dfrac{1}{6}\right)\cdot\dfrac{2}{5} = \dfrac{1}{15}$$

となり，正答は **5** です。

➡ 需要の価格弾力性の特徴

次のテーマは，需要の価格弾力性の性質についてです。以下の問題を通して学習します。

例題14

　ある財に関する需要曲線が，次のように示されるとき，需要の価格弾力性 E（絶対値）に関する記述のうち，最も妥当なものはどれか。　　　　　（国税専門官）

　　$X = 10 - P$　〔P：価格〕

1　$0 < E \le 1$ の場合，価格が1％上昇すれば需要量は1％より大幅な減少となる。
2　$E > 1$ の場合，価格が1％上昇すれば需要量は1％以下の減少となる。
3　価格が高いほど E は大きくなる。
4　価格が低いほど E は大きくなる。
5　価格にかかわらず E は一定である。

P^0 ?

ゼロ乗はすべて「1」です（⇒ p.88）。

　供給の価格弾力性

供給の価格弾力性 E_S についても教養試験レベルですでに学びました（⇒ p.34）。

$$E_S = \dfrac{\dfrac{\varDelta S}{S}}{\dfrac{\varDelta P}{P}} = \dfrac{\varDelta S}{\varDelta P}\cdot\dfrac{P}{S}$$

本問で供給の価格弾力性 E_S を求めるとすると，$\dfrac{\varDelta S}{\varDelta P}$ の部分は，供給曲線 $S = \dfrac{5}{2}P$ を価格 P で微分して，$\dfrac{5}{2}$ となり，$\dfrac{P}{S}$ の部分は同じ均衡点 (15, 6) ですので，$\dfrac{6}{15}$ $=\dfrac{2}{5}$ となります。よって，均衡点における供給の価格弾力性は $E_S = \dfrac{5}{2}\cdot\dfrac{2}{5} = 1$ となります。

166

解法のステップ

ここでは，需要曲線 $X = 10 - P$（すなわち $P = 10 - X$）を図示して，その需要曲線上に点 $A(2, 8)$，点 $B(5, 5)$，点 $C(7, 3)$ をとり，各点の需要の価格弾力性を求めることで，需要の価格弾力性の性質を理解してもらった後に，正答を求めていきます。

●各点の需要の価格弾力性を算出

需要の価格弾力性の公式，$E_D = -\dfrac{\Delta X}{\Delta P} \cdot \dfrac{P}{X}$ に必要な数字を代入することで，各点の需要の価格弾力性を求めると以下のようになります。

$$点A \cdots E_D = -(-1) \cdot \left(\dfrac{8}{2}\right) = 4$$

$$点B \cdots E_D = -(-1) \cdot \left(\dfrac{5}{5}\right) = 1$$

$$点C \cdots E_D = -(-1) \cdot \left(\dfrac{3}{7}\right) = \dfrac{3}{7}$$

【直線上の需要の価格弾力性】

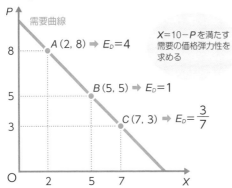

●需要の価格弾力性の特徴

さて，本問の需要曲線を使ってその任意の点をとってみましたが，需要曲線が通常の右下がりの直線であれば共通した特徴があります。

①需要の価格弾力性の大きさは実際の計算の結果から，$A > B > C$ の順になります。

⬇（文章にまとめると）

これぞ
公務員試験対策！

例題14の解説のように，まず，簡単な計算で数字を出して，そこ結果から経済理論を解釈していくというやり方のほうが，初学者にはすんなりと頭に入っていくのではないかなと思います。公務員試験は「なぜ」ではなく，「いかに」理論や公式を使って解答できるかが重要ですからね。

式展開の途中の過程も説明すると…

$\dfrac{\Delta X}{\Delta P}$ の部分は需要曲線 $X = 10 - P$ の X を P で微分すると，-1 となります。あとは $\dfrac{P}{X}$ にそれぞれの各点に数字を代入すれば簡単に求められます。

公式のDとXに違いは？

公式に需要量が D ではなく X が使われていますが，需要量，消費量，生産量は同じ数量として，X や Q と表記される場合があります。特に違いはありません。

「需要曲線上の点が左上に位置するにつれて需要の価格弾力性の値は大きくなり，右下に位置すればそれだけ価格弾力性の値は小さくなる」

⬇（グラフにすると）

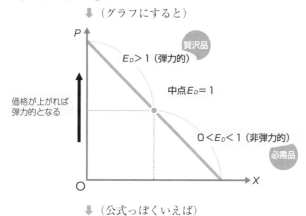

⬇（公式っぽくいえば）

「価格Pが高ければ高いほど，需要の価格弾力性の値は大きくなる」とまとめることができます。

②また，点$B(5, 5)$は需要曲線$X = 10 - P$の中点に相当しますが，需要曲線の中点においては，需要の価格弾力性E_Dは必ず1になります。

⬇

ということは，中点を境に，価格が上がれば（需要曲線上では左上部分），**弾力的（$E_D > 1$）**となり，価格が下がれば（需要曲線上では右下部分），**非弾力的（$E_D < 1$）**です。

●実際の解説

以上の点を踏まえて，本問の正答を改めて求めてみてください。**3〜5**の記述から**3**が正答とわかります。

1は$0 < E_D \leq 1$ならば非弾力的なので，価格が1％上昇すれば需要量は1％以下の減少となります。また，**2**は$E_D > 1$なら弾力的なので，価格が1％上昇すれば需要量は1％以上減少します。

次に，今の**例題14**の**5**にあったように，需要の価格弾力性が価格にかかわらず一定になる場合について考えてみます。

1つのグラフで
弾力的と非弾力的

教養試験レベルでは，需要の価格弾力性は需要曲線の傾きのことを示し，傾きが緩やかなら弾力的，傾きが急なら非弾力的と示されました。

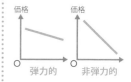

このグラフの違いは何でしょうか。教養試験レベルでの話は，2つの財を相対的に比較して，弾力的な財と非弾力的な財と区別しました。

たとえば，デジカメとボールペンみたいな関係です。今出てきた「1つのグラフで弾力的と非弾力的」というのは，たとえば，時計という1つの財を連想してみてください。時計はだれもが持っているので必需品（非弾力的）ですが，高い時計は価格が上がるほど高級品（奢侈品）の部類に入り，弾力的な財といえるでしょう。

例題15

需要曲線が下図に示されるものであるとき，需要の価格弾力性に関する次の記述のうち，最も妥当なものはどれか。ただし，需要曲線D_1は右下がりの直線，需要曲線D_2は直角双曲線の形状をとっているものとする。

（地方上級）

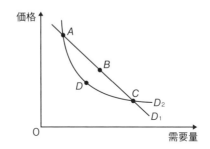

1 D_2に沿って点Aから点D，点Cへと変化するにつれて，需要の価格弾力性の絶対値は次第に大きくなる。

2 D_1に沿って点Aから点B，点Cへと変化するにつれて，需要の価格弾力性の絶対値は次第に大きくなる。

3 D_2上の3つの点A，D，Cでは，需要の価格弾力性はすべて同じ値である。

4 D_1上の3つの点A，B，Cでは，需要の価格弾力性はすべて同じ値である。

5 点Aと点Cにおいては，D_1についてもD_2についても，需要の価格弾力性はすべて同じ値である。

解法のステップ

　繰り返しになりますが，需要曲線D_1は右下がりの直線なので，直線上の点A，点B，点Cの需要の価格弾力性は点A，点B，点Cへと変化するにつれて次第に小さくなりま

【直角双曲線と需要の価格弾力性】

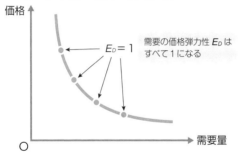

需要の価格弾力性 E_D はすべて1になる

直角双曲線の需要の価格弾力性が1である数学的理由

直角双曲線（右下がりの曲線）を一般式の形で示せば，$P = \dfrac{A}{D_2}$（Aは正の定数）となります。この式を変形して$D_2 = \dfrac{A}{P} = A \cdot P^{-1}$として，これを需要の価格弾力性の式に代入して計算をすれば以下のように定数1になることが証明されます。

$$E_{D2} = -\frac{\Delta D_2}{\Delta P} \cdot \frac{P}{D_2}$$
$$= (-1) \cdot A \cdot (-1) \cdot P^{-2} \cdot P \cdot \frac{P}{A}$$
$$= 1$$

す。よって，肢**2**，**4**，**5**は誤りとなります。

　問題は，需要曲線D_2で，直角双曲線と呼ばれる形状をしているグラフの需要の価格弾力性がどうなるかということです。結論からいえば，需要曲線が直角双曲線の場合，どの点をとっても需要の価格弾力性の値は1になります。

　この理由は側注に示しますが，数学的な解釈で説明されます。実際の試験でこの計算の途中の過程は決して問われませんので，ここでは結論だけ暗記してください。

　以上の点を念頭に置いて，本問に改めて挑戦してみてください。D_2上の点A，点D，点Cの需要の価格弾力は同じ値であるとした**3**が正答です。

$A^{-1}=\dfrac{1}{A}$となる（⇒p.92）

ことも思い出しておきましょう。

需要の価格弾力性と需要額（支出額）の違い

　では，需要の価格弾力性に関する最後の項目として**需要額**（あるいは**支出額**）と需要の価格弾力性について検討します。ここも，過去問を通して解説します。試験で需要額に関する問題が出される場合は，ほぼこのパターンです。

 思い出のテーマ

需要額（支出額）のテーマは，独学をしていた筆者にとって，数学ではなく，グラフをみて視覚的に理解し，公式としても頭に定着させることができたといううれしい思い出が残っている項目です。

例題16

　ある財の需要曲線上の任意の点における需要の価格弾力性（絶対値）と需要額の変化に関する次の記述のうち，最も妥当なものはどれか。なお，この財の需要曲線は右下がりであるものとする。

（国税専門官）

1　需要の価格弾力性が0に極めて近い場合，需要額は価格変化の影響を受けなくなる。

2　需要の価格弾力性が1より小さい場合，財の価格が上昇すると需要額は増加する。

3　需要の価格弾力性が10より大きい場合，財の価格が下落すると需要額は減少する。

4　需要の価格弾力性が1の場合，需要量は価格の影響を受けないので，価格が上昇すると需要額は増加する。

5　需要の価格弾力性が1より大きい場合，財の価格が上昇すると需要額は増加する。

解法のステップ

そもそも需要額（支出額）とは何でしょうか。需要額は消費者がいくら支出したのかを示すもので，「価格×需要量」として表されます。これは消費者からみたもので，生産者からみれば売上げ額（価格×売上げ量）と同じことです。

これをグラフで表せば，縦軸が価格，横軸が需要量ですので，需要額の大きさは，通常の需要と供給の曲線上の任意の価格と需要量の掛け算，つまり四角形の面積で示すことができます。左下図には，需要曲線上の中点（需要の価格弾力性が1）における需要額が影を入れた正方形で示されています。

【需要の価格弾力性と需要額】

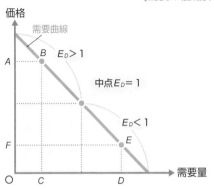

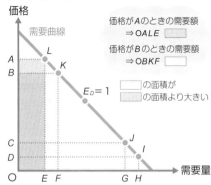

● 弾力性が1より大きいときの需要額

そこで，需要の価格弾力性が1より大きくなればなるほど，つまり価格が上昇すればするだけ，需要額は減少します。すなわち四角形の面積がだんだん小さくなるのです。たとえば，右上図で，□OALEと□OBKFの面積を比較すれば，□OALEのほうが小さくなるのが視覚的にわかりますね。

教養試験レベルでも触れましたが（⇒ p.32），高級品（贅沢品，奢侈品）は，安売りをすればみんな欲しがるので弾力的な財でした。そこで，高級品は安売りをすれば需要額が増加（生産者からみれば売上げが増加）し，値上げをすれば需要額は減少するということになります。

弾力的な財と需要額

需要の価格弾力性が1より大きい場合，
**　財の価格の上昇（低下）で，需要額は減少（増加）**

整理すると…

▶需要額（支出額）は，売上げ額と同じ
⇒価格P×数量（需要量または供給量）Q

需給のグラフで四角形の大きさで示される

▶ある財が弾力的（−ED＞1）であるほど（価格が上がるほど），
　↓
四角形の面積がだんだん小さくなる
　↓
高級品は値上げをすれば需要額は小さくなる
＝**高級品は値下げをすれば売上げ（需要額）は増える**

171

● 弾力性が１より小さいときの需要額

　逆に，需要の価格弾力性が１より小さくなればなるほど，つまり価格が低下するほど需要額は減少します。グラフでは，価格が低下すれば四角形の面積がだんだん小さくなることがわかると思います。たとえば，前ページの右上図で□OCJGと□ODIHの面積を比較すれば，□ODIHのほうが面積が小さくなっています。

　現実的な例でみれば，必需品は，安売りをしてもそれほど大きく需要が増加しない非弾力的な財でしたので，安売りをしても需要額（生産者からみれば売上げ）は増加せず，値上げしても必需品なので需要は安定しており，需要額は増加するのです。

- - - - 🔊 非弾力的な財と需要額 - - - -

需要の価格弾力性が１より小さい場合，
**　財の価格の上昇（低下）で，需要額は増加（減少）**

　ここで，需要曲線の価格と需要量がこの中点上にあるとき，四角形の面積つまり需要額が最大になります。一見して判断できますが，前ページの左上図で正方形と□OABC，正方形と□OFEDの面積の大きさ（需要額の大きさ）を比較してみてください。明らかに正方形の面積のほうが大きいですね。このように，需要の価格弾力性E_Dが１（需要曲線の中点）のとき，需要額は最大（四角形の面積が最大）となります。

【中点における需要の価格弾力性】

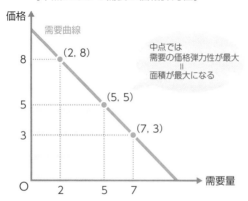

▶ある財が非弾力的（E_D
　＜１）であればあるほど
　（価格が下がるほど），
　　　　　↓
四角形の面積がだんだん小
さくなる
　　　　　↓
必需品は値下げをすれば需
要額は小さくなる
＝**必需品は値上げをすれば**
売上げ（需要額）は増える

　　実際の数値で
　　確認してみよう

面積を比較して需要額の大
きさをみてきましたが，先
ほどの$X＝10－P$のグラフ
の数値を使っても，需要の
価格弾力性と需要額の大き
さの関係を確認することが
できます。中点（5, 5）の面
積が5×5＝25で最大，そ
れ以外についても各自確認
してみてください。

中点における需要の価格弾力性

需要曲線の中点（$E_D = 1$）で需要額は最大

以上の点を念頭に置いて各選択肢を検討すると，正答は**2**であることは容易に判断できるでしょう。

需要の所得弾力性

今度は，価格弾力性以外の弾力性を学びます。まず，**需要の所得弾力性**です。呼び方は変わっても考え方は同じです。

需要の所得弾力性E_Mは，所得Mの変化率に対する需要量Dの変化率を表して，$\dfrac{需要量の変化率}{所得の変化率}$で示されます。

需要の所得弾力性の公式

$$需要の所得弾力性 E_M = \dfrac{\dfrac{\Delta D}{D}}{\dfrac{\Delta M}{M}} = \dfrac{\Delta D}{\Delta M} \times \dfrac{M}{D}$$

これによって先ほどから出てきている奢侈品（贅沢品）と必需品を明確に定義づけることができます（これまでの定義は側注参照）。

奢侈品は需要の増加率が所得の増加率を上回り，必需品は需要量の増加率が所得の増加率を下回ります。

つまり，需要の所得弾力性の値の1を境に，1を上回れば弾力的な財で奢侈品，1を下回れば非弾力的で，必需品ということができます。この結果，ようやく，奢侈品と必需品に関する正確な定義がここで示されたわけです。

財と需要の所得弾力性①

奢侈品（贅沢品）品：需要の所得弾力性 $E_M > 1$
必需品：需要の所得弾力性 $(0<)E_M < 1$

また，上級財と下級財もこの所得弾力性で定義づけが可能です。たとえば所得の増加で需要が増加する上級財は，公式$\left(\dfrac{需要量の変化率}{所得の変化率}\right)$で，分子，分母ともに正の値ですので，需

マイナスの符号がついてない！

需要の所得弾力性では，その値が通常マイナスになることはない（所得が増えて需要が減ることはない）ので，需要の価格弾力性と違い，－の符号をつけないことに注意しましょう。

贅沢品と必需品の定義

教養試験レベルでは，贅沢品と必需品を次のように定義していました。

奢侈品：上級財の中で，所得の増加（減少）によって需要が大きく増加（減少）する財。

必需品：上級財の中で，所得の増加（減少）によって需要がそれほど増加（減少）しない財。
（⇒p.39参照）

ギッフェン財は？

ギッフェン財（Ex. 価格↑－需要↑）は，需要の所得弾力性から確定することはできません。所得弾力性に価格の要素がないからです。

要の所得弾力性はゼロよりも大きく，下級財は分母が正の値
であるのに対して分子が負の値ですのでマイナスになります。

上級財 … 需要の所得弾力性 $E_M > 0$
下級財 … 需要の所得弾力性 $E_M < 0$

こうして，これまでの財の種類を需要の所得弾力性を使っ
てまとめると以下のような感じで描けますね。

【財と需要の所得弾力性】

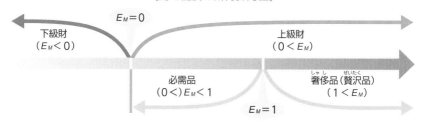

需要の交差弾力性

弾力性の最後に**需要の交差弾力性E_C**を説明します。これ
は，ある1つの財の価格の変化が他の財の需要量の変化に与
える影響を表します。具体的には，代替財と補完財を見分け
る際に使われます。

交差弾力性の公式

$$E_C = \frac{Y財の需要量の変化率}{X財の価格の変化率} = \frac{\dfrac{\Delta D_y}{D_y}}{\dfrac{\Delta P_x}{P_x}}$$

$E_C > 0$となると両財は互いに代替財となります。たとえ
ば，X財の価格の上昇に伴い（上式の分母が正），Y財の需要
量が増加（上式の分子が正）することになりますが，これは
代替財の定義と同義です。

同様に$E_C < 0$ならば両財の関係は補完財となります。X財
の価格の上昇（上式の分母が正）に伴いY財の需要量は低下
（上式の分子が負）しますが，これは補完財のことを意味し
ています。

念のため

需要の交差弾力性は複雑な
ので，代替財と補完財につ
いて教養試験レベルの
p.40，専門試験レベルに
入ってp.126，127を復習
してから臨んでください。

財と需要の交差弾力性

需要の交差弾力性　$E_C > 0$：代替財
需要の交差弾力性　$E_C < 0$：補完財

確認すると…

代替財：
　　　財Xの価格↑(↓)
　　　　｜
　　　財Yの消費↑(↓)
補完財：
　　　財Xの価格↑(↓)
　　　　｜
　　　財Yの消費↓(↑)

第2章 家計の行動（実践）

　実際の試験では，需要の交差弾力性が問われる場合は，以下のように定義を知っているかどうかが問われるものが大半です。

例題17

　2財X・Yの需要の交差弾力性 $E_C = \dfrac{\frac{\Delta Q_y}{Q_y}}{\frac{\Delta P_x}{P_x}}$ 〔P_x：X財の価格　Q_y：Y財の数量〕に関する記述のうち，最も妥当なものはどれか。

（地方上級）

1 E_Cの値が負の符号を持つとき，2財はお互いに中立財であるとみなすことができる。
2 E_Cの値がほぼゼロであるとき，2財はお互いに補完財であるとみなすことができる。
3 E_Cの値が正の符号を持つとき，2財はお互いに補完財であるとみなすことができる。
4 E_Cの値が負の符号を持つとき，2財はお互いに代替財であるとみなすことができる。
5 E_Cの値が正の符号を持つとき，2財はお互いに代替財であるとみなすことができる。

解法のステップ

　勘違いをしないように各選択肢を調べれば，正答は**5**になります。
　ちなみに，需要の交差弾力性E_Cの値がゼロであるとは，X財の価格が変化してもY財の需要を変化させないことを意味し，このような財を**独立財**といいます。

　ミクロ経済学で頻出度，重要度ともにピカ一の家計の行動（消費者行動）理論はここまでです。経済理論の観点からも，本章はミクロ経済全体の基礎という位置づけでもあります。

中立財って何？

中立財とは中級財の別名です。所得が増加しても消費量の増加しない財のことです。

第2章のまとめ

●効用の最大化

予算制約線と最適消費点（効用最大化の点）

　　最適消費点＝予算線と無差別曲線の接点

《効用最大化の点を求めるための公式》

$$\frac{MU_x}{MU_Y}（限界効用の比）= \frac{P_x}{P_Y}（価格比）$$

　　　　　または

$$\frac{MU_x}{P_x} = \frac{MU_Y}{P_Y}（加重限界均等の法則）$$

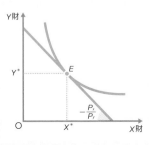

《とっておきの公式》

　効用関数が，$u=x^a y^b$ の形をしていたときの，最適消費量の公式

$$X = \frac{aM}{P_x(a+b)}$$

$$Y = \frac{bM}{P_y(a+b)}$$

$$\left[\begin{array}{ll} P_x：X財の価格 & X：X財の数量 \\ P_y：Y財の価格 & Y：Y財の数量 \\ M：予算 & a：xの指数 \\ & b：yの指数 \end{array}\right]$$

●代替効果と所得効果

代替効果：（相対的な）価格変化そのものによる需要量の変化

所得効果：価格が変化したことに伴う（実質的な）所得の変化による需要量の変化

《X財の価格が下がったときの需要の変化》

	代替効果	所得効果	全部効果
上級財	増加	増加	増加
下級財	増加	減少	増加
ギッフェン財	増加	減少	減少

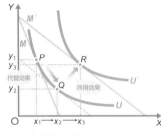

代替効果（$P \rightarrow Q$）はプラス（$x_1 \rightarrow x_2$）

＋

所得効果（$Q \rightarrow R$）はプラス（$x_2 \rightarrow x_3$）

＝

全部効果（$P \rightarrow R$）もプラス（$x_1 \rightarrow x_3$）

⇩

X財は上級財

●最適労働供給

最適労働供給の条件：限界代替率MRS＝賃金w

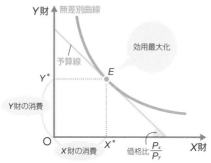

【消費と効用最大化】

●需要の価格弾力性

$$需要の価格弾力性（E_D）＝\frac{需要の変化率}{価格の変化率}$$

需要の価格弾力性の特徴

- 価格Pが高ければ高いほど，需要の価格弾力性の値は大きくなる
- 需要曲線の中点においては需要の価格弾力性E_Dは必ず1

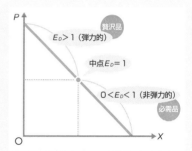

$$需要の所得弾力性（E_M）＝\frac{需要の変化率}{所得の変化率}$$

- 奢侈品（贅沢品）：需要の所得弾力性 $E_M > 1$
- 必需品：需要の所得弾力性 $(0<)E_M < 1$

$$需要の交差弾力性（E_C）＝\frac{Y財の需要量の変化率}{X財の価格の変化率}$$

- 需要の交差弾力性$E_C > 0$：代替財
- 需要の交差弾力性$E_C < 0$：補完財

専門試験レベル　第**3**章

企業の行動（実践）

知らなかった企業の努力

　　企業（生産者）が利潤を最大化するという話は，すでに教養試験レベルで学びましたが，専門試験レベルではさらに掘り下げて学習します。計算問題もそうですが，さまざまな問題に対応できるようにすることを目標としましょう。問題のパターンもある程度わかってもらえると思います。

　　「消費」に次いで頻度の高い分野といえます。特に利潤最大化に関するテーマは地方上級試験で数多く出題されています。また，以前はそれほど出題されていなかったコブ＝ダグラス型生産関数に関する問題も，最近では多くの試験区分で見受けられるようになりました。このテーマの理解のためには，「消費」の効用最大化を理解しておく必要があるので，「消費」の復習も忘れずに。

　　また，全体的に「消費」分野以上に計算問題が多いことも特徴です。基本的には簡単な微分計算で十分ですが，コブ＝ダグラス型生産関数に関する計算問題では，指数計算が絡む難問もありますので，本章でしっかりと練習しましょう。

出題傾向
国家総合職：★★　　国家一般職：★★　　地方上級：★★★
国税専門官：★★　　市役所：

生産関数を使った利潤最大化の話
～消費の理論と同じだよ～

ここでは，**コブ＝ダグラス型**と呼ばれる生産関数を使って，企業（生産者）の利潤最大化について解説します。

利潤最大化と効用最大化

まず，教養試験レベルで学んだ重要項目を再確認しておきましょう。利潤の式は以下のように示されました。

> **利潤の公式**
> **利潤 π ＝総収入 TR －総費用 TC**

その中で総収入は，

> **総収入の公式**
> **総収入 TR ＝価格 P ×販売量 Q**

と表し，一方，総費用については，

> **総費用の公式**
> **総費用 TC ＝レンタルコスト r ×資本量 K ＋**
> **賃金 w ×労働量 L**

と示すことができましたね。

さて，本項で説明する企業の利潤最大化に関しては，消費の効用最大化の理論と実質的に同じであることを示します。

結論を先にいえば，企業の利潤最大化のグラフは次のように描くことができます。消費の効用最大化のグラフと同じですね。違うのは軸の取り方で，消費の x 財，y 財ではなく，労働 L と資本 K がきます。つまり，企業は労働量 L^* と資本量（機械設備のこと） K^* を使って無駄なく生産できると，利潤を最大にすることができるのです。

消費の効用最大化の話と同じということは，消費理論で出てきた効用関数，無差別曲線，限界効用，限界代替率，予算

生産関数って？

関数というのは，「関係性を式の形にしたもの」くらいに考えてください。
ですから，生産関数というのは，生産要素である資本（機械設備のこと）や労働量が変化することで生産量が変わることを式の形にしたものです。

復習

教養試験レベルは p.57を参照してください。

利潤の式をまとめると…

利潤＝総収入－総費用
利潤＝（価格×販売量）－（レンタルコスト×資本量＋賃金×労働量）

レンタルコスト？

レンタルコストは，賃貸料や資本コストという場合もあります。両者は同じ意味です。

軸にどっちをとるかは自由だよ

消費では x 軸には X 財，y 軸には Y 財でしたが，生産の場合，x 軸の資本 K と y 軸の労働 L を入れ替えてもかまいません。同じことです。

【利潤最大化】

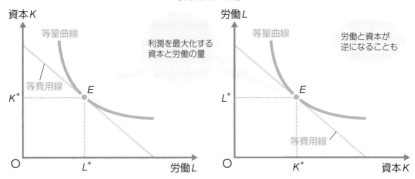

資本K

等量曲線

利潤を最大化する
資本と労働の量

等費用線

K^*　E

O　L^*　労働L

労働L

等量曲線

労働と資本が
逆になることも

L^*　E

等費用線

O　K^*　資本K

制約線は，生産理論で学ぶ生産関数，等量曲線，限界生産力，技術的限界代替率，等費用線と実質的に同じ概念なのです。その意味でここは消費の最重要ポイントの復習にもなりますね。では，個々の用語を説明していきます。

 生産関数～効用関数と同じ～

財の生産に必要な**資本K**と**労働L**のことを**生産要素**ということはすでに述べました。その資本Kと生産Yの関係，労働Lと生産Yの関係をグラフで下の図のように表します。

生産関数とは，下図のように，資本や労働量の変化によって生産量がどのように推移するかを示したものです。労働か資本かどちらかの生産要素を増加させれば生産量は増加するので，一般的な生産関数のグラフは右上がりにはなります

【生産関数】

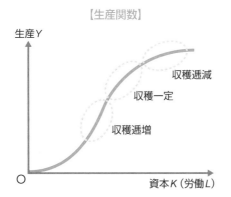

生産Y

収穫逓減

収穫一定

収穫逓増

O　資本K（労働L）

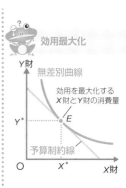

効用最大化

Y財

無差別曲線

効用を最大化する
X財とY財の消費量

Y^*　E

予算制約線

O　X^*　X財

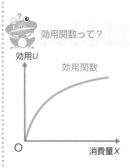

効用関数って？

効用U

効用関数

O　消費量X

が，その形状はS字型になります。

　資本（機械設備）または労働の投入量が小さいときは，生産量はそれほど伸びませんが，ある程度生産要素（労働または資本）が増加すると生産量は急激に増加します（これを**収穫逓増**といいます）。

　ところが，生産要素の投入量が過度になってくると生産の伸びは減少します（**収穫逓減**）。また，資本あるいは労働の増加量と同じ割合だけ生産が伸びる場面もあります（**収穫一定**）。

　このように，生産要素の増加に対して，生産される財の数量の増加のしかたによって，規模に関して「収穫逓増」「収穫一定」「収穫逓減」という3パターンに分けられます。

 ## コブ＝ダグラス型生産関数

　こうした生産関数の中で典型的な生産関数が，コブ＝ダグラス型生産関数で，$Y = A \cdot K^{\alpha} \cdot L^{\beta}$ の式で表されます。

---- コブ＝ダグラス型生産関数の公式 ----

$$Y = A \cdot K^{\alpha} \cdot L^{\beta} \quad (A > 0,\ \alpha > 0,\ \beta > 0)$$

$\Big[$ Y：生産量　K：資本投入量　L：労働投入量
A：全要素生産性（生産性の指標） $\Big]$

　このとき，$\alpha + \beta = 1$ であれば，先ほど触れた規模に関して収穫一定を意味しています。収穫一定とは，たとえば，生産要素（労働と資本）をそれぞれ2倍増やせば生産も2倍増えると定義づけられます。

　また，規模に関して収穫逓増であれば $\alpha + \beta > 1$，収穫逓減であれば $\alpha + \beta < 1$ となります。

---- コブ＝ダグラス型生産関数 ----

$$Y = A \cdot K^{\alpha} \cdot L^{\beta}$$

規模に関して収穫逓増：$\alpha + \beta > 1$
規模に関して収穫一定：$\alpha + \beta = 1$
規模に関して収穫逓減：$\alpha + \beta < 1$

 収穫？

「収穫」というと農業を連想させますが，経済学での「収穫」は，農業も含めて生産活動の成果のすべてを表しています。

 逓増？逓減？

逓増（ていぞう）は数量が次第に増えていくことで，逓減（ていげん）は数量が次第に減っていくことです。

 規模に関して？

「規模に関して収穫○○」というのが正式な表現です。「生産規模を増やすにつれて…」という意味合いのものと考えてください。

 収穫○○の意味

収穫逓増…生産物の増加率が投入される生産要素の増加率を上回る。たとえば，労働と資本をそれぞれ2倍増やすと，生産が3倍，4倍と増える状態。
収穫一定…生産物の増加率と投入される生産要素（労働と資本）の増加率が等しい。
収穫逓減…生産物の増加率が投入される生産要素の増加率を下回る。たとえば，労働と資本をそれぞれ3倍増やしたのに，生産は2倍しか増えなかったようなケース。

等量曲線〜無差別曲線と同じ〜

　消費分野のところで，効用関数から無差別曲線を導出しましたが，ここでは同じようにして生産関数から等量曲線を導きます。

　等量曲線（等生産量曲線）は，消費者行動理論で取り上げた無差別曲線と実質的に同じものです。つまり，等量曲線は，同じ生産量を実現するために必要な資本Kと労働Lの組合せを示した曲線です。たとえば，機械1台と労働者5人，機械3台と労働者2人が生産をしても，生産量は同じということを表します。

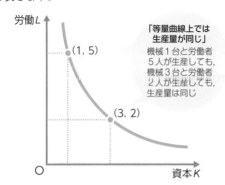

等生産量曲線？

等量曲線のことを等生産量曲線ともいいます。

無差別曲線って何だっけ？

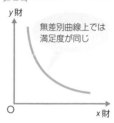

無差別曲線上では満足度が同じ

　等量曲線の特徴も，無差別曲線と同様に，

- ・右下がりである
- ・原点より遠い位置にあるほど産出水準が高い
- ・互いに交わらない
- ・原点に対し凸である

ということが挙げられます。等量曲線は資本と労働のどちらがx軸，y軸に来てもかまいません。

　前章で，通常の原点に対して凸型で右下がりの無差別曲線以外に，いくつもの特殊な無差別曲線について学びました（⇒p.124）。

　生産分野の等量曲線にもさまざまな形がありますが，代表的な等量曲線として，上図の等量曲線が活用されます。

　この右下がりで原点に対して凸型の等量曲線（等生産量曲線）は，コブ＝ダグラス型生産関数の中の「規模に関して収穫一定（$\alpha + \beta = 1$）」を示す等量曲線です。ですから，コブ＝ダグラス型生産関数は，一般的に収穫一定の関数として

コブ＝ダグラス型？

コブ＝ダグラス型生産関数のコブ＝ダグラスとは，アメリカの経済学者で上院議員も務めたP. ダグラス（1892〜1976）と，数学者で経済学者でもあるC. コブ（1875〜1949）の2人の名前からきた名称です。

扱われます。

【収穫一定のコブ＝ダグラス型生産関数】

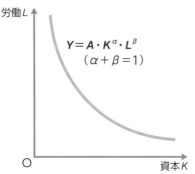

$$Y = A \cdot K^{\alpha} \cdot L^{\beta}$$
$$(\alpha + \beta = 1)$$

労働 L

資本 K

O

限界生産力～限界効用と同じ～

限界生産力 MPは，限界効用の「生産版」で，労働ならもう1人，資本ならもう1台というように，生産要素の投入量を1単位増加させると，生産量がどれだけ増加するかを示す指標です。生産要素は資本，労働の2つが存在するので，限界生産力も「**資本の限界生産力 MP_K**」と「**労働の限界生産力 MP_L**」の2種類があります。

【限界生産力の求め方】

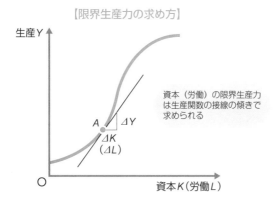

生産 Y

資本（労働）の限界生産力は生産関数の接線の傾きで求められる

A　ΔY
ΔK
(ΔL)

資本 K（労働 L）

O

　そして，「限界」ときたら「微分」，「微分」ときたら「接線の傾き」でしたね。接線は何のグラフの接線かといえば，生産関数のグラフです。何を微分するかといえば，生産関数の式 Y を微分します。

「限界」の意味

消費分野に続き，再び「限界」の概念の登場です。「限界」は「追加的な1単位」という意味あいでした。「1単位」は便利ないい方で，1本，1個，1枚，1箱，1パックなど状況に応じていい表せます。

限界効用の復習

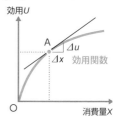

効用 U

A　Δu
Δx　効用関数

消費量 X

O

限界効用は，消費をもう1単位追加すれば効用がどれだけ増加したかを示し，効用関数の接線の傾きで求められました（⇒p.111）。

限界効用$(MU) = \dfrac{\Delta U}{\Delta x}$

ちなみに Δ（デルタ）は，どれだけ変化したかを表します。

184

限界生産力MPの公式

資本の限界生産力（MP_K）：$\dfrac{\Delta Y}{\Delta K}$ 〔資本 K を1単位増やしたときの生産量の変化〕

労働の限界生産力（MP_L）：$\dfrac{\Delta Y}{\Delta L}$ 〔労働 L を1単位増やしたときの生産量の変化〕

技術的限界代替率 〜限界代替率と同じ〜

生産で扱う**技術的限界代替率MRTS**は，消費の限界代替率MRSと同様で，資本ないし労働どちらか一方の生産要素の投入量を1単位だけ増加させたときに同じ生産量を維持するために，もう一方の財をどれだけ減らせるかの割合で表した指標です。

技術的限界代替率も，「資本の労働に対する技術的限界代替率」と，「労働の資本に対する技術的限界代替率」の2つがあります。

生産の技術的限界代替率MRTSと消費の限界代替率MRSの違いは，前者に技術的（Technical）という訳語がついているだけで，意味は基本的に同じです。

資本の労働に対するMRTS＝$\dfrac{\Delta L}{\Delta K}$：資本を1単位増加させたときの労働力の減少の割合です。機械設備をもう1台追加する代わりに何人の労働者をカットするかを意味します。

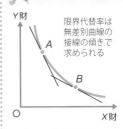

限界代替率の復習

限界代替率は無差別曲線の接線の傾きで求められる

消費の限界代替率は，x 財の消費をもう1単位増加するときに同じ効用を維持するためには y 財を何単位減らさなければならないかという意味で，効用を維持するための x 財と y 財の交換の比率でした。（⇒p.113）

【技術的限界代替率MRTSの求め方】

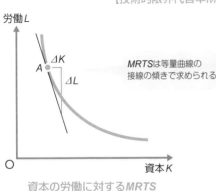

資本の労働に対するMRTS

MRTSは等量曲線の接線の傾きで求められる

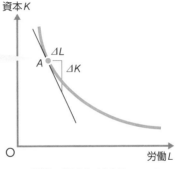

労働の資本に対するMRTS

労働の資本に対する $MRTS = \dfrac{\varDelta K}{\varDelta L}$：労働の１単位の増加

に対する資本の減少の割合です。労働者をもう１人追加する代わりに機械設備を何台破棄するかを意味します。

そして，「限界〜」なので，ここでは等量曲線（等生産量曲線）の接線の傾きを求めることになります。

等費用線〜予算制約線と同じ〜

企業の予算制約線が**等費用線**です。家計と同様，企業は生産する際に，予算に沿って与えられている費用（コスト）の中で，労働と資本にお金を使います。総費用の式は，

総費用 TC＝レンタルコスト r ×資本量 K＋

賃金 w ×労働量 L

で示されましたが（⇒ p.55），予算制約線を $Y = -\dfrac{P_x}{P_y}X + \dfrac{M}{P_y}$

と変形したように，費用 $C = rK + wL$ の式も，

労働量 $L = -\dfrac{r}{w}K + \dfrac{C}{w}$　　資本量 $K = -\dfrac{w}{r}L + \dfrac{C}{r}$

と変形できます。

予算制約線の傾きの絶対値が価格比 $\dfrac{P_x}{P_y}$ であったように，

等費用線の傾きも生産要素である資本と労働の「価格」であるレンタルコスト（資本コスト）r と賃金 w の比になっていて，これを**生産要素価格比**といいます。

逆では？

資本の労働に対する限界代替率は $\dfrac{\varDelta K}{\varDelta L}$，労働の資本に対する限界代替率は $\dfrac{\varDelta L}{\varDelta K}$ ではないかとみる人もいるかと思いますが，先ほどと同様，経済学では「慣習」で本文に示した表記になります。

予算制約線の復習

予算制約線の式は，

$M = P_x \cdot X + P_y \cdot Y$

（M：予算，P_x：X 財の価格，X：X 財の購入量，P_y：Y 財の価格，Y：Y 財の購入量）

で示されました。傾きは価格比 $\dfrac{P_x}{P_y}$ で示されました。

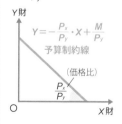

詳しくは，p.45を参照してください。

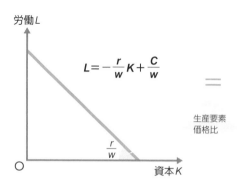

$=$

生産要素価格比

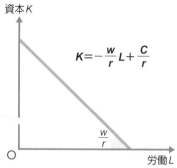

生産関数を使った利潤最大化の条件とは？

さて、ここまできたら、本章の冒頭に示した企業の利潤最大化のグラフを導出することができます。

消費者が効用を最大化するためには、予算制約線と無差別曲線の接点でx財とy財を消費すればよかったですが、同じ原理で費用一定のもとでの企業の利潤最大化の条件は、**等費用線と等量曲線が接する**ことになります。このとき、等量曲線の接線の傾きである技術的限界代替率$\left(-\dfrac{\Delta L}{\Delta K}\right)$と、生産要素の価格比で等費用線の傾きの絶対値$\left(\dfrac{r}{w}\right)$とが等しくなります。これを式の形で示せば、

$$\text{技術的限界代替率}MRTS\left(-\frac{\Delta L}{\Delta K}\right)=\text{生産要素価格比}\frac{r}{w}$$

となり、また、技術的限界代替率は限界生産力MPの比でも表されます。

$$MRTS=\frac{\text{資本の限界生産力}MP_K}{\text{労働の限界生産力}MP_L}$$

このことから、費用が一定の場合の企業の利潤最大化としては、以下の公式が実際の計算問題では使われます。

$$\text{限界生産力の比}\frac{MP_K}{MP_L}=\text{生産要素価格比}\frac{r}{w}$$

この式は、x軸を資本K、y軸を労働Lとしたときの公式なので、x軸が労働、y軸が資本であれば、

【企業の利潤最大化】

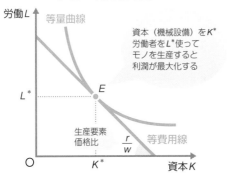

労働L
等量曲線

資本（機械設備）をK^*
労働者をL^*使って
モノを生産すると
利潤が最大化する

E

L^*

生産要素
価格比 $\dfrac{r}{w}$　等費用線

O　K^*　資本K

利潤最大化と効用最大化

一連の利潤最大化条件の導出の経緯は、消費の効用最大化条件の導出の場合と同じです。

限界代替率MRS
　$=$価格比$\dfrac{P_x}{P_y}$
　　↓　ただし
「限界代替率は2財の限界効用の比に等しい$MRS=\dfrac{MU_x}{MU_y}$」という法則を活用
　　↓
　$\dfrac{MU_x}{MU_y}=\dfrac{P_x}{P_y}$
　　↓　さらに
加重限界効用均等の法則
　$\dfrac{MU_x}{P_x}=\dfrac{MU_y}{P_y}$
（⇒p.118）

注意しよう

ここでの利潤最大化は、総費用が一定であるという前提であることに留意しておいてください。この点はまた後ほど触れます。

$$\text{限界生産力の比}\frac{MP_L}{MP_K}=\text{生産要素価格比}\frac{w}{r}$$

となり，さらに，これらの式を変形すると**加重限界生産力均等の法則**と呼ばれる公式が得られます。

 加重限界生産力均等の法則

$$\frac{\text{資本の限界生産力}MP_K}{\text{レンタルコスト}r}=\frac{\text{労働の限界生産力}MP_L}{\text{賃金}w}$$

　それでは，本項のまとめとしての計算問題と文章問題に当たります。この計算問題は，指数計算としては高度です。微分の計算練習としても最適ですから，確実に計算できるようにしましょう。

例題1

　ある生産物Yの生産関数が，

$$Y=K^{\frac{2}{3}}L^{\frac{1}{3}}\qquad\text{〔}K：\text{資本設備の大きさ}\quad L：\text{労働雇用量〕}$$

で示され，資本賃貸率は2，労働賃金率は1であるとする。
　生産者が生産物Yを10だけ生産するのに最適な資本設備の大きさとして最も妥当なものはどれか。

（国税専門官）

1　10
2　20
3　30
4　40
5　50

解法のステップ

　加重限界生産力均等の法則の$\dfrac{MP_K}{r}=\dfrac{MP_L}{w}$を使い，労働と資本それぞれの限界生産力を計算します。

$$\text{資本の限界生産力}MP_K=\frac{\Delta Y}{\Delta K}=\frac{2}{3}K^{-\frac{1}{3}}\cdot L^{\frac{1}{3}}$$

$$\text{労働の限界生産力}MP_L=\frac{\Delta Y}{\Delta L}=\frac{1}{3}K^{\frac{2}{3}}\cdot L^{-\frac{2}{3}}$$

資本賃貸率$r＝2$，労働賃金率$w＝1$を公式に代入すれば，

$\dfrac{\Delta Y}{\Delta K}$？　$\dfrac{\Delta Y}{\Delta L}$？

生産関数YをKで偏微分します（⇒p.93）。

$$\frac{\Delta Y}{\Delta K}=\frac{2}{3}\cdot K^{\frac{2}{3}-1}\cdot L^{\frac{1}{3}}$$
$$=\frac{2}{3}\cdot K^{-\frac{1}{3}}\cdot L^{\frac{1}{3}}$$

同様に生産関数YをLで偏微分すると，

$$\frac{\Delta Y}{\Delta L}=\frac{1}{3}\cdot K^{\frac{2}{3}}\cdot L^{\frac{1}{3}-1}$$

$$\frac{\frac{2}{3}K^{-\frac{1}{3}}\cdot L^{\frac{1}{3}}}{2}=\frac{\frac{1}{3}K^{\frac{2}{3}}\cdot L^{-\frac{2}{3}}}{1}$$

となり，両辺を2倍して，

$$\frac{2}{3}K^{-\frac{1}{3}}\cdot L^{\frac{1}{3}}=\frac{2}{3}K^{\frac{2}{3}}\cdot L^{-\frac{2}{3}}$$

両辺に$\frac{3}{2}$を掛けて整理し，

$$K^{-\frac{1}{3}}\cdot L^{\frac{1}{3}}=K^{\frac{2}{3}}\cdot L^{-\frac{2}{3}}$$

$$\frac{L^{\frac{1}{3}}}{K^{\frac{1}{3}}}=\frac{K^{\frac{2}{3}}}{L^{\frac{2}{3}}}$$

交差法で，さらに整理して，

$$L^{\frac{1}{3}}\cdot L^{\frac{2}{3}}=K^{\frac{1}{3}}\cdot K^{\frac{2}{3}}$$

$$L^{\frac{1}{3}+\frac{2}{3}}=K^{\frac{1}{3}+\frac{2}{3}} \qquad L^{\frac{3}{3}}=K^{\frac{3}{3}} \qquad L=K$$

これを生産関数$Y=K^{\frac{2}{3}}L^{\frac{1}{3}}$に代入して$K$だけの式にすると，以下のように整理できます。

$$Y=K^{\frac{2}{3}}\cdot K^{\frac{1}{3}}=K$$

条件より$Y=10$であるから，$K=10$となり求める最適な生産設備の大きさは10で，正答は**1**となります。

$$=\frac{1}{3}\cdot K^{\frac{2}{3}}\cdot L^{-\frac{2}{3}}$$

どう整理した？

$a^{-n}=\dfrac{1}{a^n}$より

$K^{-\frac{1}{3}}=\dfrac{1}{K^{\frac{1}{3}}}$となります。

交差法？

$\dfrac{A}{B}=\dfrac{C}{D}$のとき，

$A\times D=B\times C$
となるという公式です。

専3-2

費用を徹底分析しよう！
～めざすは費用最小化～

利潤最大化は費用最小化の観点から，平均費用，平均可変費用，平均固定費用，限界費用について理解しましょう。

平均費用AC

平均費用ACとは，財の生産1単位（1つ）について平均的にかかる費用のことで，総費用を生産量で割り算して求めます。

$$平均費用AC = \frac{総費用TC}{生産量X}$$

このことを，総費用曲線TCのグラフ上で示せば，平均費用ACは，その式 $\left(\dfrac{TC}{X}\right)$ が示すように，横の変化（ここではX）に対する縦の変化（ここではTCの大きさ），つまり，平均費用ACは総費用曲線TC上のある点と原点Oを結ぶ直線の傾きに等しくなります $\left(\dfrac{タテの変化}{ヨコの変化}は傾き\right)$。

【総費用曲線TC上の平均費用AC】

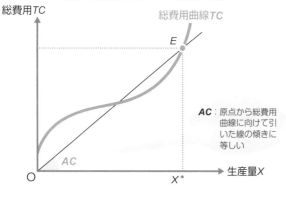

AC：原点から総費用曲線に向けて引いた線の傾きに等しい

教養試験レベルでは

利潤（＝総収入－総費用）を最大にするための総費用TCに関して，以下の図とともに，総費用曲線や固定費用FC・可変費用VCについて学びました（⇒p.57）。

【総費用曲線TCと
可変費用VC・
固定費用FCの関係】

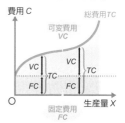

TC＝FC＋VC

総費用TC＝固定費用FC
　　　　＋可変費用VC

平均値の
取り方と同じ

たとえばテストの平均点で考えると，3教科の試験結果がそれぞれ60点，70点，80点であれば，その平均点は3教科の得点を加えた総得点210点を3で割り算し70点となりますね。

$$平均点 = \frac{総得点}{科目数}$$

　たとえば，前ページの図において，生産量X^*における平均費用は，原点Oから総費用を示すE点に向かって引いた線の傾きになります。

　その平均費用ACは，生産量Xが増加するにつれて次第に小さくなり，ある点を過ぎると傾きが再び大きくなっていきます。

　これをグラフに反映させたのが，下の平均費用曲線のグラフです。

　平均費用はa，b，c，dとだんだん小さくなって，点d以降は上昇しているのがわかるかと思います。このことこそ，平均費用のグラフがU字型をしている理由です。

平均費用AC？

平均費用とは，財の生産1単位について平均的にかかる費用のことです。
なお，ACは「Average Cost」の略です。

生産量X？

これまで生産量はQで表してきました。ただ，生産量はXなどほかのアルファベットが使われることも多いです。

要するにこのグラフは何を意味するの？

総費用曲線TC上で表される平均費用ACと，平均費用そのものグラフとの対応関係を示したものです。

【総費用曲線TCと平均費用曲線AC】

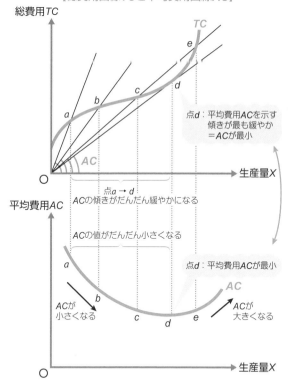

点d：平均費用ACを示す傾きが最も緩やか
＝ACが最小

点a→d
ACの傾きがだんだん緩やかになる

ACの値がだんだん小さくなる

点d：平均費用ACが最小

ACが小さくなる

ACが大きくなる

第3章　企業の行動（実践）

平均固定費用*AFC*

平均固定費用*AFC*は，固定費用*FC*を生産量*X*で割り算を
して求められます。

$$平均固定費用AFC = \frac{固定費用FC}{生産量X}$$

グラフで示せば，下図のように，固定費用*FC*に原点から
引いた直線の傾きで描かれ，平均固定費用*AFC*は低下して
いきます。

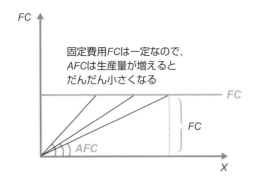

固定費用*FC*は一定なので，
*AFC*は生産量が増えると
だんだん小さくなる

平均可変費用*AVC*

同様に，**平均可変費用*AVC***とは財の生産1単位について
平均的にかかる可変費用*VC*のことで，可変費用を生産量で
割り算して求めることができます。

平均可変費用*AVC*の式

$$平均可変費用AVC = \frac{可変費用VC}{生産量X}$$

平均可変費用*AVC*のグラフの形状も，平均費用*AC*と同じ
理由から**U字型**になります。

平均可変費用は，総費用曲線上では，総費用曲線*TC*上の
点と縦軸との切片を結ぶ直線の傾きに等しくなります。これ
を図で確認すると，次ページの上図では*y*切片から点*E*に引

**平均固定費用
AFC？**

平均固定費用とは，財の生
産1単位について平均的に
かかる固定費用*FC*のこと
です。
ちなみに固定費用は，財の
生産の有無にかかわらずに
発生するコストで，機械や
設備などの資本コストが相
当します。

**平均固定費用の
出題頻度**

平均固定費用*AFC*について
は，出題頻度が低いので図
の理解は特に求められませ
ん。定義だけ覚えておきま
しょう。

**平均可変費用
AVC？**

平均可変費用とは，財の生
産1単位について平均的に
かかる可変費用*VC*のこと
です。ちなみに可変費用は
生産量に応じて変化させる
ことができるコストで，賃
金などの労働コストに相当
します（⇒p.56）。

第**3**章 企業の行動（実践）

【総費用曲線*TC*上の平均可変費用*AVC*】

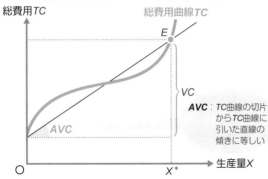

総費用*TC*

総費用曲線*TC*

E

VC

AVC：*TC*曲線の切片から*TC*曲線に引いた直線の傾きに等しい

AVC

O

生産量*X*

X^*

【総費用曲線*TC*と平均可変費用曲線*AVC*】

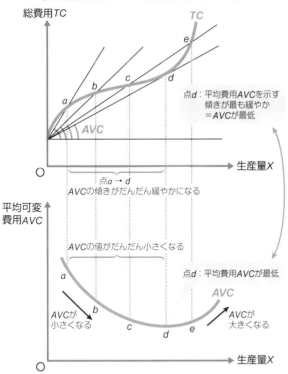

総費用*TC*

TC

e

b

c

d

a

AVC

点*d*：平均費用*AVC*を示す傾きが最も緩やか＝*AVC*が最低

O

生産量*X*

点*a → d*
*AVC*の傾きがだんだん緩やかになる

平均可変
費用*AVC*

*AVC*の値がだんだん小さくなる

a

点*d*：平均費用*AVC*が最低

b

AVC

*AVC*が
小さくなる

c

d

e

*AVC*が
大きくなる

O

生産量*X*

要するにこのグラフ
は何を意味するの？

総費用曲線*TC*上で表される平均可変費用*AVC*と，平均可変費用そのもののグラフとの対応関係を示したものです。

いた線の傾き $\dfrac{VC}{X}$ が，生産量が X^* のときの平均可変費用に

相当します。

平均可変費用も，上図が示すように，生産量が増加するにつれて，a，b，c，dとだんだん小さくなって，点d以降は上昇しており，平均可変費用独自のグラフはU字型となります。

限界費用 *MC*

限界費用*MC* とは，企業が財の生産量をもう１単位増加させたときに総費用がいくら増加したかを示します。

たとえば以下のケースで，生産量が10で費用が100円かかったとして，生産をもう１つ増やすと費用が150に増加したときの限界費用は50円（＝150−100）となります。

生産量X	10	11	12	13
費用C	100	150	180	200
限界費用MC		50	30	20

これを式の形で示せば，

$$限界費用MC = \frac{総費用の増分\Delta TC}{生産量の増分\Delta X}$$

となります。限界費用の定義である「生産量Xを１単位増やす」とはΔXに相当し，「どれだけ費用Cが増えるか」はΔTCに該当します。

では，限界費用MCのグラフの形状はどうなるのでしょうか？「限界ときたら微分，微分ときたら接線の傾き」でしたが，限界費用MCは，何のグラフの接線の傾きかといえば，総費

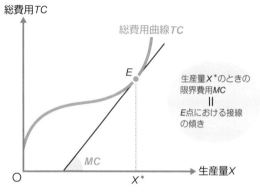

【総費用曲線*TC*上の限界費用*MC*】

総費用*TC*

総費用曲線*TC*

E

生産量*X**のときの
限界費用*MC*
‖
*E*点における接線
の傾き

MC

O

X*

生産量*X*

限界費用*MC*？

限界費用（Marginal Cost）とは，財の生産量を１単位追加させたときに生ずる費用の増加分のことです。

「限界」の意味

消費分野に続き，再び「限界」の概念の登場です。「限界」は「追加的な１単位」という意味合いでした。「１単位」は便利ないい方で，１本，１個，１枚，１箱，１パックなど状況に応じていい表せます。

*Δ*って何の記号？

*Δ*も「デルタ」も再登場です。*Δ*がついたときには，その変化分を意味します。たとえば生産量*X*が10から15に増加すると，*ΔX*は5といった具合です。

194

用曲線の接線の傾きに等しくなります。

　下図では生産量X^*のところの限界費用が総費用曲線上のE点における接線の傾きで示されています。

　では，生産量Xが増加するにつれて，TC曲線の接線の傾き，すなわち限界費用MCがどのように変化するかをみてみると，当初は大きくだんだん緩やかになって，その後また大きくなるという動きをしています。

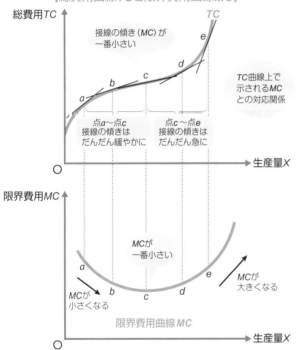

【総費用曲線TCと限界費用曲線MC】

専門用語の表記の確認

平均費用：AC
平均可変費用：AVC
限界費用：MC
平均固定費用：AFC
総費用：TC

　まとめとして，次ページの図には，生産量がX^*で，E点における平均費用AC，平均可変費用AVC，限界費用MCを同時に同じ総費用曲線TC上で示しました。確認してください。

【総費用曲線上の４つの費用】

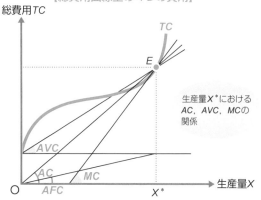

総費用TC

TC

E

生産量*X*＊における
AC, *AVC*, *MC*の
関係

AVC

AC

MC

AFC

O

X＊

生産量*X*

まとめておこう！

平均費用AC：原点から総費用曲線*TC*の任意の点に向けて引いた線の傾き
平均可変費用AVC：縦軸の切片（*y*切片）と総費用曲線*TC*上の任意の点とを結ぶ直線の傾き
限界費用MC：任意の点における総費用曲線*TC*の接線の傾き

では，ここまでの理解ができているかどうか，確認のために問題に挑戦してみましょう。

例題2

次の図はある企業の総費用曲線を示している。この図からいえることとして，最も妥当なものはどれか。

（国家一般職［大卒]）

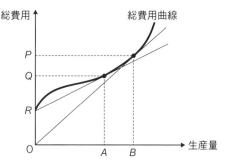

総費用

総費用曲線

P

Q

R

O

A

B

生産量

1 生産量が*A*であるときの平均費用は$\dfrac{RQ}{OA}$である。

2 生産量が*A*であるときの限界費用は$\dfrac{OQ}{OA}$である。

3 生産量が*B*であるとき，限界費用は$\dfrac{OP}{OB}$である。

4 生産量が*A*であるとき，平均費用は最小になる。

5 生産量が*B*であるとき，限界費用は最小になる。

解法のステップ

解説しやすくするために，問題の図に直線やアルファベットを付け加えて説明します。

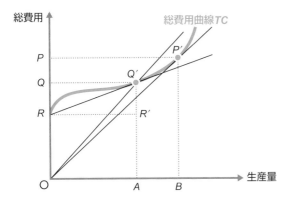

1，**2**に関して，生産量がAであるときの平均費用は原点とQ'点とを結んだ線の傾きなので$\dfrac{AQ'}{OA}=\dfrac{OQ}{OA}$，限界費用は総費用曲線の接線の傾きなので$\dfrac{R'Q'}{RR'}=\dfrac{RQ}{OA}$がそれぞれ相当します。これで選択肢**1**，**2**は誤りとわかります。

3が正答となります。生産量がB点のときにおける接線は点P'を通る線分OP'なので，限界費用は$\dfrac{BP'}{OB}=\dfrac{OP}{OB}$となります。

4に関して，生産量Aの平均費用を示す線分OQ'の傾きは，線分OP'の傾きよりも急である（＝平均費用が大きい）ことから，生産量Aの平均費用が最小とはなりません。

5に関して，限界費用が最小になるのは，総費用曲線上の接線の傾きが一番緩やかであるときです。少なくとも，点P'と点Q'の接線の傾き（限界費用）を比較すれば，Q'点の接線のほうが勾配が緩やかなので，生産量がBのときに限界費用が最小になることはありません。

$\dfrac{R'Q'}{RR'}=\dfrac{RQ}{OA}$？

肢**2**で，限界費用の大きさを定義どおりに示せば，$\dfrac{R'Q'}{RR'}$ですが，選択肢の表記と比較対応させるために図より，$\dfrac{R'Q'}{RR'}$は$\dfrac{RQ}{OA}$と書き換えることができます。$R'Q'$の長さはRQと等しく（$R'Q'=RQ$），RR'の長さはOAに等しい（$RR'=OA$）からです。肢**1**，**3**についても同様の考え方をしてください。

３つの費用の相関関係

では最後に，平均費用曲線AC，平均可変費用曲線AVC，限界費用曲線MCの３つのグラフを１つの図で描いてみると以下のようになります。

【３つの費用曲線】

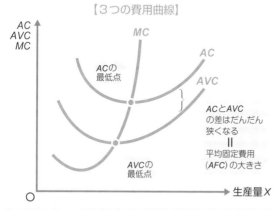

３つの費用の
グラフ

AC，AVC，MC曲線を一つに示した左図は，企業行動に関するグラフの中で最重要な図の一つです。その特徴とともに，しっかりと理解し覚えておきましょう。

●**限界費用MCは，平均費用と平均可変費用の最低点で交わる**

上の図の最大の特徴は，限界費用曲線MCは平均費用曲線ACおよび平均可変費用曲線AVCの最低点を下から突き上げるような形で通過していることです。それはどうしてでしょうか。

（1）限界費用MC＝平均費用AC

先ほど描いたグラフを改めて示しました。グラフをみながら考えてください。

平均費用はa，b，c，d点とだんだん小さくなって，d点の部分で最も小さくなっています。原点からd点に向かって引かれた線の傾きは平均費用を示しているのですが，くしくも同時にd点における接線でもあります。

つまり，d点においては，接線の傾き，すなわちd点における限界費用と，平均費用の最低点が一致しているのです。

先ほど描いた
グラフ？
平均費用ACの説明のところで描いたグラフです。p.190にあります。

（2）限界費用MC＝平均可変費用AVC

同様に，平均可変費用AVCを描いたグラフをみても，d点において，y切片から引かれた線分は，平均可変費用AVCの最低点を表しているだけでなく，d点における接線でもある

先ほど描いた
グラフ？
平均可変費用AVCの説明のところで描いたグラフです。p.193にあります。

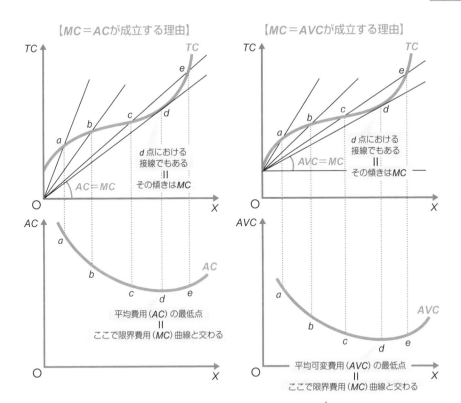

のです。つまり，AVCの最低点と限界費用が一致している
のですね。

　このように，限界費用MCはAC曲線，AVC曲線の最低点
を通過しているわけです。

●AC曲線がAVC曲線の上方に位置し，その幅はだんだん小さくなる

　AC曲線がAVC曲線の上に位置するとは，平均費用が平均
可変費用よりも費用がそれだけかかっていることを意味して
います。費用は可変費用と固定費用から成り立っていました。

　すなわち，AC曲線とAVC曲線の差というのは，平均固定
費用AFCの大きさを意味しています。平均費用ACは平均可
変費用AVCよりも平均固定費用AFC分だけ大きくなってい
るということです。

　平均固定費用AFCは，徐々に小さくなるので，生産量が
増加すればするほどAC曲線とAVC曲線の差がだんだん縮小
していきます。

専3-3

常に利潤を最大化する条件
～企業行動の根本～

教養試験レベルでは，グラフ上で利潤最大化について示しました（⇒ p.59）が，ここでは，さらに踏み込んで公式化します。その利潤最大化条件は，**例題2**（⇒ p.196）の場合のように，一定の費用の前提に基づいたものではなく，どんな場合でも実現できる条件です。

利潤の式は，「利潤 π ＝総収入 TR －総費用 TC」でしたね。費用は前節で詳細に学びましたので，収入について掘り下げることから始めましょう。

限界収入 MR の概念

では，利潤最大化の公式を導出していくために，**限界収入 MR** という概念を説明します。

限界収入 MR とは，「財の生産（販売）を追加的に１単位増やしたときに増加する収入」のことです。

「限界～」なので，これまでと同様に，「限界ときたら微分，微分ときたら接線の傾き」と連想することができます。では，限界収入を求める場合，何の接線なのかといえば，総収入曲線の接線ということになります。

【総収入曲線 TR】

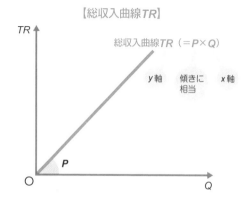

TR

総収入曲線 TR（＝ $P \times Q$）

y軸　傾きに相当　x軸

O

P

Q

費用前提の利潤最大化条件って？

利潤最大化条件については，p.187を参照してください。

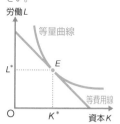

労働 L

等量曲線

L^*　　　E

等費用線

O　　　K^*　　資本 K

MR ？

限界収入 MR は Marginal Revenue のことです。

総収入曲線の意味がピンと来ない…

$y＝ax$（縦軸 y，横軸 x）で a が傾きであったことを思い出せば，$TR＝P \times Q$ で P が傾きであることは容易に理解できますね。

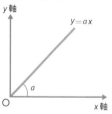

y軸

$y＝ax$

a

O　　　　　　x軸

200

総収入曲線は図で示せば，前ページの図のように，原点から引いた傾きをP（価格）とした右上がりの直線で示されました。

そこで，総収入曲線TRの接線の傾きが限界収入MRですが，総収入曲線の接線といってもTR線は直線なので，その接線はTR線と同じでしかも常に一定，つまり，TR線の接線の傾きである限界収入MRも価格Pと同じになります。

- - - - 完全競争市場における限界収入の特徴 - - - -

価格P＝限界収入MR

もう少し具体的に別の角度から限界収入を説明してみましょう。

たとえば，完全競争市場の市場価格が200円のボールペンを販売している企業にとって，ボールペンの生産をもう1本増やせば企業の収入はいくら増えるか（**限界収入**はいくらになるか）を考えれば，当然のごとく収入（売上げ）は200円増加するので，限界収入は200円になります。さらにもう1本生産を拡大しても，市場価格である200円ずつしか収入は増加しません。

結局，完全競争市場において，限界収入MRは，市場価格P分しか増えていきません。したがって，**価格P＝限界収入MR**になります。

利潤最大化条件

では，限界収入MRの概念を理解したうえで，利潤最大化の条件を導出します。次ページの図には総収入曲線TRと総費用曲線TCが描かれています。

利潤最大化は，利潤$\pi = TR - TC = P \cdot Q - TC$を最大化することでした。グラフから生産量が0から$x_1$までは総費用$TC$が総収入$TR$よりも大きいので（グラフでは$TC$が$TR$よりも上方に位置している），利潤（$\pi = TR - TC$）はマイナスつまり赤字になります。

逆に，生産量がx_1からx_2までは，TRがTCよりも大きいので黒字です。また，生産量がx_2よりも増加すると再び赤字になることを示しています。

復習

総収入曲線については
p.55を参照してください。

表で考えてみよう！

今10本販売していて，収入は2000円。ここで1本ずつ生産を追加させれば……，という関係を下表にまとめてみました。

生産量	10	11	12
収入	2000	2200	2400
MR		200	200

つまり，1本追加したときの追加の収入200円が限界収入MRです。

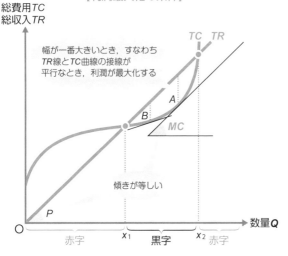

【利潤最大化の条件】

総費用TC
総収入TR

幅が一番大きいとき，すなわち
TR線とTC曲線の接線が
平行なとき，利潤が最大化する

TC　TR

A

B

MC

傾きが等しい

P

O

数量Q

赤字　　　　x_1　　黒字　　x_2　赤字

　そこで，利潤が黒字であるx_1からx_2までの部分で，TR線とTC曲線の差が一番大きい生産量の水準で利潤が最大となります。利潤は$\pi = TR - TC$でしたからね。それは幾何学上どういうときかといえば，総費用曲線TCの接線がTR線と平行になるときです。グラフでは点Aのときの接線に相当します。点Bのときの接線においては，グラフをみただけでも，利潤$\pi(= TR - TC)$は最大にはなっていません。総費用曲線上の点Bにおける接線はTR線と平行にはなっていないこともグラフで確認できるでしょう。

　このように，総費用曲線上の点Aの接線の傾き，つまり点Aにおける限界費用MCと，総収入曲線の傾きPが等しいときの生産量で利潤は最大化するというわけです。

---- 🏛 **完全競争市場における企業の利潤最大化条件** ----
価格P＝限界費用MC

　では，その利潤最大化に関する問題に当たります。2問は図の問題で，平均費用ACや限界費用MCのグラフを使った問題も含まれます。その後の計算問題も頻出なのでしっかり対応してください。

202

例題3

図は価格4の製品を生産する企業の総費用曲線を表したものである。この企業に関する次の記述のうち，最も妥当なものはどれか。

ここで，*A*は総収入曲線と総費用曲線の交点，*B*は総費用曲線と原点を通る直線の接点，*C*は総収入曲線に平行な直線と総費用曲線の接点である。

ただし，総費用曲線，総収入曲線は短期のものであり，参入，退出は考慮しないものとする。

（国家一般職［大卒］ 改題）

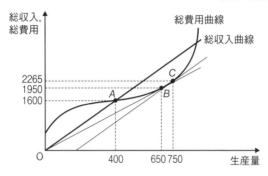

1 *A*は利潤最大化点であり，このとき平均費用が最小化されている。

2 *B*は利潤最大化点であり，このとき限界費用が最小化されている。

3 *B*は利潤最大化点であり，このとき利潤は650である。

4 *C*は利潤最大化点であり，このとき利潤は735である。

5 *B*は利潤最大化点であり，このとき平均費用が最小化されている。

解法のステップ

利潤最大化の点は，条件文の「*C*は総収入に平行な直線と総費用曲線の接点である」との表記から，点*C*だと判断できます（この時点で**1**，**2**，**3**は誤り）。

点*B*を通る直線は，条件文より，原点から出た直線なので，その傾きは平均費用を示します。また点*B*は，「総費用曲線と原点を通る直線の接点」と説明されていることから，これ以上，その直線の傾きが緩やかになることはない，つまり，点*B*で平均費用が最小化されていることがわかります（⇒ p.190）。よって，**5**は誤りで，正答は**4**となります。

なお，限界費用が最小化されているのは，点*A*の辺りであると類推できます。限界費用は総費用曲線の接線の傾きで表されることから，その傾きが点*A*近辺で最も緩やかになっているからです。

 利潤の大きさを確かめておこう！

参考までに，利潤は735になるのかも確認しておきましょう。

利潤は，π＝総収入（価格×生産量）－総費用で求められました。価格は4で与えられ，点*C*のときの生産量がグラフより750です。総費用も点*C*の縦軸の数値から2265となっています。よって，利潤π＝（4×750）－2265＝735となります。

例題4

完全競争市場におけるある企業の費用曲線が次の図のように表されるとする。次の文章中の空欄ア～ウに当てはまる語句の組合せとして，妥当なものはどれか。

（地方上級）

市場価格がP_2であるとき，利潤を最大にするように行動する企業の供給量は（　ア　）の水準に決まる。このときの利潤は（　イ　）となり，図中の（　ウ　）の面積に該当する。

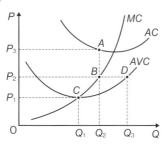

P：価格，Q：供給量，
MC：限界費用，
AC：平均費用，
AVC：平均可変費用

	ア	イ	ウ
1	Q_1	プラス	OQ_1CP_1
2	Q_1	マイナス	Q_1CBQ_2
3	Q_2	プラス	P_1CBP_2
4	Q_2	マイナス	P_2BAP_3
5	Q_3	プラス	Q_2BDQ_3

解法のステップ

企業の利潤最大化の条件，**価格P＝限界費用MC**より，市場価格がP_2であるとき，限界費用MCとP_2の交わるB点で生産Q_2すれば，企業は利潤を最大化することができます。したがって，供給量はQ_2（アの答え）となります。

利潤は，

$$\pi ＝総収入TR－総費用TC$$

で求められましたが，さらに，

$\pi ＝価格P×量Q－平均費用AC×量Q$

で示すことができ，本問の場合は以下のようになります。

$$\pi ＝OP_2×OQ_2－OP_3×OQ_2$$

図において利潤は，面積P_2OQ_2Bの部分から面積P_3OQ_2Aを差し引いた部分となり，利潤はマイナス（イの答え）で，面積P_2BAP_3（ウの答え）に相当します。

よって，正答は**4**となります。

$TC＝AC×Q$？

平均費用ACは総費用TCを生産量Qで割り算して求められた（$AC＝\dfrac{TC}{Q}$）ので，この式を$TC＝AC×Q$と書き換えることができます。

AVC曲線は？

本問では，グラフのAVC曲線は結果として必要ありませんでした。引っ掛けるために描かれてあったのですね。

例題5

完全競争市場において，ある財を生産する企業の平均費用曲線が，

$$AC = \frac{2}{3}Q^2 - 16Q + 140 \quad \text{〔}AC：平均費用\quad Q：生産量\text{〕}$$

で示されるとする。財の価格が12で与えられたとき，利潤が極大になる生産量として，最も妥当なものはどれか。

（国税専門官）

1 5
2 8
3 10
4 16
5 20

解法のステップ

利潤が最大になる生産量を求めるので$P=MC$を使います。

価格Pは12と与えられているので，限界費用MCを求めればよいのです。

限界費用MCは，総費用TCの式を微分して求めますが，条件の式は平均費用ACしか与えられていません。ということは，平均費用ACから総費用TCを求めなければならないことになります。

$TC=AC \times Q$より，問題で与えられている平均費用曲線ACの式が，$AC=\frac{2}{3}Q^2-16Q+140$なので，総費用曲線の式は，$TC=AC \times Q = \frac{2}{3}Q^3-16Q^2+140Q$となります。

そしてこの式を微分すると，限界費用は$MC=\frac{\Delta TC}{\Delta Q}=2Q^2-32Q+140$となります。

完全競争市場における利潤最大化条件は$P=MC$で，価格は12が与えられているので，

$$12 = 2Q^2 - 32Q + 140$$
$$2Q^2 - 32Q + 128 = 0$$
$$Q^2 - 16Q + 64 = 0$$
$$(Q-8)^2 = 0 \qquad Q = 8$$

よって，利潤を最大化する生産量は8で，正答は**2**となります。

ACからTCを求める

もともと平均費用は，$AC=\frac{総費用TC}{生産量Q}$で求められたので，これを式変形して，総費用TC＝平均費用AC×生産量Qを得ます。

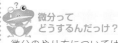

微分ってどうするんだっけ？

微分のやり方については p.92を参照してください。

x財を生産するある企業の平均可変費用が,

$$AVC = x^2 - 6x + 15 \quad \text{〔}AVC:\text{平均可変費用}\quad x:x\text{財の生産量〕}$$

で示されるとする。

　市場においてx財の価格が30であるとき,短期においてこの企業は生産量をいくらにするか,最も妥当なものはどれか。

(地方上級)

1　5
2　10
3　15
4　20
5　25

解法のステップ

　前問では平均費用ACが与えられていたのに対して,本問は平均可変費用AVCが与えられています。解答のポイントは,前問同様,限界費用MCを求めることです。限界費用を得るには最終的には総費用TCを生産量で微分して求めなければならないので,平均可変費用AVCから,どのようにTCを得るかが重要です。

総費用TC＝VC＋FC

でしたので,まず,AVCをVCに直す必要があります。

　総費用TCが平均費用AC×生産量xで求められるように,可変費用VCも平均可変費用関数AVCに生産量xを掛け算して求めることができます。

　ここでは,$AVC = x^2 - 6x + 15$より,

$$VC = AVC \times x = (x^2 - 6x + 15)x = x^3 - 6x^2 + 15x$$

　今,可変費用VCが得られたので,あとは総費用($TC = VC + FC$)の中の固定費用さえ求められればいいことになりますね。固定費用は生産量に関係ないので,総費用の式では定数で表されます。たとえば,費用関数が,

$$TC = x^3 - x^2 + 4x + 7$$

で示されていた場合,定数の7が固定費用に相当するのです。

　本問でも,可変費用VCがVC=$x^3 - 6x^2 + 15x$と出ていれば,総費用は,

$$TC = x^3 - 6x^2 + 15x + A \quad (A:\text{固定費用}FC)$$

と示すことができます。

 解答のコツ

前問もそうですが,価格が与えられているときは,P＝MCを使う企業の利潤最大化行動の問題だなとめどを立てておくことができます。

 可変費用の別定義

平均可変費用$AVC = \dfrac{VC}{Q}$なので,可変費用VCは,平均可変費用AVCと生産量Qを掛け算して求めることができます。
$VC = AVC \times Q$

 定数？

値の変わらない一定の数という意味です。

総費用TCが得られれば，利潤最大化条件$P＝MC$の限界費用MCを求めることで解答を導けるでしょう。限界費用MCは上の総費用TCをxで微分して求められますので，

$$MC＝\frac{\Delta TC}{\Delta x}＝3x^2－12x＋15$$

となります。

以上から，利潤を最大にする企業は$P＝MC$となるように生産量を決定するので，価格は$P＝30$と与えられていることから，$30＝3x^2－12x＋15$。よって，利潤を最大にする生産量xは，

$$3x^2－12x－15＝0$$
$$3(x^2－4x－5)＝0$$
$$3(x－5)(x＋1)＝0$$
$$x＝5,\quad－1$$

この場合xは正の値をとるので，$x＝5$となり，正答は**1**になります。

実はこういうことだった…

ここで，限界費用MCは，総費用TCを生産量で微分して求めるというのが公式でした（$MC＝\frac{\Delta TC}{\Delta x}$）が，可変費用$VC$を微分しても，固定費用が定数項なので，結果は同じになります。$MC＝\frac{\Delta VC}{\Delta x}$が成り立つわけです。

第**3**章 企業の行動（実践）

専3-4

損益分岐点と操業停止点って何?
～赤字か倒産かの分かれ目～

さまざまな費用について学んだところで,まとめの理論に相当する,損益分岐点と操業停止点について説明します。企業の行動(生産者行動理論)の中心理論の一つです。

損益分岐点

損益分岐点とは文字どおり,損(赤字)と益(黒字)の境目になる価格と生産量の部分のことをさします。

費用のグラフ上では,平均費用曲線*AC*と限界費用曲線*MC*が交わる点(*a*点)が損益分岐点に相当します。

損益分岐点

平均費用*AC*=限界費用*MC*

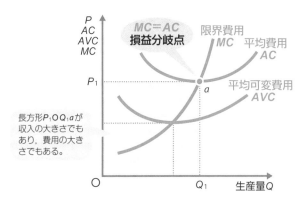

長方形P_1OQ_1aが収入の大きさでもあり,費用の大きさでもある。

ではなぜ,平均費用*AC*=限界費用*MC*の点が損益分岐点なのかをみてみましょう。

企業は利潤最大化をめざすので,**P=MC**で価格と生産量を決めますね。ですから,*AC=MC*の*a*点においては,価格がP_1,生産量はQ_1で決まります。このとき,すなわち損益分岐点において,総収入(価格*P*×生産量*Q*)も,総費用(平

集中!集中!

このあたりで集中力が途切れてくる読者もいるはずです。本項も重要度が高いテーマなので集中して頑張ってください!

赤字?黒字?

赤字とは損失,黒字とは利益(利潤,もうけ)を意味します。
簿記では不足額を表す数字を赤色で記入するところから,支出が収入より多いことを「赤字」というようになりました。

くどいくらい確認!

利潤の式,「**利潤π=総収入(P×Q)－総費用(AC×Q)**」を思い出してください。そして総収入が総費用を上回れば黒字,下回れば赤字です。

208

均費用$AC×Q$）もP_1OQ_1aの面積の部分となり，利潤（＝総収入−総費用）はゼロとなります。

　次に，もっと理解を深めるために，損益分岐点前後の価格のときの利潤の大きさをみてみましょう。

●損益分岐点より高い価格と低い価格の利潤

　たとえば，価格がP_2と，損益分岐点の価格（P_1）より高くなれば，その企業の利益は黒字になります。価格がP_2のとき，利潤の大きさがどうなるかを以下に示してみました。

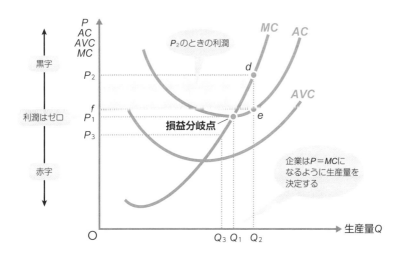

総収入TR：価格P_2×量Q_2＝P_2OQ_2d
総費用TC：平均費用AC×量Q_2＝fOQ_2e
　　　　↓
利潤（＝$TR-TC$）：P_2def（図中の　　色）の部分

　また，先ほどの**例題4**の解答からも理解できると思いますが，価格が損益分岐点より低くなると（たとえばP_3）利潤はマイナス（赤字）になりますね。

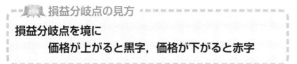

損益分岐点の見方

損益分岐点を境に
**　　価格が上がると黒字，価格が下がると赤字**

P_3の場合

上の図で，価格がP_3のとき，利潤の大きさがどうなるかをみてみましょう。
総収入TR：価格P_3×量Q_3
総費用TC：平均費用AC×量Q_3
グラフでみても，TRよりもTCのほうが大きいですから，利潤はマイナス（赤字）になりますよね。

209

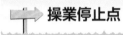
操業停止点

一方，操業停止点（営業停止点）とは，文字どおり，操業（営業）をやめて倒産または廃業しなければならない点です。

下のグラフでは，平均可変費用曲線AVCと限界費用曲線MCが交わる点（g点）で，価格がP_4，生産量がQ_4のところに相当します。

操業停止点

操業停止点のことを「営業停止点」ともいいます。

┈┉ 操業停止点 ┈
平均可変費用AVC＝限界費用MC

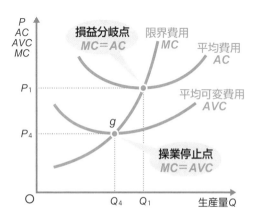

●赤字でも営業を続ける理由

ここで，おやっ？と疑問を持った人もいると思います。

価格がP_1のときが赤字と黒字の境目の損益分岐点でした。そうすると価格がP_1よりも低下したら赤字になるわけですから，操業停止点における価格で営業を行ったら，当然赤字になってしまいます。このことは，価格が損益分岐点を下回って赤字になっても，企業は，操業停止点の価格P_4まで，生産を続けることを意味します。

赤字でも営業を続けるのはどうしてでしょうか。理由は，営業を続けて，（そのままでは発生してしまう）固定費用の赤字の一部を賄おうとしているからです。たとえこの先営業を停止して倒産することになっても，その前に赤字の額を少しでも減らそうというのです。

「赤字でも営業」を数学的にみると…

総費用TCが固定費用FCと可変費用VCからなっていたということを踏まえて，利潤πの式を書き換えると
$$\pi = TR - (FC + VC)$$
となりますね。

そこで，価格が損益分岐点になった時点で即営業をストップすれば，総収入TRは当然ゼロ，人件費などの可変費用VCもゼロとなりますが，この時点の固定費用FCが赤字として丸々残ることになります。
$$\pi = TR - (FC + VC)$$
$$= -FC$$

赤字経営で本当に固定費用を減らすことができるのでしょうか。ここでは資金を投じてたこ焼き屋を始めた人を例にして，具体的に説明してみます。

まず，銀行から借金をして，店代や設備の購入など初期投資に充てたとすると，これらが固定費用になります。また，たこ焼きを8個入り1パック作るための平均費用ACは400円，人件費や材料費などの平均可変費用AVCが250円であったとします。

このとき，先ほどの例でいえば，グラフより400円が損益分岐点ということになるので，価格がたこ焼き1パック400円以上のときはもうけが出ますが，400円を割り込めば利益は出ずに赤字となるはずです。

さて，たこ焼きの市場価格が350円になった場合はどうかといえば，1パックにつき50円の赤字が出てしまいます。しかし，赤字でもこの人はたこ焼きの営業を継続します。価格350円でも平均可変費用250円を賄うことができるので，1パックにつき100円分は固定費用に相当する借金を少しでも返済することができるからです。

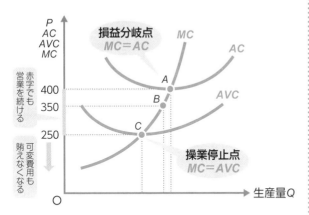

可変費用すら賄えない

操業停止点のC点の価格で営業すると，総収入（＝価格P×生産量Q）と可変費用VC（＝平均可変費用AVC×生産量Q）が等しい値となります。

$$AVC = \frac{VC}{Q}$$ より

$$VC = AVC \times Q$$

もしこの点より価格が下回ると，収入（売上げ）が可変費用を下回るため，財の販売によって可変費用すら回収できなくなるため，企業は財の生産を取りやめることになります。

ところが，たこ焼きの価格が250円を割り込み，たとえば200円になると，可変費用との収支も50円の赤字となりますので，固定費用も払えないどころか，可変費用も賄えなくなり，赤字はさらに拡大していくことになります。こうなれば，もはや営業をしないほうがいいということになるのですね。価格が平均可変費用を割り込んだら，この人は店をたたむ，つまり操業（営業）を停止するというわけです。

第3章 企業の行動（実践）

実は供給曲線とは

　企業は利潤最大化のために価格Pと限界費用MCが等しくなるように生産量を決定するということはすでに学びましたが，これは，企業が限界費用曲線に従って財を供給することを意味します。つまり，限界費用曲線MCが企業にとっての供給曲線Sとなるのです。

　ただし，財の価格が操業停止点を下回る場合には，企業は生産を取りやめるので，企業の供給曲線は下図の黒線部分となります。したがって，平均可変費用曲線AVCより上方にある限界費用曲線MCの部分が供給曲線Sに対応します。

限界費用曲線が企業にとっての供給曲線 ⇒ $MC = S$

【限界費用曲線MCと供給曲線S】

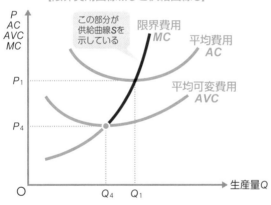

　これは，ある企業の個別の供給曲線ということで，市場の供給曲線はこうした右上がりの個別の供給曲線の集合体ということになります。

　では，問題を解きながら，今，学んだ知識を確認してみましょう。

供給曲線が右上がりである理由

教養試験レベルでは，供給曲線が右上がりである理由は「高いものをたくさん生産して儲かりたい」からでした。しかし，これは厳密にいえば，収入（売上げ）の最大化を意味しています。ですから，供給曲線が右上がりである理由を専門的にいえば，「限界費用曲線の右上がりの部分がそうだから」ということになるのです。

今後は……

不完全競争市場や「市場の失敗」の理論などでは，供給曲線は限界費用曲線MCで代用されることが多くあります。

例題7

完全競争市場で生産を行っているある企業の費用曲線が図のように示されるときの次の記述のうち，最も妥当なものはどれか。

(国家一般職［大卒］)

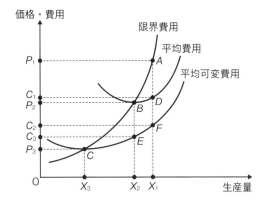

1 製品の価格がP_3であるとき，X_3の生産を行っても利潤がゼロとなるので，この企業は生産を直ちに中止して，この市場から撤退することとなる。このような点Cを操業停止点という。

2 製品の価格がP_2であるとき，利潤がゼロとなり，このときこの企業は生産量X_2を生産する。このような点Bを損益分岐点という。

3 製品の価格がP_1であるとき，この企業は利潤を最大にするために生産量をX_1にする。このときの企業の利潤は面積$P_1 C_2 FA$に相当する金額となる。

4 製品の価格がP_3であるとき，利潤の最大化を図っても利潤がゼロとなるので，この企業は価格がP_3よりも高くなるまで生産を一時見合わせることとなる。このような点Cを損益分岐点という。

5 製品の価格がP_2であるとき，X_2の生産を行っても，利潤がマイナスとなるので，この企業は生産を一時中止することとなる。このような点Bを操業停止点という。

解法のステップ

　まず，損益分岐点（$MC=AC$）は点B，操業停止点（$MC=AVC$）は点Cなので，この時点ですぐに**4**，**5**は誤りとわかります。

1．価格がP_3のとき，企業は利潤最大化をめざすので$P=MC$になるように生産量X_3を決めます。しかし，点Cが操業停止点であることからもわかるように，利潤はゼロでは

なく負（マイナス）になります。

2. 価格がP_2のとき，$P=MC$より生産量はX_2で決まります。点Bは損益分岐点なので，企業の利潤はゼロとなります。よって**2**が正答です。

3. 価格がP_1のとき，$P=MC$より生産量はX_1で決めます。このとき総収入はP_1OX_1A，総費用はC_1OX_1Dとなるので，その差で示される企業の利潤はP_1C_1DAとなります。

4. 点Cが損益分岐点でなく，操業停止点であることに加えて，利潤もマイナスです。

5. 点Bが操業停止点でなく，損益分岐点であることに加えて，利潤はマイナスではありません。

重要，再確認！

3については，利潤π＝総収入TR（＝$P\times Q$）－総費用TC（＝$AC\times Q$）の式から判断します。

例題8

　次図は完全競争市場における企業の生産活動を示したものである。この企業の損益分岐点における生産量（　A　）と，操業停止点における生産量（　B　）の組合せとして，最も妥当なものはどれか。

（地方上級）

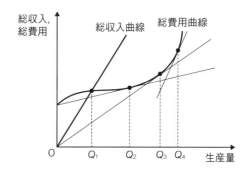

	A	B
1	OQ_2	OQ_1
2	OQ_3	OQ_1
3	OQ_3	OQ_2
4	OQ_4	OQ_3
5	OQ_4	OQ_2

解法のステップ

　解説を容易にするために，問題のグラフに以下のように補足説明を加えておきます。

　損益分岐点における生産量においては，限界費用MC＝平

総収入曲線？

設問中にある「総収入曲線」については，のちほど説明します。

214

均費用ACが成立しているので，総費用曲線上の点と原点を結んだ線（③線）と，総費用曲線上のある点における接線が等しければよいことになります。

下図では点Cにおける接線が③線と等しいことがわかります。よって，損益分岐点における生産量はOQ_3となります。

また，操業停止点における生産量においては，限界費用MC＝平均可変費用AVCが成立しています。総費用曲線の縦軸切片と総費用曲線上の各点を結んだ線（②線）と総費用曲線上のある点における接線が等しければよいことになります。

すると，図の点Bにおける接線が②線と等しいことがわかります。よって，操業停止点における生産量はOQ_2となります。

したがって，正答は**3**です。

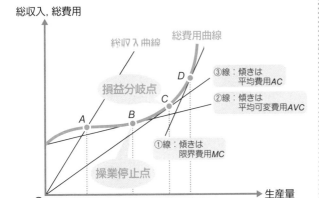

次は損益分岐点と操業停止点に関する計算問題で，専門試験ではしばしば出題されます。

損益分岐点（$AC=MC$） と **操業停止点（$AVC=MC$）** の公式を活用し，計算式の作り方のコツをつかめば確実にこなせる問題ですので，点取り問題としてください。

点取り問題

損益分岐点と操業停止点に絡んだ計算問題は，パターン化されており，慣れてきたら，点取り問題とすることができる分野です。確実にものにしましょう。

例題9

完全競争市場におけるある企業の総費用関数（TC）が，

$$TC = x^3 - 8x^2 + 30x \quad 〔x：生産量〕$$

で与えられているとき，この企業の損益分岐点における生産量として，最も妥当なものはどれか。

(地方上級)

1 1
2 2
3 3
4 4
5 5

解法のステップ

総費用関数が$TC = x^3 - 8x^2 + 30x$なので，限界費用MCを求めるためにはまず総費用TCをxで微分します。

$$限界費用 MC = \frac{\Delta TC}{\Delta x} = 3x^2 - 16x + 30$$

次に平均費用を求めるために総費用TCをxで割ります。

$$平均費用 AC = \frac{TC}{x} = x^2 - 8x + 30$$

よって，損益分岐点における生産量は$MC = AC$より求められるので，

$$3x^2 - 16x + 30 = x^2 - 8x + 30$$

となります。これを整理すると，

$$3x^2 - x^2 - 16x + 8x + 30 - 30 = 0$$

$$2x(x - 4) = 0 \quad から \quad x = 4$$

を得ます。正答は**4**となります。

計算のしかた

損益分岐点の条件である$MC = AC$となる生産量を求めるために，限界費用MCと平均費用ACの式を総費用関数から求めて解くという単純な作業です。

経済学にとってのゼロ

計算の結果として出てくる数学的な答えは0と4ですが，$x = 0$は生産をしないことなので，経済学においてゼロは「意味をなさない」として無視されます。

例題10

完全競争市場において，ある企業の総費用が，

$$TC = 2X^3 - 12X^2 + 30X + 8 \quad \text{〔}TC：総費用 \quad X：生産量〕}$$

で示されている。この企業の操業中止点に対応する生産量はいくらか，最も妥当なものはどれか。

（国税専門官）

1 1

2 2

3 3

4 4

5 5

 解法のステップ

限界費用は，TCをxで微分して，

$$MC = \frac{\Delta TC}{\Delta x} = 6x^2 - 24x + 30$$

と容易に得られますね。

本問では，総費用TCから平均可変費用AVCを求めることに戸惑う人もいるかもしれませんが，基本に戻れば何でもありません。

総費用TC＝可変費用VC＋固定費用FCで，固定費用は生産量に関係なくかかる費用のことでした。生産量xに関係がないということは，総費用TCの式では定数をとるということです。

したがって，総費用曲線の式$TC = 2x^3 - 12x^2 + 30x + 8$において，固定費用は8に相当します。よって可変費用曲線は$VC = 2x^3 - 12x^2 + 30x$と表されます。

$$TC = \underbrace{2x^3 - 12x^2 + 30x}_{\text{可変費用}VC\text{に相当}} + \underbrace{8}_{\text{固定費用}FC\text{に相当}}$$

この結果，平均可変費用は，

$$AVC = \frac{VC}{x} = 2x^2 - 12x + 30$$

で求められます。

あとは，$AVC = MC$より，$2x^2 - 12x + 30 = 6x^2 - 24x + 30$を整理すると，

 計算のしかた

手順は前問と同じで，操業中止点（$AVC = MC$）を示す生産量を求めるために，問題で与えられている総費用曲線TCの式から，平均可変費用曲線AVCと限界費用曲線MCの式を求めます。

 因数分解で方程式を解く

方程式を因数分解して，たとえば$4x(x-3)=0$などという形にすると，xが3のときにはかっこの中がゼロになるので，そこからxの値を求める，というやり方です。

分配法則$a(b+c)=ab+ac$なので，

$4x^2 - 12x = 0$を$4x$でくくって，

$4x(x-3)=0$という形にしています。

$$2x^2 - 6x^2 - 12x + 24x + 30 - 30 = 0$$
$$-4x^2 + 12x = 0 \qquad 4x^2 - 12x = 0$$
$$4x(x-3) = 0 \qquad\qquad x = 3$$

となり，正答は**3**です。

長期均衡について

　最後に，これまでのまとめと，やや発展的な項目を含む次の問題に挑戦してください。

例題11

　図は競争的な産業における1企業の平均費用曲線（AC）および限界費用曲線（MC）を示している。これに関する次の記述のうち，最も妥当なものはどれか。

（国税専門官）

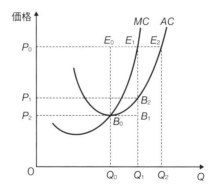

1 価格がP_0で与えられたとき，短期均衡の産出量はQ_2となる。

2 価格がP_0で与えられたとき，超過利潤は面積$P_0E_1B_1P_2$で示される。

3 価格がP_0で与えられたとき，超過利潤は面積$P_0E_0B_0P_2$で示される。

4 新規参入がある長期均衡では，価格はP_1になる。

5 新規参入がある長期均衡では，価格はP_2になる。

解法のステップ

　1〜**3**はこれまでの復習のような問題です。

　1について，価格P_0のとき，利潤最大化条件は$P = MC$なので，グラフから判断して点E_1で企業にとって利潤を最大にするような最適生産量Q_1が決まります。よって，**1**は誤

りです。

2・3で超過利潤という用語が出てきましたが，言い換えれば，どれだけの利潤があるかという意味です。その際には，すでに説明したように，利潤の式 $\pi = TR\,(P \times Q) - TC$ $(AC \times Q)$ を活用します。利潤（超過利潤）＝総収入－総費用 $= P_0E_1Q_1O - P_1B_2Q_1O = P_0E_1B_2P_1$ となり，**2**，**3**も誤りとわかります。

4・5は，発展的な理論として，長期均衡について問われています。

まず，長期均衡の「長期」とは，文字どおり長い期間の生産活動のことですが，通常，経済学では「短期」を前提としており，何も指摘されていなければ「短期」です。

次に，「新規参入がある長期均衡」という意味からしっかりと理解しなければなりません。完全競争下で企業が長期にわたって生産活動を行う場合，ある企業に短期的に超過利潤が存在すると，ほかの企業が新規に参入してきます。これを**参入・退出の自由**といいます。

では，ほかの企業が参入してきた結果，何が起こるかといえば，企業間の価格引き下げ競争が発生し，**長期均衡では超過利潤がゼロ**になります。

完全競争市場において，どこまで価格が下がるかといえば，企業がこれ以上価格を下げたら損をするところまで下がります。つまり利潤がゼロになるまで価格が下がるのです。利潤がゼロになるのは，損益分岐点すなわち限界費用 MC ＝平均費用 AC にほかなりません。

また，完全競争市場における利潤最大化の条件は，価格 P ＝限界費用 MC でした。よって，完全競争市場の長期均衡点は，価格 P ＝限界費用 MC ＝平均費用 AC が成り立つ点ということになります。

> **長期の利潤最大化条件**
> **完全競争市場の長期均衡点：$P=MC=AC$**

このように，長期均衡において各企業では，これ以上の生産拡大をすることもなく，かつ，ほかの企業の新規参入もなくなる生産水準が決定されます。

したがって本問では，長期均衡での価格は，$MC = AC$ の交点である P_2 ということになり，正答は**5**です。

価格 P_0 のときの利潤分析

$P = MC$ より，利潤最大化は，点 E_1 で生産量 Q_1。
総収入：価格（OP_0）×生産量（OQ_1）より，□ $P_0E_1Q_1O$
総費用：平均費用（B_2Q_1）×生産量（OQ_1）より，□ $P_1B_2Q_1O$
よって，
利潤（超過利潤）：
$P_0E_1B_2P_1$

「参入・退出の自由」とは

完全競争市場において，利潤がある市場にはだれもが参入でき，損失が出るようなら退出することが自由であることを意味します。

新規参入で価格が下がるわけ

通常の需要と供給のグラフで考えると，企業の参入で供給曲線Sは右移動となり，均衡価格は低下しますね。

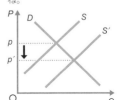

企業参入で供給量が増大しS曲線は右下へシフト
↓
価格は低下

第**3**章
企業の行動（実践）

長期の総費用・平均費用・限界費用曲線
～長期は短期の組合せ～

前項の**例題11**で「長期」の概念が出てきましたが，短期の
グラフをもとに長期の均衡を考えました。ここでは，初めか
ら「長期」のグラフに基づいたさまざまな費用を解説します。

 ## 長期総費用曲線LTC

簡単に短期費用と長期費用の違いは何かといえば，固定費
用を考えるかどうかということです。つまり，固定費用が発
生する期間は「短期」です。

具体的には，企業は事業を開始するに当たって資本（機
械・設備）を購入しますが，経済学ではこれを賃貸（レンタ
ル）するとみなし，資本のかかる費用を**レンタルコスト（賃
借料）**といいました。この賃借料の支払いは，1～2年，生
産量の大きさにかかわらず毎月行われます。「短期」とはだ
いたいこうした期間というイメージを持っておいてください。

逆に長期費用の期間は，固定費用も考えなくてもいいほど
長い期間を意味します。たとえば，レンタル契約が終了すれ
ば更新するかしないかはそのときの企業の業績次第です。業
績がよければ，規模をさらに拡大するでしょうし，業績が悪
ければ処分するかもしれません。つまり，「長期」とは固定
費用も可変費用の概念になるぐらい長い期間ということです。

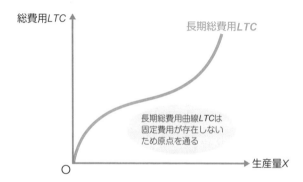

総費用*LTC*

長期総費用*LTC*

長期総費用曲線*LTC*は
固定費用が存在しない
ため原点を通る

生産量*X*

 復習

【総費用曲線*TC*】

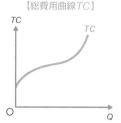

固定費用の分，原点から
入らずに逆S型となる

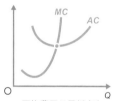

平均費用の最低点と
限界費用が交差する

費用についての詳細は
p.55を参照してください。

 思い出そう！

今，「長期は，固定費用を
考えなくてもいいほどの期
間」と説明しましたが，
「平均固定費用*AFC*はだん
だん小さくなる（⇒
p.192）」，「*AC*曲線と*AVC*
曲線のグラフの差はだんだ
ん狭くなる（⇒ p.193）」
というのも，この長期費用
の概念と密接な関係があり
ました。

したがって，長期における生産量と費用の関係を示した長期総費用曲線LTCの図は前ページの図のようになります。

短期総費用曲線STCとの違いは，長期総費用曲線LTCは固定費用が存在しないため，原点を通るということですね。

長期平均費用・長期限界費用

長期総費用曲線LTCが原点から描かれること以外は，短期の場合と同様です。すなわち，長期平均費用曲線LACはU字型をし，長期限界費用曲線LMCは，LACの最低点と交わる形で描かれます。なお，$LMC=LAC$で，価格Pが決まれば，その生産量水準が長期の最適生産量となります。

このように，長期だけを考えれば，とても単純ですが，長期の図で，短期の諸費用をともに考えると多少複雑になります。長期間における数量と費用の関係を示す「長期」の図で短期の費用を描くと以下のようになります。

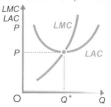

長期の最適量？

長期均衡条件$P=MC=AC$を思い出そう（⇒p.219）。

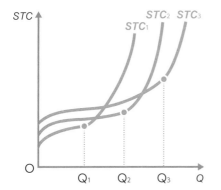

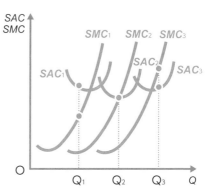

短期では，当初の固定費用の大きさによって，短期総費用曲線は複数存在します。たとえば，少規模生産，中規模生産，大規模生産に適した機械設備がそれぞれあるとでもイメージしてみましょう。長期では，短期とは異なり，こうした工場や機械のような資本設備の規模を，生産量に応じて，増やしたり，減らしたりすることができます。

したがって，企業は，生産量ごとに総費用を最も小さくするように資本設備に変更する（図では最小となる短期総費用を選択）ことによって，長期的に費用最小化を実現できま

短期費用？

「短期費用STC」というのは，今まで出てきた「総費用TC」と同じものです。「長期費用」が出てきたときにだけ，それと区別するために，短期費用STCと呼ばれるのです。

す。下図で，生産量がQ_2のとき，STC_1やSTC_3の資本設備を使うより，STC_2のほうが費用はかかっていませんね。

　このように，ある生産量におけるそれぞれの短期総費用STCの最低点をつなぐことで，下図のように，長期総費用曲線LTCを描くことができます。これは，各STC曲線と一点で接した**包絡線**になっています。

　同様に，長期平均費用曲線LACも，短期の各平均費用曲線SACの接点を結んだ包絡線になっています。ただし，その接点は必ずしもSACの最低点と接しているわけではありません（図ではSAC_2とは最低点で接しているが，SAC_1とSAC_3はそうでないことを確認）。

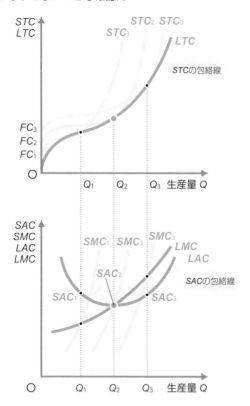

包絡線？

包絡線とは，所与の全ての曲線に接する曲線のことです。ですから，各SMCと接することなく1点で交わっている**LMC（長期費用曲線）は各SMCの包絡線ではありません。**

長期均衡！

長期平均費用LAC曲線の最低点においては，$SAC=LAC=SMC=LMC$（長期均衡）が成立しています。これは，Q_2で生産量を決定することが，長期において，費用最小化＝利潤最大化につながる理想的な状態であることを示しています。

　以上，短期と長期の費用の関係について概略を説明しました。では次の問題を解きながら，試験で問われるポイントを確認していきたいと思います。

例題12

短期総費用曲線C_1, C_2, C_3が示されている場合における長期の費用曲線に関する記述として，妥当なものはどれか。ただし，すべての生産要素の価格は一定とする。

（地方上級）

1 長期総費用曲線は，固定的生産要素の存在を前提にしており，固定的生産要素の水準に応じて無数に描くことができ，原点を通ることはない。

2 長期平均費用曲線は，すべての生産要素を変化させることによって任意の生産量を最小の費用で生産するときの平均費用を示すものであり，無数の短期費用曲線の最低点を結んだものである。

3 長期平均費用は，長期総費用曲線上の任意の点と原点を結んだ線分の勾配に対応し，長期平均費用曲線は，各短期平均費用曲線の包絡線とはならない。

4 長期限界費用は，長期総費用曲線上の任意の点における接線の勾配に対応し，長期限界費用曲線は，各短期限界費用曲線の包絡線である。

5 短期と長期の限界費用曲線が交わっている生産量においては，短期の平均費用曲線と長期の平均費用曲線が接する。

解法のステップ

1. 長期総費用曲線LTCは，固定的生産要素の存在を前提としておらず，原点を通るので誤りです。

2. 長期平均費用曲線LACは，無数の短期平均費用曲線SACの最低点を，必ずしも結んだものではないので誤りです。224ページのグラフで確認すると，Q_1とQ_3の生産量において，各SACとLACの接点はSACの最低点にはなっていませんが，Q_2の生産量ではSAC_2の最低点で接しています。

3と**4**は，それぞれ「包絡線とはならない」と「包絡線である」が逆です。LACはSACの包絡線で，LMCはSMCの包絡線ではないが正解です。

5. これが正答です。グラフで確認すると，たとえば，SAC_1とLACの接点とSMC_1とLMCの交点における生産量はQ_1で一致しているということです（Q_3においても同様）。前ページの下の図で●の部分に相当します。

本問の〈解法のステップ〉の太字部分と，**5**の問題文そのものは，そのまま長期費用に関する特徴として，222ページの図とともにしっかり覚えておきましょう。

なぜ，最低点と接しない？

Q_1とQ_3の生産量において，各SACとLACの接点はSACの最低点でないのは，費用最小化という理想的な長期均衡の生産量でないからです。

$SAC＝LAC$，$SMC＝LMC$は当然？

短期と長期の平均費用と限界費用がそれぞれ一致する点は理想的な長期均衡であることは感覚的にうなずけるでしょう。

第3章のまとめ

●利潤最大化

利潤 π ＝総収入 TR －総費用 TC

総収入 TR ＝価格 P ×生産量 Q

総費用 TC ＝固定費用 FC ＋可変費用 VC

$\qquad$ ＝レンタルコスト r ×資本量 K ＋賃金 w ×労働量 L

●生産関数を使った企業の利潤最大化条件

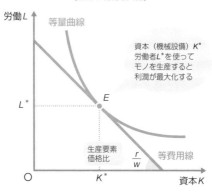

【企業の利潤最大化】

労働 L

等量曲線

資本（機械設備）K^*
労働者 L^* を使って
モノを生産すると
利潤が最大化する

L^* 　E

生産要素
価格比 $\dfrac{r}{w}$ 　等費用線

O 　K^* 　資本 K

▶加重限界生産力均等の法則

$$\frac{MP_L\,(労働の限界生産力)}{w\,(賃金：労働の価格)} = \frac{MP_K\,(資本の限界生産力)}{r\,(資本の価格)}$$

●コストの分析

▶総費用曲線 TC 上の3つ
の費用

平均費用（AC）

$$AC = \frac{総費用\,TC}{生産量\,X}$$

平均可変費用（AVC）

$$AVC = \frac{可変費用\,VC}{生産量\,X}$$

限界費用（MC）

$$MC = \frac{\varDelta TC}{\varDelta X}$$

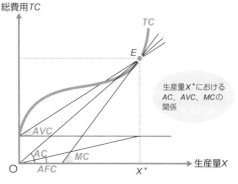

【総費用曲線上の4つの費用】

総費用 TC

TC

E

生産量 X^* における
AC, AVC, MC の
関係

AVC

AC

MC

AFC

O 　X^* 　生産量 X

●損益分岐点と操業停止点

損益分岐点：
    平均費用AC
        ＝限界費用MC

操業停止点：
    平均可変費用AVC
        ＝限界費用MC

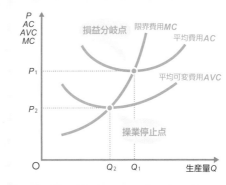

●完全競争市場にいて常に利潤を最大化する条件

価格P＝限界費用MC
総収入曲線TR
    ＝価格P×生産量Q
原点から引いた傾きPの右上がりの直線
総費用曲線TC
    ＝固定費用FC＋可変費用VC
    ＝平均費用AC×生産量Q

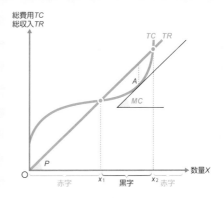

●長期の費用曲線

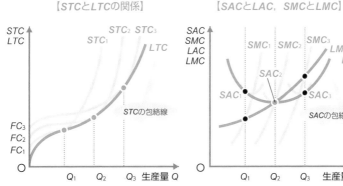

【STCとLTCの関係】 　【SACとLAC，SMCとLMC】

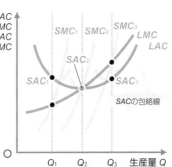

専門試験レベル　第**4**章

独占と寡占

これが現実の経済なんだ

　教養試験レベルでは，独占と寡占を，「企業の行動」の中の不完全競争市場というテーマで取り上げました。専門試験レベルでは，より現実的な企業の行動パターンを，グラフや公式を駆使して本格的に学びます。

　独占に関する問題は，国家一般職の試験では毎年のように出題されるほど極めて出題頻度が高く，しかもその大半が計算問題となっています。また，ゲーム理論は，地方上級試験によく登場していますが，対照的に国家一般職ではほとんどみられません。

　一方，クールノー均衡などの寡占の問題は，国家総合職や国家一般職でみられる程度で，ほかの試験区分では出題頻度は低いほうです。

　というように，独占と寡占については，試験区分によって特徴がよく出ていますので，志望先に応じての対応が望まれます。

出題傾向

国家総合職：★★　　国家一般職：★★★　　　地方上級：★★★
国税専門官：★　　　市役所：★

不完全競争市場の大枠を学ぶ
～利潤最大化条件が重要～

　完全競争市場とは，政府による規制などがなく，価格と数量が市場全体の需要と供給の均衡によって決まる理想的な市場でした。しかし，現実の経済において厳密な意味での完全競争市場というのは存在せず，独占や寡占のある不完全競争市場になっています。

不完全競争市場？

おさらいしたいときは，p.61を参照してください。

不完全競争市場の利潤最大化行動

　不完全競争市場は，売り手がどの程度いるかによって，**独占市場**，**複占市場**，**寡占市場**に分類されるということは，教養試験レベルですでに説明しました。

複占？

経済学ではいつも2財を分析の対象としています。複占市場も，寡占市場を単純化して説明するための理論的道具として，扱われます。

不完全競争の市場形態	生産者の数
独占市場	1社
複占市場	2社
寡占市場	3～5社程度

　では，不完全競争市場において，企業はどのようにして利潤（もうけ）を最大化するのでしょうか。

寡占市場の定義

同質あるいは類似の少数の売り手がシェアを独占している状態の市場をさします。

　完全競争市場において，生産者である企業にとっての利潤最大化条件は，**価格P＝限界費用MC**でしたね。

　その完全競争市場においては，生産者（企業）が多数存在していて，市場への参入・退出が自由であることことから，企業は市場価格を受け入れざるをえない立場の**プライス・テイカー**（価格受容者）でした。

　ところが，独占，複占，寡占などの不完全競争市場においては，生産者の数が限定されるので，企業はプライス・テイカーではなくなり，自分に有利に価格を自由に設定する**プライス・メーカー**（価格決定者）として行動できるようになります。したがって，不完全競争市場では価格Pと限界費用

思い出そう！

完全競争市場において，企業がプライス・テイカーであった理由は，売り手が多数存在するために，自分だけ市場価格より高い価格を設定したとしても，顧客は他社へ流れてしまうので，結局，市場価格に合わせざるをえないからでしたね。

*MC*は同じにはなりません。

　では，不完全競争市場における利潤最大化の条件とは何でしょうか。

不完全競争市場での利潤最大化

　前章で出てきた利潤最大化の図を右欄に再掲します。これは，完全競争市場の利潤最大化条件である「価格*P*＝限界費用*MC*」を導出した際のグラフでしたが，総収入曲線*TR*と，点*A*における接線が平行なとき，利潤が一番大きくなりました。

　また，このとき，価格*P*は市場調整を経て均衡価格で一定となるので，総収入*TR*（＝*P*×*Q*）は生産量*Q*の増加に比例して増え，総収入曲線は，曲線ではなく右上がりの直線で描かれました。

　しかし，不完全競争市場の場合，価格は変動します。消費者の需要に応じて生産量を増加させると価格も上昇するので，総収入*TR*は増加しますが，生産量を増やし過ぎる（供給過多）と価格が低下するので，総収入*TR*は減少していきます。

　現実的にいえば，独占市場なら，プライス・メーカーである独占企業が，消費者の需要をみながら，価格を決定します。もちろん，独占企業なのだから価格を高く設定し続けることはできますが，消費者の動向を無視することはできません。需給量に応じた価格設定が行われるのです。

【不完全競争市場の利潤最大条件：*MR*＝*MC*】

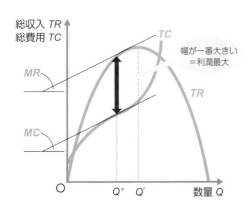

 完全競争における利潤最大化

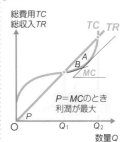

P＝*MC*のとき利潤が最大

おさらいしたい場合はp.201を参照してください。その際，*TR*曲線の傾き*P*とその接線の傾きである限界費用*MC*が等しいということから，*P*＝*MC*の公式が導かれました。

 復習しよう！

価格*P*の限界費用*MC*，限界収入*MR*の関係については p.200を参照してください。

 総費用曲線は？

完全競争市場でも不完全競争市場でも，総費用曲線*TC*は逆S字型で同じです。独占企業といえども，生産を増やし続ければコストの増加は避けられませんからね！

こうした背景から，不完全競争市場の総収入曲線は山型（上方に凸型）となります。前ページのグラフは総費用曲線 TC を重ねたものです。

グラフ上で，利潤最大化は，完全競争市場の場合と同様に，総収入曲線 TR と総費用曲線 TC の幅が一番大きいところで実現します。それが図では生産量 Q^* の部分に当たります。これは，TR 曲線の接線の傾き（＝限界収入 MR）と TC 曲線の接線の傾き（＝限界費用 MC）が等しいことを意味します。ゆえに，不完全競争市場において企業は「$MR=MC$」が実現するところで生産量を決めると，利潤を最大化することができます。

不完全競争市場の利潤最大化条件

限界収入MR＝限界費用MC

売上高最大化仮説

企業行動の理論には，利潤最大化以外に，売上高最大化仮説というのがあります。これはシェア（市場占有率）の確保を目的に，短期的に企業が行う行動です（長期的には利潤最大化をめざす）。売上最大とは収入最大でもあり，山型の総収入曲線では，その頂点の部分に当たるので，前ページの図では生産量が Q' の部分に相当します。そうすると，売上高最大化の公式としては，総収入曲線の頂点の部分における接線は水平，すなわち TR 曲線の接線の傾きである限界収入 MR はゼロということができます。

売上高最大化の公式

限界収入MR＝0

売上高最大化を図れば，価格と供給量は，独占の場合と比べて，生産（供給）量が多くなる分，価格は低くなることも確認しておきましょう。

では，過去問でも確認してみましょう。完全競争の場合と比較できる良問です。

実際，価格はどう決める？

寡占市場における価格形成の理論の一つに，イギリスの経済学者ホール（1901～1988）とヒッチ（1910～1995）が提唱したと**フルコスト原理（マークアップ原理）**があります。

彼らは，企業が，平均費用 AC（または平均可変費用 AVC）や限界費用 MC に一定のマークアップ率 m を上乗せして，価格を決定していることを示しました。

$$P = (1+m)AC$$

売上高最大化

次の p.234の図で売上最大化の数量は $MR=0$ である X 軸との交点の部分に相当します。

例題1

　次のグラフは，ある財を生産する企業の生産量と総収入・総費用との関係を表したものである。いずれか一方のグラフが独占企業の場合を表し，他方が完全競争下の企業の場合を表したものであるとき，おのおのの企業の利潤が最大になる生産量として妥当なもののみを挙げているのはどれか。

（国税専門官）

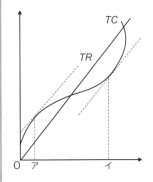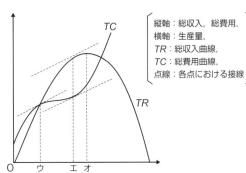

縦軸：総収入，総費用，
横軸：生産量，
TR：総収入曲線，
TC：総費用曲線，
点線：各点における接線

	独占企業	完全競争下の企業
1	ア	ウ
2	イ	エ
3	イ	オ
4	エ	イ
5	オ	ア

 解法のステップ

　もう詳しい解説は必要ないと思います。完全競争における利潤最大化条件$P=MC$，不完全競争における利潤最大化条件$MC=MR$を満たしている生産量水準は，それぞれイとエであるので，正答は**2**となります。

　なお，本問で「売上げを最大にする生産量は？」と問われたら，答えはオになります。

　次項以降，不完全競争市場の中において，独占企業と寡占企業が「限界収入MR＝限界費用MC」をもとにして，どのように利潤を最大化していくかについて解説します。

独占市場を徹底解明
～限界費用＝限界収入で解決～

ここでは，独占企業における価格と生産量の決定原理について説明します。グラフを通して理解することが重要です。

独占と均衡

まず結論からいえば，独占市場のグラフは次のように示されます。

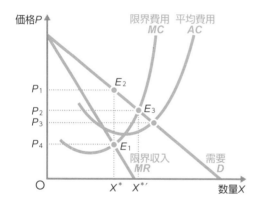

ここでは初めて**限界収入曲線MR**が出てきましたが，とりあえず現段階において，MR曲線は需要曲線の傾きの2倍，X軸上においては需要量の中点（半分の点）になると覚えておいてください（あとで説明します）。

●独占市場の価格均衡と均衡生産量

では，生産量はグラフ上のどこに決まるのでしょうか。独占企業は利潤を最大化するために，限界費用MC＝限界収入MRの交点（E_1）に生産量（X^*）を決定します。

次に価格はどこになるかと問われたら，間違っても，P_4と答えてはいけません。独占企業が，完全競争市場の均衡価格P_2よりも低い価格を提示することはありえないからです。

限界収入MR

おさらいしたい場合はp.200を参照してください。

もう一度

独占企業の利潤最大化条件
$MC＝MR$

完全競争時の均衡点は？

独占のグラフで，需要と供給が一致する均衡点がどこかといえば，需要曲線と限界費用曲線MCが交わる点（グラフではE_3）です。MC曲線が供給曲線Sを表すことは前章で説明しました（⇒ p.212）。独占の場合は，その企業が唯一の供給者なので，まさにMC＝Sになりますね。

独占市場の均衡点は？

ちなみに，独占市場の均衡点はどこかと問われれば，答えはE_3となります。MC＝MRだからグラフではE_1だとみるのではありません。**均衡点とは，最適生産量と独占価格が同時に決まる点**なのです。

第**4**章 独占と寡占

独占企業は生産量X^*の水準において，消費者の需要がどれほどかを需要曲線で判断し（グラフではE_2），その価格水準であるP_1に価格を決定します。

	均衡価格	均衡生産量
完全競争市場	P_2	$X^{*\prime}$
独占市場	P_1	X^*

独占企業などの不完全競争において，$MC=MR$で決まる財の生産量は完全競争時より少なく，その分財の価格は完全競争時より高くなります。高い価格で販売できるため，独占企業は完全競争のときよりも利潤を確保できるのですね。

では，次の問題に挑戦してみてください。

独占企業だって勝手な行動は許されない

独占企業はその市場における唯一の生産者ですから法外な値段をつけることもできますが，そうなるとだれも買わなくなるおそれもあります。
その場合，結果的に売上げが落ちてしまいます。それよりも利潤を最大限得るために，需要曲線から消費者の動向をしっかりと見極めながら価格を決めるほうがよいのです。その意味では独占企業といっても消費者に縛られるわけです。

例題2

ある財の市場が供給独占状態にある場合に，需要曲線がD，独占企業の限界費用曲線，限界収入曲線がそれぞれMC，MRで与えられるとき，次の記述のうち，最も妥当なものはどれか。 (国家一般職［大卒］)

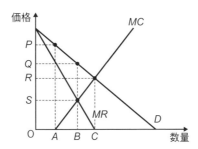

1 生産量がAのとき，限界収入が限界費用を上回るため，この企業は生産を増加させる。
2 生産量がCのとき，限界収入が限界費用を下回るため，この企業は生産を増加させる。
3 この企業は，生産量をA，価格をPに設定するとき，利潤が最大になる。
4 この企業は，生産量をC，価格をRに設定するとき，利潤が最大になる。
5 この企業は，生産量をB，価格をSに設定するとき，利潤が最大になる。

解法のステップ

独占企業の利潤最大化条件である限界費用MC＝限界収入MRより，生産量はBで，価格は需要曲線と需要量によって

定まるのでQと決まります。この結果，**3**，**4**，**5**は誤りと
わかります。

　次にグラフより，生産量Aでは限界収入が限界費用を上回っ
ています。独占企業の利潤最大化行動は$MC=MR$となる
ところで生産量を決定するので，企業は$MC=MR$が実現す
るBまで生産を増加させます。よって正答は**1**となります。

　生産量がCのときは，限界収入が限界費用を下回っている
ので，独占企業の利潤最大化の生産量水準Bまで生産を減少
させます。したがって，生産を増加としている**2**は誤りです。

定着させよう！

独占企業は，「$MC=MR$の
ところで生産量を決め，そ
の生産量水準で需要曲線と
ぶつかる点で価格を設定す
る」という行動パターンを
繰り返して頭の中に定着さ
せてください。

 ## 独占の計算問題

　今度は計算問題に挑戦してみてください。独占理論の理解
を深めることができる良問です。

例題3

　ある財を生産する独占企業に対する需要曲線および平均費用曲線がそれぞれ，

$P=240-Q$

$AC=\dfrac{1}{60}Q^2-\dfrac{24}{5}Q+432$

〔P：価格　Q：生産量　AC：平均費用〕

で示されるとき，この独占企業の利潤が極大になる産出量として，最も妥当なも
のはどれか。

（国税専門官）

1　60
2　80
3　100
4　120
5　140

解法のステップ

　独占企業の計算問題では，必ず利潤最大化条件であるMC
$=MR$を活用するために，限界費用と限界収入の値を求めて
いきます。

●限界費用MCを求める

　限界費用は総費用TCを微分して求めるので，総費用を出

慣れるまでは…

計算問題では，独占のグラ
フを必ず描いて，限界収入
MR曲線と限界費用MC曲
線の交点における生産量を
求めることを確認しながら
進めてください。

すことが第一の作業になります。条件には平均費用ACが与えられています。この平均費用から限界費用を導きます。

総費用$TC = AC \times$生産量Qの式を利用して，

$$TC = AC \times Q$$
$$= \left(\frac{1}{60}Q^2 - \frac{24}{5}Q + 432\right) \times Q$$
$$= \frac{1}{60}Q^3 - \frac{24}{5}Q^2 + 432Q$$

総費用TCを求めた後，TCをQで微分してMCを得ることができます。

$$MC = \frac{\Delta TC}{\Delta Q}$$
$$= 3 \times \frac{1}{60} \times Q^{3-1} + 2 \times \left(-\frac{24}{5}\right) \times Q^{2-1} + 432Q^{1-1}$$
$$= \frac{1}{20}Q^2 - \frac{48}{5}Q + 432 \quad\quad\cdots\cdots\cdots① $$

となります。

$TC = AC \times Q$？

平均費用$AC = \dfrac{TC}{Q}$でしたよね。
この式を変形すると$TC = AC \times Q$が導けるのです。

微分…

微分はもうだいじょうぶですか？
$y = ax^n$で，yをxで微分すると，$\dfrac{\Delta y}{\Delta x} = n \times a \times x^{n-1}$でしたね。
ゼロ乗（この場合はQ^0）は1になることもお忘れなく！

●限界収入MRを求める

次に，価格Pから限界収入MRの出し方を説明します。

限界収入MRは，総収入TRを微分して求めました。総収入は$TR = $価格$P \times$生産量$Q$でしたので，

$$TR = (240 - Q) \times Q$$
$$= 240Q - Q^2$$

よって，限界収入は，

$$MR = \frac{\Delta TR}{\Delta Q}$$
$$= 240 - 2Q \quad\quad\cdots\cdots\cdots②$$

となります。

●限界収入MRの素早い求め方

さて，ここでもっと手っ取り早く限界収入MRを求める方法を紹介します。

限界収入は，総収入TRを生産量（QやXなど）で微分して求めますが，価格Pの式の傾きを2倍することで限界収入を求めることができます。

本問では需要曲線が$P = 240 - Q$でしたが，その傾きを2倍すると限界収入（$MR = 240 - 2Q$）の式を出すことができ

第4章 独占と寡占

ます（②式で確認）。

不完全競争市場の利潤最大化条件は$MC = MR$でしたが，そのMRを迅速に求めたいときに極めて有効です。

なぜ，需要曲線「$P = \sim$」の式の傾きを2倍するとMRが出せるかといえば，Pに生産量Qを掛け算して総収入TRを出して，Qで微分してMRを出す作業を行えば，結果的に必ず傾きを2倍した式になるからです。

どっちがおススメ？

試験のときに，限界収入曲線を求める際，総収入TRを出して微分する方法より，所与の需要曲線「$P = \sim$」の傾きを2倍するほうがはるかに早いので，この方法はぜひ活用してください。

限界収入MRの求め方

限界収入MRは，
需要曲線「$P = \sim$」の式の傾きを2倍して求める

先ほど，限界収入曲線MRを独占のグラフの中で作図する際，「MR曲線は，需要曲線の内側で，$P = 0$のとき需要量の中点を通る」と説明しましたが，その理由は，まさに，MR曲線の傾きが需要曲線の傾きの2倍だったからです。

さて，本題に戻ります。利潤を最大化するような最適生産量は，$MR = MC$で決定するので，①＝②より，

$$240 - 2Q = \frac{1}{20}Q^2 - \frac{48}{5}Q + 432$$

これを分数を消すために両辺に20を掛けて整理すると，

$$Q^2 - 152Q + 3840 = 0$$
$$(Q - 120)(Q - 32) = 0$$

よって，$Q = 120,\ 32$

解答の選択肢には，32がないので，求める生産量Qは120

因数分解がちょっと大変そう

複雑そうな因数分解の場合，解答の選択肢から推測しながら因数分解するのも一つの手です。
選択肢の数値を使って，3840が割り切れるかみてみるのです。

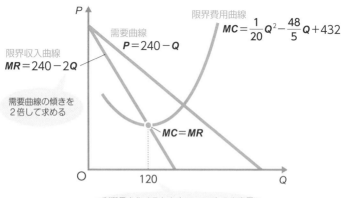

利潤最大化するとき（$MC = MR$）の生産量

となります。よって，正答は**4**です。

　典型的な独占の計算問題のもう一つのパターンが，独占利潤の大きさを求める問題です。ここはグラフを正確に描いて，どこの何を求めるかを確認しながら解答していくことがコツです。

例題4

　ある財の需要曲線は，

　　$Q＝－2P＋100$　　〔Q：需要量　P：価格〕

で示され，この財は独占企業によって独占的に供給されている。この独占企業の費用の関数が，

　　$TC＝0.5X^2＋10X＋100$　　〔TC：総費用　X：生産量〕

であるとき，利潤最大化を行う場合のこの独占企業の利潤はいくらか，最も妥当なものはどれか。

（国家一般職［大卒］　改題）

1　300
2　350
3　400
4　450
5　500

解法のステップ

●利潤の大きさをグラフ上で確認

　独占企業の利潤最大化条件$MC＝MR$より，次図のように点fを軸に，数量cと独占価格aを見出せますね。

　次に，企業の利潤の大きさを図と式によって示してみましょう。利潤の式は，

　　$\pi = TR(=P×Q) - TC(=AC×Q)$

でした。本問では，総収入TRが$P×Q＝□aOce$，総費用TCが$AC×Q＝□bOcd$となります。よって，利潤πは，

　　$\pi＝□aOce－□bOcd＝□abde$

となり，図では$□abde$が独占企業の超過利潤の大きさを示しています。

　さて，本問を解いていくには，利潤の大きさ$□abde$の面積を求めることになります。長方形の面積なので「縦の長さ×横の長さ」ですね。図ではa，b，cの値を求めます。その

不完全競争市場における利潤の式

利潤の式は，完全競争市場であろうと不完全競争市場であろうと同じ，
$\pi＝TR－TC$
です。まさに万能の式ですね。

ちなみに…

完全競争市場では超過利潤があれば新規参入が起こり，長期的に超過利潤はなくなりましたが，独占市場においては生産者が1社である限り，長期的にも超過利潤を維持することができます。

【独占利潤の大きさ】

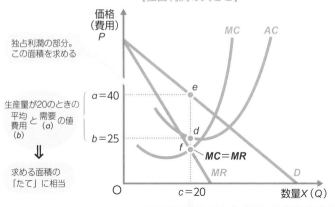

独占利潤の部分。
この面積を求める

生産量が20のときの
平均費用と需要の値
(b)(a)
⇓
求める面積の
「たて」に相当

利潤最大化のための数量 ➡ 求める面積の「よこ」に相当

ための方法としては，$MC=MR$から点c（数量）を求めて，点cの数量における需要と平均費用の大きさを求めればいいですね。

●限界収入MRと限界費用MCを求める

まず，限界収入MRは需要曲線の傾きを2倍して求めますが，本問では，需要曲線は，$Q=-2P+100$と，「$Q=\sim$」の形になっていますので，これを「$P=\sim$」の形に直さなければなりません。式変形して，$P=-0.5Q+50$

Qを同じ数量であるXに統一して，$P=-0.5X+50$

よって，限界収入MRは，$MR=-X+50$　…………①

次に，限界費用MCは，費用関数$TC=0.5X^2+10X+100$を微分して，

$$MC=\frac{\Delta TC}{\Delta X}=X+10 \qquad\qquad …………②$$

●点a・b・cを求める

したがって，独占企業の利潤最大化条件である「$MR=MC$」が成り立つ最適生産量は，①，②の式より，

$$-X+50=X+10 \quad \therefore \quad X=20（点cに相当）$$

$X=20$のときの価格Pは，需要関数$P=-0.5X+50$に代入して，$P=40$（点aに相当）。

平均費用ACは$\dfrac{TC}{X}$より，

$$AC = \frac{0.5X^2 + 10X + 100}{X} = \frac{0.5X^2}{X} + \frac{10X}{X} + \frac{100}{X}$$

$$= 0.5X + 10 + \frac{100}{X}$$

となります。ここに$X=20$を代入，つまり$X=20$のときの平均費用は，$AC=25$（点bに相当）。

よって，独占利潤を示す面積は$(40-25) \times 20 = 300$なので，正答は**1**となります。

●別解

別の方法としては，利潤の式$\pi = $総収入$TR$（$P \cdot X$）$-$総費用$TC$を最初から活用する方法があります。

$P = -0.5X + 50$より，$TR = -0.5X^2 + 50X$と総費用の式を当てはめて，

$$\pi = (-0.5X^2 + 50X) - (0.5X^2 + 10X + 100)$$

$$= -X^2 + 40X - 100 \qquad \cdots\cdots\cdots\cdots ①$$

ここで，利潤最大化ですから，πの式をXで微分してゼロと置けば，利潤を最大にするXを求めることができます。

$$\frac{\varDelta \pi}{\varDelta X} = -2X + 40 = 0, \ X = 20$$

$X=20$を利潤の式①に代入して，

$$\pi = -20^2 + 40 \cdot 20 - 100 = 300$$

次に，差別価格と独占的競争という独占理論に関する応用的な理論を学びます。応用といっても覚えるポイントは決まっています。最初は大雑把な理解でいいので要点だけつかむようにしてください。

どっちの解き方がオススメ？

計算が得意な人にとっては，別解のほうが早く解答できます。ただし，図の独占利潤の部分を指摘させる問題もありますので，図で超過利潤の部分がどこかをしっかりと理解するまでは，面積を求める方法をまずマスターするほうが無難でしょう。

差別価格って何だろう？
～価格に差をつけること？～

差別価格とは，独占の理論の一つで，抽象的になりがちな理論の世界に，より現実的なイメージを持たせることを可能にしたテーマです。

差別価格の具体的イメージ

● 映画の料金設定

ここまで，独占は１つの市場が対象でしたが，独占企業は複数の市場に財・サービスを提供する場合があります。

たとえば，ある地域に映画館が１つしかなく，その企業が映画を独占的に供給するという場合を考えてみます。

このとき，独占企業は，映画の入場料を大人料金と学生料金に区別することで，同じ映画ですが，大人と学生の映画市場という２つの異なる市場に映画を供給します。

具体的に入場料をどう区別するのでしょうか。当然，大人料金は高く設定し，学生料金は低くしますね。これが**差別価格**です。通常，時間がない大人は料金が高くても映画を観たい人は週末などに観に行きます。独占企業としては，料金が高くとも消費者（大人）の需要はそれほど落ちないと考えて，大人料金を高くするわけです。

これに対して一般的に学生は，大人に比べればお金は持っていませんが時間はあるので，映画料金が安くなればそれだけ観に行こうとする可能性が高くなります。そこで独占企業は，料金を下げることでたくさんの学生入場者を見込んで，収入を上げようとします。

このように，**差別価格**とはある企業が２つの市場で独占状態にある場合に，それぞれの市場ごとに設定する独占価格のことです。また，**差別価格戦略**とは，それぞれの市場で差別価格を設定することで，大きな利潤を上げようとする企業戦略のことを意味します。

独占の理論とどう関係がある？

独占の理論が純粋な学問的な理論であるなら，この差別価格はより現実的な理論です。だから難しく感じるかもしれませんが，意外に頭に入りやすい理論だと思います。グラフと公式をしっかりと覚えましょう！

整理すると…

大人の市場：お金はあるが時間がない。価格が高くても映画を観る人は観る。需要の価格弾力性は小さい。

学生の市場：お金はないが時間はある。価格が下がると映画をたくさん観る。需要の価格弾力性は大きい。

差別価格による利潤最大化

差別価格を適用している大人の市場と学生の市場を以下のようにグラフ化すると，市場Aのグラフは非弾力的で，市場Bは弾力的となります。

つまり，独占企業は，需要の価格弾力性の小さい大人の市場には価格を高く設定する一方，需要の価格弾力性の大きい学生の市場には価格を低く設定することで利潤を最大にしようとします。

需要の価格弾力性？

おさらいしたい場合はp.30を参照してください。

第**4**章 独占と寡占

【差別価格】

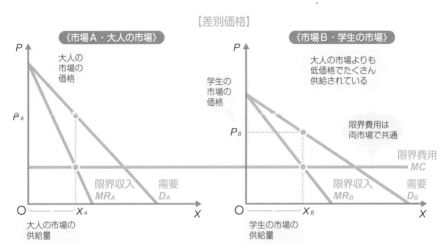

《市場A・大人の市場》

大人の市場の価格

P_A

限界収入 MR_A 需要 D_A

X_A

大人の市場の供給量

《市場B・学生の市場》

大人の市場よりも低価格でたくさん供給されている

学生の市場の価格

P_B

限界費用は両市場で共通

限界費用 MC

限界収入 MR_B 需要 D_B

X_B

学生の市場の供給量

それぞれの市場において，企業は限界収入曲線MRが描かれ，供給量（X_AとX_B）と価格（P_AとP_B）を決定します。このとき，限界費用MCが同一であることに注目してください。独占企業が同じ映画を大人と学生に提供するわけですから，料金体系は違っても費用は同じということです。

以上の点から差別価格の採用する独占企業の利潤最大化の条件としては

市場Aの限界収入MR_A＝限界費用MC
市場Bの限界収入MR_B＝限界費用MC

となり，このことから，以下の式が成り立ちます。

$MR_A＝MR_B＝MC$

 差別価格で利潤を最大化する条件

ところで，こうした差別価格を実現するために，消費者が**複数の市場を行き来することができないような障壁が存在するという条件が必要**になります。映画の例では学生証が，大人と学生を区別する「障壁」に相当します。

 より正確に定義づけると…

供給量Xを加味して定義し直すと，市場は2つあっても独占企業は同じ財を供給するので，$X＝X_A＋X_B$とな

差別価格の公式

$MR_A（X_A）＝MR_B（X_B）＝MC（X＝X_A＋X_B）$

241

では，ここで正誤問題と計算問題に当たりますが，正解できるかどうかは差別価格の定義と公式を知っているかいないかにかかっています。

り，$MR_A(X_A)=MR_B(X_B)$ $=MC(X_A+X_B=X)$ が成立します。

例題5

　ある独占企業が，価格弾力性の異なるＡ，Ｂ２つの市場に直面している。この企業が利潤極大化を図るときの価格決定に関する次の記述のうち，最も妥当なものはどれか。

(国税専門官)

1　２つの市場を集計し，その企業の財に対する需要曲線を知ることにより，$MR=MC$ となるように生産量，価格を決定する（MR は集計した需要曲線をもとにした限界収入，MC は限界費用）。

2　各市場で生産量，価格を決定するときの条件は，Q_A，Q_B を各市場での生産量であるとすると，$MR_A(Q_A)=MC_A(Q_A)$，$MR_B(Q_B)=MC_B(Q_B)$ である。ただし MR_A は，Ａ市場の限界収入，MR_B は，Ｂ市場での限界収入，$MC_A(Q_A)$，$MC_B(Q_A)$ はそれぞれ生産量 Q_A，Q_B であるときの限界費用である。

3　この企業にとっての利潤最大化条件は，$MR_A(Q_A)+MR_B(Q_B)=MC(Q_A+Q_B)$ である。

4　価格弾力性の大きいほうの市場の価格を，小さいほうの市場の価格より高く設定することが，この企業にとって望ましくなる。

5　この企業は，$MR_A(Q_A)=MR_B(Q_B)=MC(Q_A+Q_B)$ となるように価格を決定すべきである。

解法のステップ

　まさしく，差別価格の意味そのものを問うている問題で，正答は**5**となります。

　1，**3**は差別価格の利潤最大化を示していません。

　2に関しては，限界費用が同一であることを正しく説明されていません。

　4は，「小さいほうの市場の価格より高く」ではなく，「より低く」とすれば正しくなります。

問題文に出てくる用語の意味

$MR_A(Q_A)$ は生産量が Q_A のときの限界収入という意味です。また $MC(Q_A+Q_B)$ は，生産量が Q_A+Q_B のときの限界費用 MC です。

例題6

独占企業が市場を2つに分割して，同一財に対して市場ごとに異なった価格をつける戦略を探る場合を考える。この差別価格戦略に関して，各市場の需要関数と総費用関数がそれぞれ次のように表される。

需要関数 $P_1 = 5 - \dfrac{1}{2}x_1$, $P_2 = 3 - \dfrac{1}{2}x_2$ 総費用関数 $C = \dfrac{2}{3} + x_1 + x_2$

〔P_i $(i=1, 2)$：i市場における価格，x_i $(i=1, 2)$：i市場における数量〕

このとき，各市場において利潤最大化をもたらす価格はそれぞれいくらか。

(国家一般職〔大卒〕)

	P_1	P_2
1	1	4
2	2	3
3	3	2
4	4	3
5	5	1

第**4**章 独占と寡占

解法のステップ

まず，$MR_1 = MC$，$MR_2 = MC$の式を作ります。

$P_1 = 5 - \dfrac{1}{2}x_1$の傾きを2倍　→　$MR_1 = 5 - x_1$ ……………①

$P_2 = 3 - \dfrac{1}{2}x_2$の傾きを2倍　→　$MR_2 = 3 - x_2$ ……………②

ここで，総費用関数は$C = \dfrac{2}{3} + x_1 + x_2$で示されていますが，$x = x_1 + x_2$が成立するので，$C = \dfrac{2}{3} + x$と書き換えることができます。よって，両市場に共通な限界費用は，

$MC = 1$ ……………③

次に，$MR_1 = MC$，$MR_2 = MC$を活用して，①，③より，

$5 - x_1 = 1$，よって，$x_1 = 4$

また②，③より，$3 - x_2 = 1$，よって，$x_2 = 2$

$x_1 = 4$，$x_2 = 2$をそれぞれの需要関数に代入して，

$P_1 = 5 - \dfrac{1}{2} \times 4 = 3$

$P_2 = 3 - \dfrac{1}{2} \times 2 = 2$

よって，正答は**3**です。

問題文に出てくる用語の意味

〔P_i $(i=1,2)$：i市場における価格，x_i $(i=1,2)$：i市場における数量〕の部分ですが，P_i $(i=1,2)$は，市場が2つあって，市場1のときの価格がP_1，市場2のときの価格がP_2ですよという意味です。

ただし，条件の式の説明は，式そのものが理解できれば，ほとんど重要ではないので，もし疑問が出てきてもあまり深く考える必要はありません。

解答のポイントはこだ！

利潤最大化を実現するために，$MR_1 = MC$，$MR_2 = MC$を活用するので，両市場に共通な限界費用を求めるために，$C = \dfrac{2}{3} + x_1 + x_2$を$C = \dfrac{2}{3} + x$と書き換えることができるかどうかがポイントです。

独占的競争って何だろう？
～独占みたいな競争市場～

独占的競争の短期均衡

独占的競争市場とは独占市場と完全競争市場の中間的な競争形態で，短期的には独占的な性質を持つ一方，長期的には完全競争的な側面を持っています。

独占的競争モデルにおいて，その企業が提供する財は，基本的に他企業と同じなのですが，ブランド・イメージなどがある点で他企業とは異なる財です。こうした財を**差別化された財**といいます。

たとえば，携帯電話はドコモでないといけないとか，自動車を買うならトヨタという消費者にとってみれば，供給してくれる会社は1社，つまり独占企業といっても同じです。

また，仮に，携帯電話でドコモ1社だけが価格を上げたとしても，決してすぐにすべての消費者が価格の安い他社に乗り換えることはありません。デザインや性能などで差別化された財であれば，それに応じた需要が必ず存在します。

独占的の「的」には何か意味がある？

独占市場ではなく，企業は「独占市場のように（独占的に）」行動をとることができるという側面があります。同様に，完全競争市場のようであっても，提供している財がブランド力を持っているので，完全競争市場が前提としている「**財の同質性**」（財はみな同じ）はないことから，独占的に振る舞える企業もあります。ですから，独占的競争と「的」がつくと，多様な意味を持っていることがわかりますね。

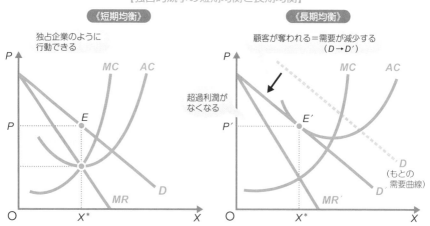

【独占的競争の短期均衡と長期均衡】

《短期均衡》

独占企業のように行動できる

《長期均衡》

顧客が奪われる＝需要が減少する（D→D′）

超過利潤がなくなる

（もとの需要曲線）

このため，差別化された財を生産する各企業は，短期的には独占企業のように価格支配力を持ちます。すなわち，各企業は限界収入MRと限界費用MCとが一致する生産量で生産を行うことになります。これを示したのが前ページの左図です。従来の独占市場のグラフと同じ形をしています。

独占的競争の長期均衡

しかし，独占的競争市場が独占市場と異なるのは，完全競争モデルと同様に，市場では長期的に他企業の参入・退出が自由である点です。独占的競争理論のベースはあくまで完全競争市場です。

他企業の自由な参入と退出があるとどうなるかといえば，完全競争市場の長期均衡のところで説明したように，長期的に超過利潤がゼロになるところまで競争原理が働き，価格引き下げ競争が起こります。

つまり，短期的に超過利潤が発生している状況において，利潤を得ようと新規参入企業が現れるのです。もし，モバイル市場で，ある新規参入企業が，たとえばドコモの携帯電話と同じようなデザインや性能を兼ね備えた製品やサービスを提供するとすれば，ドコモの利用者の一部が乗り換えるかもしれません。ドコモにとって，ライバル企業の出現は自社に対する需要が減るため需要曲線が左下方にシフトすることになります。

独占的競争市場において企業は長期的にもMR＝MCが成り立つように生産量を決定しますが，新規参入は企業の超過利潤がなくなるまで続きます。超過利潤がなくなるとき，価格Pと平均費用ACと等しくなりました。この長期的な関係を示したものが前ページの右図です。

参考までに短期均衡と長期均衡を組み合わせたグラフを次ページに示しておきます。

長期均衡E′においては，短期均衡と比べて，競争のため価格が低下（P*→P*′）し，顧客を一部奪われるため生産量も減少している（X*→X*′）ことを確認してください。

差別化って？

簡単にいったらブランド化ということで，他社との違いを浮き彫りにすることです。

独占市場のグラフ

おさらいしたい場合はp.232を参照してください。

長期均衡

おさらいしたい場合はp.217を参照してください。

短期と長期，どっちが重要？

独占的競争市場の問題に関しては，頻度の高さから考えて長期均衡のグラフを特にしっかりと覚えておいてください。

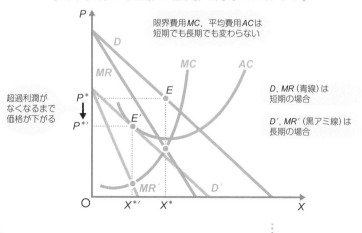

【独占的競争の《短期》と《長期》を同時にみたグラフ】

限界費用*MC*，平均費用*AC*は
短期でも長期でも変わらない

超過利潤が
なくなるまで
価格が下がる

D, *MR*（青線）は
短期の場合

D', *MR'*（黒アミ線）は
長期の場合

例題7

　図は，独占的競争下のある企業についての需要曲線（*D*），限界収入曲線
（*MR*），平均費用曲線（*AC*），限界費用曲線（*MC*）を示している。この企業が利
潤最大化を図った場合に関する次の記述のうち，最も妥当なものはどれか。

（国税専門官）

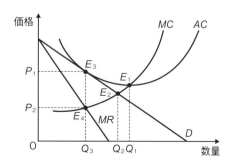

1　産出量をQ_1に決める。
2　産出量をQ_2に決める。
3　価格をP_1に決めるが，このとき超過利潤は0である。
4　価格をP_1に決めるが，このとき超過利潤は面積$P_1 O Q_3 E_3$で表される。
5　価格をP_1に決めるが，このとき超過利潤は面積$P_1 P_2 E_4 E_3$で表される。

解法のステップ

　本問のグラフが，長期均衡の状態になっているかどうかを
理解しているかどうかがポイントです。244ページのグラフ

と見比べてみてください。

　長期においても，生産量水準は，独占的であった短期の水準で決まっているので，$MC=MR$からQ_3となり，価格はP_1になります。このとき，超過利潤がゼロになることを知っていれば，すぐに正答は**3**とわかると思います。

----- 独占的競争におけるポイント -----
- **短期的に，企業は製品差別化により価格決定権を有する。**
- **短期的に，企業は$MC=MR$になるように生産量を決定する。**
- **長期的に，新規参入があり，競争が起こる。**
- **長期均衡点は平均費用AC曲線と需要曲線が接する点で決まり，利潤はゼロになる。**

　本書の冒頭の「経済学の学習のしかた」でも指摘したように，公務員試験の経済学は暗記科目です（⇒ p.9）。独占的競争のテーマに関しても，短期と長期のグラフを理解しながら覚えておくことが問題を解くための最短距離です。

　この問題についても，グラフをみて長期のグラフ（ゆえに超過利潤はなくなる）だと気づけば，解答には1分もかからないでしょう。

短期と長期のグラフの見分け方

p.244のグラフを見比べるとわかるように，平均費用曲線ACが上方に押し上げられているようなグラフが長期の図になりますね。

第**4**章　独占と寡占

専門

複占・寡占を学ぼう！
～屈折需要曲線とクールノー均衡～

次に，財を生産する企業が2～5社の少数である寡占市場に移ります。ここでは，屈折需要曲線と寡占（複占）の中心的な理論であるクールノー均衡を取り上げます。

 ## 屈折需要曲線

屈折需要曲線とは，寡占市場において，価格が硬直的になることを示したスウィージーの理論で，図では以下のように描かれます。

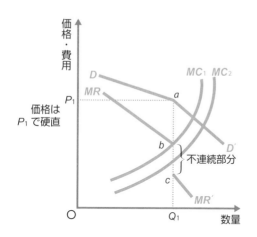

●需要曲線が屈折する理由

寡占市場において，生産物価格がP_1のとき，ある1社だけが価格の引上げを実施した場合，ほかの企業は追随して値上げするかというと，「顧客を失うことを恐れて追随しない」と考えられます。そうすると，結果的にその1社だけが価格を引き上げたことになるので，一気に顧客が離れて売上げが急減するため，その会社の需要曲線は弾力的（傾きは緩やか）になります（上図のDaの部分）。

 **複占と寡占の
関係は？**

世の中には無数に財（モノ）があるのに対して，経済学はX財とY財という2財をモデルに消費行動を分析します。複占と寡占の関係も同様です。2社しかない複占モデルを使って，企業数2～5社の寡占市場を説明しようとしているのです。

 **スウィージーって
どんな人？**

スウィージー（1910～2004）は，独占と恐慌を主な研究テーマとした，20世紀のアメリカのマルクス経済学者です。

逆に，その１社が，価格をP_1から引き下げるとどうなるでしょうか？ 今度は，ほかの企業は顧客を奪われまいとして，追随して価格を引き下げることが想定されます。そのため，最初に値下げした会社の売上げはそれほど伸びないので，その会社の需要曲線は非弾力的（傾きは急）になります（図のaD'の部分）。これが，需要曲線が屈折する理由です。

●限界収入曲線MRに生じる不連続部分

では，この屈折した需要曲線に従って限界収入曲線が描かれるとどうなるでしょうか？ グラフで，弾力的な需要曲線（Da）に対応する限界収入MR曲線は，MRbに相当する部分となります。これに対して，非弾力的な需要曲線aDに対応するMR曲線はcMR'に相当する部分です。したがって，屈折需要曲線DD'に対する限界収入曲線$MRMR'$は，グラフ上に不連続な部分が生じることになるのです（bcに相当）。

●屈折需要曲線における価格の硬直性

この結果，寡占市場において企業は，「限界収入MR＝限界費用MC」に従って利潤最大化行動をとるので，MC_1，MC_2のようにMC曲線がMR曲線の不連続な垂直な部分にかかる場合，企業の価格はP_1で硬直します（数量はQ_1で不変）。

これに対して，下図のMC_0，MC_3のようにMC曲線がMR曲線の不連続な部分を通過しなければ，価格は変動します。たとえば，MC_0であれば価格はP_0，数量はQ_0で決まります。

不連続部分

不連続部分は，限界収入でないのだからそこを限界費用が通って$MC＝MR$から数量Q_1が決まるのはなぜ？という質問を受けたことがあります。これに対する答えは，不連続部分では，数量はQ_1で固定されるので，不連続部分のbcには垂線が引けるとみなせるからと答えることができます。

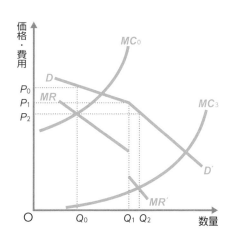

次の例題は，こうした屈折需要曲線の性質を理解している
かが問われています。キーワードは，「追随する（しない）」
「不連続」「硬直」です。

例題8

寡占市場における屈折需要曲線の理論に関する記述として，妥当なのはどれか。

（地方上級）

1 屈折需要曲線の理論は，ある企業が製品価格の変更を行うとき，競争関係に
ある他企業は価格の引上げには追随するが，価格の引下げには追随しないこと
を前提としている。

2 屈折需要曲線の理論は，製品の現行価格の硬直性を説明する理論であるが，
その現行価格の水準が，どのようにして決定されたかについては説明していな
い。

3 屈折需要曲線の理論では，あらかじめ平均的費用に一定率の利潤などを付加
しているため，需要の多少の変化に対しても現行価格を変更する誘引は小さい
としている。

4 屈折需要曲線の理論では，限界収入曲線が不連続となるため，限界費用曲線
がこの不連続の区間を通過するようにシフトする限り，価格は変化しないが，
生産量は，限界費用曲線のシフトに合わせて変化する。

5 屈折需要曲線の理論では，個別需要曲線は，それが屈折する点において必ず
限界費用曲線と交差するとしている。

解法のステップ

1．「追随する」「追随しない」が逆になっています。

4．図からも明らかなように，MR 曲線が不連続な部分を
通過し，価格が硬直的となれば，生産量も変化しません。

5．需要曲線が，右図の屈折点 a で MC 曲線と交差するこ
とはあるかもしれませんが，「必ず」交差すると断言はでき
ません。

3．フルコスト原理（マークアップ原理）（⇒ p.230側注
参照）についての説明です。

よって，消去法で正答は**2**となります。なお，**2**にあるよ
うに，現行価格がいかに定まったかが説明されていないこと
が，屈折需要曲線における理論上の欠点となっています。

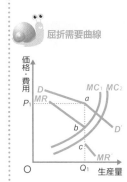

屈折需要曲線

クールノー均衡

2つの企業が財を供給する複占の場合は独占とは異なり，もう一方の企業の価格や生産量を無視して生産を行うことはできません。そのため，一方の企業が生産計画を立てる場合に，他社の生産量を考慮したうえで自社の生産量を決めます。

このとき，他社の生産量を所与（一定）として，自社の利潤を最大化させる生産量を対応させた関数を**反応関数**と呼びます。また相手企業も独自の反応曲線（反応関数）に従って行動します。2社の反応曲線を示したのが下図です。

所与？

解決されるべき問題の前提として与えられたものという意味ですが，単に「与えられている」「わかっている」「一定の」と考えてください。

【反応曲線とクールノー均衡】

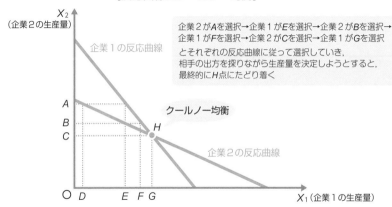

企業2がAを選択→企業1がEを選択→企業2がBを選択→企業1がFを選択→企業2がCを選択→企業1がGを選択

とそれぞれの反応曲線に従って選択していき，相手の出方を探りながら生産量を決定しようとすると，最終的にH点にたどり着く

企業1の生産量がX_1，企業2の生産量がX_2で示されています。たとえば，まず企業1は，企業2がAだけ生産を行うとみると，自社の反応曲線に従って生産量Eを決定します。そうすると，企業2は，企業1がEだけ生産するとみて，自社の反応曲線に従って生産量をBに切り替えます。そして，企業2がBだけ生産するので，企業1は自社の反応曲線に沿って生産量をFにします……という経路をたどれば，やがて，両社の反応曲線が交わるH点に落ち着きます。

この点が**クールノー均衡**で，企業1はG，企業2はCの生産量を決定し，利潤最大化を図ります。

このようにクールノー均衡とは，2つの企業が，互いに相手の生産量が一定であると考え，自らの生産量を動かすことによって，利潤を最大化するときに成立する均衡のことをい

反応曲線についての補足

各企業は利潤を最大化しようとするので，それぞれの反応曲線は$MC＝MR$に基づいて決定されています。

クールノーも人名？

フランスの経済学者A.クールノー（1801〜1877）は，もともと数学者でしたが，独占と複占など経済学の分野で有名になり，数理経済学の創始者として知られています。

251

います。

　クールノー均衡に関する問題では，均衡点における生産量
や価格が問われます。ポイントは需要曲線と2社の反応関数
の式の立て方です。それでは問題を通じて解説します。

例題9

　ある財の市場において需要曲線が，

　　$D=10-P$　〔D：需要量　P：価格〕

で示され，2つの企業がこの財を供給するものとする。2つの企業の費用関数は
同一であり，

　　$C=x^2$　〔C：総生産費　x：生産量〕

で示される。クールノー均衡におけるこの財の価格はいくらか，最も妥当なもの
はどれか。

(国税専門官)

1　2
2　4
3　6
4　8
5　10

解法のステップ

　最初のポイントは，需要曲線の式の立て方です。
　2つの企業が財を供給する（寡占）との条件から，企業を
企業1と企業2とし，それぞれの生産量がx_1，x_2であると
します。このとき，市場全体の生産量はこれら2企業の生産
量の合計となるので，$x=x_1+x_2$となります。また，限界収
入MRを求める関係から，需要曲線の式を「$P=\sim$」に置き
換えます。
　よって，需要曲線の式は，

　　$P=10-x=10-(x_1+x_2)$

となります。
　次が反応曲線の式（反応関数）の求め方です。
「一方の企業は，相手の行動を所与とみなして，利潤最大化
行動をとるように反応する」ので，寡占市場も不完全競争市
場である限り，両企業は利潤最大化条件である限界費用MC
＝限界収入MRとなるように生産量を決定します。これこそ

**反応曲線についての
補足**

①需要曲線の式を$P=\sim$の
　形に換える。
②供給量xを$x=x_1+x_2$とす
　る。
③両企業の反応曲線の式
　を，$MC=MR$を活用し
　て立てる。
④連立方程式で解く。

が反応曲線の式になります。

両企業の反応曲線の式を求めた後は，連立方程式を解くだけです。

●企業1の反応曲線の式を求める

最初に企業1の反応曲線です。企業1の限界収入MR_1は，需要曲線$P=10-(x_1+x_2)$より，

$$MR_1=10-2x_1-x_2$$

需要曲線から傾きを2倍して限界収入曲線を求めることはすでに説明しました（⇒ p.236）。このケースで注意すべきは，傾きを2倍にするのはx_1の部分だけということです。

また，限界費用MCは両社共通で，総費用$C=x^2$より，

$$MC_1=2x_1$$

したがって，企業1の利潤最大化条件$MR=MC$より，

$$10-2x_1-x_2=2x_1$$

となり，これを整理して，

$$4x_1+x_2-10=0 \qquad \cdots\cdots\cdots① $$

これが企業1の反応曲線の式（反応関数）です。

●企業2の反応曲線の式を求める

企業2についても同様に，

限界収入$MR_2=10-x_1-2x_2$

限界費用$MC_2=2x_2$

したがって，企業2の反応曲線は，$MR=MC$より，

$$10-x_1-2x_2=2x_2$$

整理して，

$$x_1+4x_2-10=0 \qquad \cdots\cdots\cdots②$$

となります。

●連立方程式で解く

①，②を連立方程式として解くと，

$$4x_1+x_2-10=x_1+4x_2-10$$
$$3x_1-3x_2=0 \qquad x_1=x_2$$

①に代入して，

$$5x_1-10=0 \qquad 5x_1=10 \qquad x_1=2$$

すなわち，

$$x_1=x_2=2$$

つまり，両社の反応曲線の交点の生産量はそれぞれ2とい

反応曲線の傾き2倍について

総収入を求めてx_1で微分しても同様に求められます。企業の反応曲線で確認しておきます。

$P=10-(x_1+x_2)$
総収入$TR=P\cdot x_1$
$=\{10-(x_1+x_2)\}\cdot x_1$
$=10\cdot x_1-x_1^2-x_1\cdot x_2$
限界収入$MR=\dfrac{\varDelta TR}{\varDelta x_1}$
$=10-2x_1-x_2$

連立方程式？

詳しくは，p.90を参照してください。

うことです。

　最後に，$x_1=x_2=2$ を需要曲線 $P=10-(x_1+x_2)$ に代入して，
　　$P=10-(2+2)=6$
を得ます。正答は**3**です。

別解

　反応曲線の出し方に関して，利潤 $\pi=$ 総収入 $TR-$ 総費用 TC の式を使った別の方法を紹介します。

●企業1の反応曲線

　総収入 TR は価格 $P \times$ 生産量 x で求められました。価格は $P=10-(x_1+x_2)$ でしたので，企業1の総収入 TR_1 は，

$$TR_1 = P \cdot x_1$$
$$= \{10-(x_1+x_2)\}x_1$$
$$= 10x_1-x_1{}^2-x_2x_1$$

となります。

　企業1の費用は $C_1=x_1{}^2$ なので，利潤 $\pi\ (=TR-TC)$ は，

$$\pi = (10x_1-x_1{}^2-x_2x_1)-x_1{}^2$$
$$= 10x_1-2x_1{}^2-x_2x_1$$

そして，π を x_1 で微分してゼロと置いて，

$$\frac{\Delta\pi}{\Delta x_1} = 10-4x_1-x_2 = 0 \qquad \cdots\cdots\cdots\cdots①$$

を得ます。これが企業1の反応曲線です。

●企業2の反応曲線

　企業2についても同様に，

$$TR_2 = P \cdot x_2$$
$$= \{10-(x_1+x_2)\}x_2$$
$$= 10x_2-x_1x_2-x_2{}^2$$

$C_2=x_2{}^2$ より，

$$\pi = (10x_2-x_2{}^2-x_1x_2)-x_2{}^2$$
$$= 10x_2-2x_2{}^2-x_1x_2$$

これを x_2 で微分してゼロと置いて，

$$\frac{\Delta\pi}{\Delta x_2} = 10-4x_2-x_1 = 0 \qquad \cdots\cdots\cdots\cdots②$$

企業2の反応曲線が求められました。

あとは①，②を連立方程式で解くだけですね。

間違えないで！

連立方程式の解を求めたところで安心して，正答を**1**としないようにしてください。設問は，「クールノー均衡におけるこの財の価格を求めよ」です。

微分法の活用だ！

独占の項目の別解でも紹介したように，利潤の式を出して，微分してゼロと置くと，利潤の最大値が求まるというやり方です。ここでは，利潤最大化をめざしている反応曲線の式を微分してゼロとして求めます。

確認しよう！

反応曲線の導出には，不完全競争市場の利潤最大化条件である $MR=MC$ を使う方法か，微分してゼロと置いて最大値（ここでは利潤の最大値）を求める方法の2通りあります。この例でも，反応曲線の式が同じ結果になっていることを確認してください。

その他の複占モデル

寡占市場を説明するための複占モデルとして，クールノー均衡以外にも，共謀，ベルトラン均衡，シュタッケルベルク均衡などの理論があります。

● 共謀

2社しかいない複占市場の中で，ライバル会社の生産量を想定しながら自分の生産量を決めるというような相手の腹を探る行動をするよりも，いっそのことテーブルの下で手を組もうという考え方も出てきます。

つまり，**共謀**とは，2つの企業が共謀（協調）し，2企業の利潤の合計が最大になるように行動することです。共謀は，クールノー均衡の類似ケースといえ，利潤最大化のために両企業は，限界収入を同じにします。

● ベルトラン均衡

ベルトラン均衡においては，一方の企業がもう一方の企業の製品価格を所与として，自己の製品価格を利潤最大となるように決定します。クールノー均衡が相手企業の生産量を想定しながら利潤最大化を図ったのに対して，ベルトラン均衡は相手の価格のことを考えるのです。

● シュタッケルベルク均衡

シュタッケルベルクモデルも，クールノーモデル同様，相手企業の生産を考慮しながら自社の生産を決定するのですが，一方の企業が**先導者**，他方の企業が**追随者**となります。追随者は，文字どおり先導者に追随するのですが，クールノーモデルとの違いは，先導者は相手が追随者であることを知ったうえで，利潤を最大化するというものです。

共謀の現実版

現実の世界で「共謀」の例を挙げれば，産油国の連合体であるOPEC（石油輸出国機構）のように原油の生産量を話し合いで決定し，市場の支配力を強めようとするカルテル（企業協調）です。

学習上の注意

共謀，ベルトラン均衡，シュタッケルベルク均衡の問題は，クールノー均衡の問題同様に計算問題も出題されますが，出題頻度はそれほど高くないので，本書では択一式問題の対策用に，定義の説明にとどめておきます。

第4章 独占と寡占

ゲーム理論登場！
～モデルはナッシュ均衡～

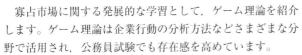

　寡占市場に関する発展的な学習として，ゲーム理論を紹介します。ゲーム理論は企業行動の分析方法などさまざまな分野で活用され，公務員試験でも存在感を高めています。

　寡占市場のクールノーモデルでは，他社の生産量を想定して自社の生産量を決定していきましたが，**ゲーム理論**は，2社が相手企業の戦略を予想しながら自社の利潤を最大にするための戦略を決定していくという，より現実な理論です。

ミクロの花形?!

ゲーム理論は，ミクロ経済学で最も進んだ分野であるといわれています。「相手の行動を探りながら自分たちの行動を決定する」という一種の行動分析学は，まさに企業行動の研究にはうってつけです。
また，WTO（世界貿易機関）の貿易交渉において，農産物の自由化をするかしないかといった内容の予測に関しても，このゲーム理論が活用されています。

 ## ナッシュ均衡

　ゲーム理論の多くの問題は，ナッシュ均衡を求めることであるといっても過言ではありません。過去問を例として使いながら解説します。

例題10

　次の表は，企業Aと企業Bの広告戦略がもたらす利得を表したものである。表中，たとえば，（18，2）は，企業Aの利得が18，企業Bの利得が2であることを表している。

　A，B両企業は，広告において協調行動はとらないと仮定したとき，両企業の戦略に関する次の記述のうち，最も妥当なものはどれか。 （地方上級）

		Bの広告行動	
		広告支出の据置き（戦略B₁）	広告支出の増加（戦略B₂）
Aの広告行動	広告支出の据置き（戦略A₁）	（10，10）	（2，18）
	広告支出の増加（戦略A₂）	（18，2）	（5，5）

1 A，B両企業の利得が等しくなる戦略の組のうち，利得の大きい組（A₁，B₁）がナッシュ均衡となり，両企業ともこの戦略の組を選ぶことになる。

2 A，B両企業の利得が等しくなる戦略の組（A₁，B₁）と（A₂，B₂）がともにナッシュ均衡となり，両企業ともいずれかの戦略の組を選ぶことになる。

3 A，B両企業が互いに選んだ戦略が予想したものと一致する組は（A₂，B₂）であるので，両企業ともこのナッシュ均衡と呼ばれる戦略の組を選ぶことになる。

4 この利得表のケースは「囚人のジレンマ」と呼ばれるケースであり，したがって，A，B両企業ともいずれの戦略をとるかは確定できない。

5 この利得表のケースでは戦略の組（A₁，B₁）がパレート効率的であるので，両企業ともこの戦略の組を選ぶことになる。

解法のステップ

　表の見方は問題文の説明のとおりで，カッコ内の数字の左がA社，右がB社のそれぞれの利得（利益）を表します。ゲームの理論において，2社はお互いの手の内を探り合った結果，どの戦略を選ぶかが問われることになります。それを表の中から読み取らなければなりません。

　ゲーム理論の代表は**ナッシュ均衡**で，「相手の戦略を所与としたときに自分の戦略がお互いに1つに決まる状態」のことをいいます。具体的には，「相手がこう来たら自分はこうする」という試行を繰り返していくと，最後にもう動かしようがない点にたどりつく状態です。

　では，ナッシュ均衡の求め方ですが，まず，相手の戦略を固定して，自己の利得が多い戦略を探します。

　最初にAがどちらかの戦略をとればBはどうするかという観点からAを固定して検討します。下の左表をみてください。

> **利得表**
> このタイプの表のことを「利得表」といいます。

> **所与？**
> 解決されるべき問題の前提として与えられたものという意味ですが，単に「与えられている」「わかっている」「一定の」と考えてください。

> **ゲームの理論の決まり**
> 表の左の数字がA社（表の縦）の利得（利益），右の数字がB社（表の横）の利得（利益）を表します。

【ナッシュ均衡の求め方】

企業Bの行動

企業Aが戦略A₁をとると
企業Bは戦略B₂を選ぶ

	B₁	B₂
A₁	(10, **10**)	(2, **18**)
A₂	(18, **2**)	(5, **5**)

企業Aが戦略A₂をとると
企業Bは戦略B₂を選ぶ

企業Aの行動

企業Bが戦略B₁をとると
企業Aは戦略A₂を選ぶ

	B₁	B₂
A₁	(**10**, 10)	(**2**, 18)
A₂	(**18**, 2)	(**5**, 5)

企業Bが戦略B₂をとると
企業Aは戦略A₂を選ぶ

AがA₁戦略をとれば，BはB₁のときの利得が10，B₂のときの利得が18なので，利得が大きいB₂戦略をとります。次にAがA₂戦略をとれば，BはB₁のときの利得が2，B₂のときの利得が5なので，利得が大きいB₂戦略をとります。

次にBを固定してAの戦略がどうなるかみてみます。前ページの右表をみてください。

BがB₁戦略：A₁のときの利得10，A₂のときの利得18

→ A₂戦略を採用

BがB₂戦略：A₁のときの利得2，A₂のときの利得5

→ A₂戦略を採用

まとめると，A，Bが選んだ戦略により得られる利得を囲んで，両方の利得が囲まれた戦略がナッシュ均衡となります。

【ナッシュ均衡の決定】

	B₁	B₂
A₁	(10, 10)	(2, 18)
A₂	(18, 2)	(5, 5)

両者が選択するナッシュ均衡でAはA₂戦略，BはB₂戦略をとる

したがって，本問におけるナッシュ均衡，つまり，相手が戦略を変更しない限り，自社も戦略を変更しない状態は，両社とも広告支出の増加を行う（A₂，B₂）戦略となります。したがって，正答は**3**です。

 ## ゲーム理論とパレート最適

補足ですが，先ほど問題の選択肢**5**に「パレート効率的」とありました。パレート効率（パレート最適）は教養試験レベルでも学びましたが（⇒P.74），簡単にいうと，資源配分に無駄のない理想的な状態です。

さて，ナッシュ均衡は資源配分に無駄のないパレート効率的なのでしょうか？

先ほどの問題をみてもわかりますが，ナッシュ均衡は必ずしもパレート最適な状態であるとは限りません。つまり，A社，B社がA₁，B₁戦略を選べば，ナッシュ均衡である（A₂，B₂）よりも大きい10の利潤をそれぞれ得ることができるからです。したがって，パレート効率的な戦略の組合せは（A₁，

 別の方法でナッシュ均衡をみつけよう！

利得表を囲む方法以外に，戦略結果を書き出して調べる方法があります。今の結果を書き出すと次の4通りですね。

A₁ ⇒ B₂
A₂ ⇒ B₂
B₁ ⇒ A₂
B₂ ⇒ A₂

そこで，双方向が実現している組合せがナッシュ均衡です。

最初のA₁ ⇒ B₂で，逆のB₂ ⇒ A₁が上の4つのパターンの中にあるかというとないですね。

3番目のB₁ ⇒ A₂で，逆のA₂ ⇒ B₁があるかというとこれもありません。

2番目のA₂ ⇒ B₂については，B₂ ⇒ A₂が4番目にあります。一種の互換性があるA₂とB₂，つまり，AはA₂戦略，BがB₂戦略をとることがナッシュ均衡となります。

ゲームの理論のパレート最適とは

・両社ともに最も大きな利益が得られる戦略の組合せ。

・ナッシュ均衡になるとは限らない。

258

B_1）となります。

10と10という両社にとって最大の利得（利益）が得られるのに，それを選べないということは，企業活動の結果行われる資源配分の観点からは無駄があるということですね。

囚人のジレンマのケース

先ほど問題のケースで，両社は（A_1，B_1）を選択すれば利益がともに最大になることはわかっているのですが，相手の戦略を判断しながら自社の利益の最大化を図った結果，（A_2，B_2）＝（5,5）を選択せざるをえなくなりました。

このように，利得の最大化のための行動が，かえって少ない利得，すなわちパレート非効率的なナッシュ均衡に陥ってしまう状態を**囚人のジレンマ**といいます。ですから，**例題10**は囚人のジレンマのケースでもあります。

もともと「囚人のジレンマ」も文字どおり，囚人のゲームの理論から生まれました。具体的に説明してみます。

【囚人のジレンマのケース】

		囚人B	
		黙秘	自白
囚人A	黙秘	(2, 2)	(10, 1)
	自白	(1, 10)	(4, 4)

AとBの2人組の犯人は，逮捕された後にそれぞれ別室で取調べを受けていて，互いにコミュニケーションを取れない状況にあるとします。このとき，両者が自白すれば刑は2人とも懲役4年，両者共に黙秘を通せば懲役2年，一方が自白して片一方が黙秘すれば，自白したほうの刑は懲役1年で黙秘を通したほうは懲役10年の刑に処せられるという設定で説明します。このとき囚人Aと囚人Bはどういう行動をとるでしょうか。先ほどの要領で考えてみてください。

●囚人Aの立場から

囚人Bが黙秘すると仮定した場合，囚人Aは刑期が短い自白を選びます（黙秘の2年か自白の1年か）。

ジレンマ？
言葉の意味としては，二者択一の状況でどちらもデメリットを持っていて選択に苦しむ状態をさします。

いい方を変えると
「囚人のジレンマであれば，パレート最適ではない」ということですね。

「囚人のジレンマ」か…
なかなかカッコいい名称です。響きがいいですね。マクロ経済学の分野である「流動性のわな」（⇒マクロ編参照）同様，問題作成者が好むといわれているテーマの一つです。しかもモデルが本当に囚人なんですから，おもしろいですね。

囚人Bが自白すると仮定した場合，囚人Aは刑期が短い自白を選びます（黙秘の10年か自白の4年か）。

●囚人Bの立場から

囚人Aが黙秘すると仮定した場合，囚人Bは刑期が短い自白を選びます（黙秘の2年か自白の1年か）。

囚人Aが自白すると仮定した場合，囚人Bは刑期が短い自白を選びます（黙秘の10年か自白の4年か）。

この結果を利得表で表すと以下のようになります。

【囚人のジレンマの結果】

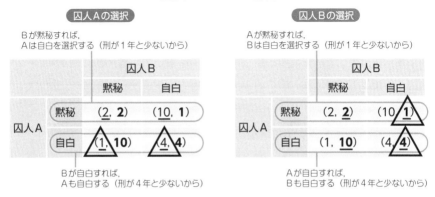

この結果，いわゆるナッシュ均衡は（4, 4）で「両者とも自白する」ことになります。しかし，2人とも黙秘すれば2年の刑で済むのですが，互いに相手の出方を探るゲーム理論によれば，自白を選ばざるをえない．まさしく囚人は黙秘したいけれども「相手が自白したらどうしよう……」というジレンマに陥って，結局2人とも自白を選択してしまうという話なのです。

この事例のまとめ

・囚人のジレンマのケース：(4, 4)を選択
‖
ナッシュ均衡
↓
パレート最適ではない
・パレート最適：(2, 2)の組合せ

ゼロサム・ゲームとマクシミン戦略

では，次にナッシュ均衡以外のゲーム理論を，問題を通してみてみましょう。

例題11

　企業Aと企業Bがそれぞれ2種類の戦略を持つときの利得行列が以下の表で示されるとする。利得行列の各要素は企業Aの利潤（企業Bの損失）を表す（たとえば，企業Aが戦略1を，企業Bが戦略Ⅰをとったとき，企業Aの利潤は100，したがって企業Bの損失は100である）。

		企業B	
		戦略Ⅰ	戦略Ⅱ
企業A	戦略1	100	−50
	戦略2	120	−80

　2企業が選択する戦略として，最も妥当なものはどれか。ただし，各企業は，相手企業の戦略を所与とみなし，自己の利益が最大となるような戦略を選択するものとする。

(地方上級)

1　企業Aは戦略1を，企業Bは戦略Ⅰを選ぶ。
2　企業Aは戦略1を，企業Bは戦略Ⅱを選ぶ。
3　企業Aは戦略2を，企業Bは戦略Ⅰを選ぶ。
4　企業Aは戦略2を，企業Bは戦略Ⅱを選ぶ。
5　均衡は存在せず，2企業とも戦略を決定することができない。

第**4**章 独占と寡占

解法のステップ

●ゼロサム・ゲーム

　本問の表には数字が各欄に1つしか記されていません。これは**ゼロサム・ゲーム**と呼ばれるパターンです。

　問題文で説明されているように，企業Aの利潤（損失）と，同じ額の損失（利潤）が企業Bにあることです。したがって，100とあれば，（100，−100）のことになります。そこで，次のように利得表を書き換えてみました。

【ゼロサム・ゲーム】

		企業B	
		戦略Ⅰ	戦略Ⅱ
企業A	戦略1	（100，−100）	（−50，50）
	戦略2	（120，−120）	（−80，80）

　ゼロサム・ゲームの意味

ゼロサムの「サム」とは英語の「sum」で，合計，総和という意味です。つまり参加者の得点・失点を足し算すればゼロになるゲームのことをいいます。

さて，ゼロサム・ゲームの場合には，**マクシミン（ミニマックス）戦略**が用いられます。これは，各企業が各戦略の予想される最悪の利益の中で，最もましな値をとるというものです。

🦉 **マクシミン戦略の解法テクニック**
①一方の側が，相手の出方をみた結果，最悪な数値をピックアップする。
②その最悪な数値の中で，ましなほうの数値を得る戦略を採用する。

●企業Aが戦略1をとると

企業Aが戦略1をとるとすると，Aの利得が最悪になるのは，企業がBが戦略Ⅰをとるときでしょうか，それとも戦略Ⅱをとるときでしょうか。

表をみると，企業Bが戦略ⅠをとればAの利得は100，Bが戦略ⅡをとればAに利得は−50になっているので，Aにとって最悪なのは−50の戦略Ⅱのほうですね。

●企業Aが戦略2をとると

次に，企業Aが戦略2をとるとすると，Aの利益が最悪になるのは，（企業Bが戦略Ⅰをとったときの）120か（企業Bが戦略Ⅱをとったときの）−80かといえば，−80のほうです。

この結果，企業Aは，最悪な場合を比べて，ましな数値をとる戦略が**マクシミン戦略**なのです。すなわち，−50（50の損失）と−80（80の損失）では50の損失のほうがましなので，企業Aは戦略1を採用するのです。

【マクシミン戦略】

		企業B	
		戦略Ⅰ	戦略Ⅱ
企業A	戦略1	(100, −100)	(**−50**, 50)
	戦略2	(120, −120)	(**−80**, 80)

企業Aが戦略1を採用
⇒ 企業Bが戦略Ⅱをとったとき
最悪（−50）
企業Aが戦略2を採用
⇒ 企業Bが戦略Ⅱをとったとき
最悪（−80）
⇓
どっちがましか？
−50と−80では−50
⇓
企業Aは戦略1を採用する

●企業Bが戦略Ⅰをとると

同様に考えて，企業Bが戦略Ⅰをとろうとすると，Bの利得が最悪な場合は，（企業Aが戦略1をとったときの）−100か（企業Aが戦略2をとったときの）−120かといえば，120の損失のほうですね。

ナッシュ均衡を求める方法で検討しても…
ちなみに，本問を，最初の例題で行ったようにナッシュ均衡を求める方法で求めても同じ解答を得られます。

●企業Bが戦略Ⅱをとると

また，企業Bが戦略Ⅱをとるとき，Bの利得が最悪な場合は，50か80かとなれば50のほうです。

したがって，最悪な−120と50を比較すると，ましな場合は50のほうなので，企業Bは戦略Ⅱを採用します。

【マクシミン戦略】

		企業B	
		戦略Ⅰ	戦略Ⅱ
企業A	戦略1	(100, −100)	(−50, 50)
	戦略2	(120, −120)	(−80, 80)

企業Bが戦略Ⅰを採用
　⇒　企業Aが戦略2をとったとき
　　　最悪（−120）
企業Bが戦略Ⅱを採用
　⇒　企業Aが戦略1をとったとき
　　　最悪（50）
⇓
どっちがましか？
50と−120では50
⇓
企業Bは戦略Ⅱを採用する

よって，企業Aは戦略1を，企業Bは戦略Ⅱを採用するので，正答は**2**となります。

このように，マクシミン戦略は，なるべく損しないように行動する，手堅い戦略を決定する方式ということができます。

第4章のまとめ

●不完全競争市場の利潤最大化

総収入TR＝価格P×販売量Q：限界費用MC＝限界収入MR

●独占市場

	均衡価格	均衡生産量
完全競争市場	P_2	$X^{*'}$
独占市場	P_1	X^*

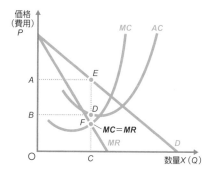

独占企業の超過利潤の大きさ

利潤π＝総収入－総費用

利潤π＝□$AOCE$－□$BOCD$

　　　＝□$ABDE$

●差別価格

差別価格：ある企業が2つの市場で独占状態にある場合に，同一価格を設定するよりも，それぞれの市場ごとに設定される独占価格のこと

　市場Aの限界収入MR_A＝市場Bの限界収入MR_B＝限界費用MC

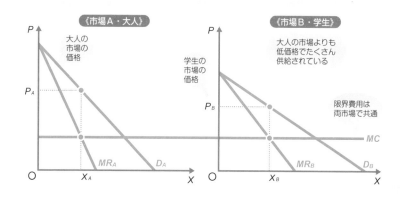

●独占的競争

・短期的に，企業は製品差別化により価格決定権を有する（独占企業のように行動）。
・長期的に，新規参入があり，競争が起こり，利潤はゼロになる。

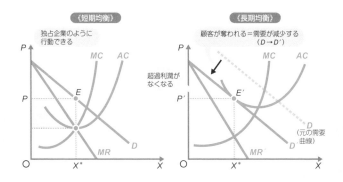

《短期均衡》
独占企業のように
行動できる

《長期均衡》
顧客が奪われる＝需要が減少する
$(D→D')$
超過利潤が
なくなる

●複占・寡占

屈折需要曲線：屈折需要曲線とは，寡占市場において，企業の費用の変化にもかかわらず，価格が硬直的になることを示したスウィージーの理論で，右図のように描かれる。

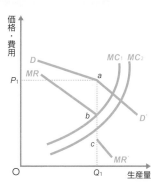

クールノー均衡：２つの企業が，互いに相手の生産量が一定であると考え，自らの生産量を動かすことによって，利潤を最大化するときに成立する均衡のことをいう。

●ゲーム理論

ナッシュ均衡：相手の戦略を所与としたときに自分の戦略がお互いに1つに決まる状態

囚人のジレンマ：利得の最大化のための行動がかえって，少ない利得のナッシュ均衡に陥ってしまう状態

余剰（実践）

課税から貿易まで

　教養試験レベルでは，「余剰」についての基本的な考え方を紹介し，課税など基本的なケースにおける余剰分析を行いました。専門試験レベルでは，新たに補助金と独占のケースをみた後，本章では専門試験対策としての計算問題に取り組みます。

　「消費」「生産」「独占」の分野と比較したら，出題頻度はやや低くなりますが，国家一般職と地方上級を中心に出題されています。最近の傾向としては，課税や補助金などに関する内容よりも，貿易に絡む余剰分析の問題が増えているようです。そして，大半は計算問題となっています。ただ，計算自体は難しくありませんので，理論的なことをしっかり学習して，応用問題に備えてください。

出題傾向
国家総合職：★　　国家一般職：★★　　地方上級：★★
国税専門官：★　　市役所：★

厚生の損失を徹底分析
～課税・補助金・独占～

余剰については、教養試験レベルで基本的な項目は学習しています。本章ではさらに発展的な内容を学びます。

余剰の種類

まず、基本事項をおさらいしておきましょう（⇒p.66）。
完全競争市場であれば、社会的余剰（総余剰）は△AOEで常に最大になります。そして、課税や、補助金の付与の場合、**厚生の損失**と呼ばれる現象が発生します。

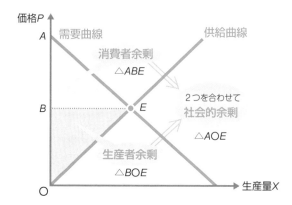

余剰の種類

余剰：消費者や生産者が得られる利益のこと
消費者余剰：△ABE
　消費者が得られる利益
生産者余剰：△BOE
　生産者が得られる利益
社会的余剰＝△AOE
　消費者余剰＋生産者余剰

厚生の損失

厚生の損失（⇒p.68）には、「余剰の損失」とか「死荷重（死重的損失）」などさまざまな呼称がありました。また、厚生の損失はグラフでは必ず三角形の部分で示されました。

課税

まず、税金をかけると、需給曲線はどのように変化するでしょうか？

企業にとって税負担はコスト（費用）の増加につながりますが、一般的に企業は、コストが増加したときには、価格に転嫁する（販売価格を上げる）ことで対応します。したがって、課税によって供給曲線Sが左上方にシフト（移動）します。

　グラフでみれば，税がt円課せられるとした場合，課税後の供給曲線S'は，もともとの供給曲線Sを，t円の大きさだけ左上方にシフトさせた形で表されます。このとき，均衡点は，当初の点Eから需要曲線Dと供給曲線S'との交点である点E'に移行します。

　では，課税によって厚生の損失がどれくらい発生するのかをグラフで確認します。

　まず，課税後の消費者余剰と生産者余剰は，均衡価格が$P^{*'}$となることから，それぞれ$\triangle P_1 P^{*'} E'$と$\triangle P^{*'} P_2 E'$となります。

　また，租税を考えるときは，政府が得る税収を考慮に入れなければなりません。税収は，

税にもいろいろあるけど

経済学で「課税」といったら，通常，企業に課せられる税（法人税や消費税など）を想定します。代表的な課税方法には従量税（売った分量に課されるもの）と従価税（売上額に対して課されるもの）がありますが，一般的には従量税の場合が多いです。

「S'」って？

「S'」は「Sが変化したもの」ということです。「$'$」や「$''$」は，もともとあったものが変化したものですよということを示しています。

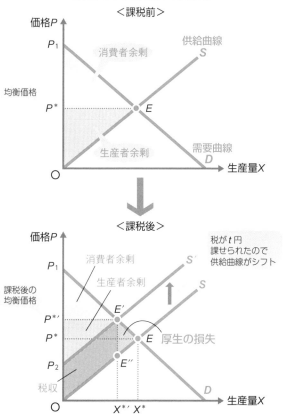

【課税時の余剰と厚生の損失】
＜課税前＞

＜課税後＞

税がt円課せられたので供給曲線がシフト

課税による供給曲線の左上方シフトを利潤πの式で説明すると

$\pi = TR$（価格P×量）$- TC$（この場合，課税）
の式で，費用の増加（TCの増加）は利潤を落とすことになるので，それを防ぐために，企業は価格Pを引き上げる行動をとるのです。

税収＝１単位当たりの税額×供給量

で求めることができます。ここでは，単位当たりの税額 t 円で供給単位数が $X^{*\prime}$ となりますので，求める税収額は平行四辺形 $P_2\mathrm{O}E''E'$ の部分となります。

そして，この税収は社会的余剰に加えられます。これは，税収がいずれ何らかの形で民間に還元されるという考え方があるからです。

課税後の余剰①
消費者余剰：$\triangle P_1 P^{*\prime} E'$
生産者余剰：$\triangle P^{*\prime} P_2 E'$
税収：$P_2\mathrm{O}E''E'$
厚生の損失：$\triangle E'E''E$

　　　　　課税の場合の社会的余剰

社会的余剰＝消費者余剰＋生産者余剰＋税収

このように，課税の場合の社会的余剰は，台形の形をした $\square P_1\mathrm{O}E''E'$ となります。

そこで，課税前の社会的余剰はどうかといえば，消費者余剰が $P_1 P^* E$ で生産者余剰が $P^*\mathrm{O}E$ となることから，$\triangle P_1\mathrm{O}E$ となります。

したがって，課税前と課税後の社会的余剰を比較してみると，課税後の社会的余剰 $\square P_1\mathrm{O}E''E'$ は，課税前の社会的余剰よりも $\triangle E'E''E$ 分だけ小さくなりますので，課税によって厚生の損失が $\triangle E'E''E$ だけ発生したことになります。

課税後の余剰と
厚生の損失

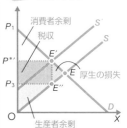

なお，課税後の余剰分析に関して，右の図のように，税収を平行四辺形ではなく，長方形で示す場合があります。特に，税を中心の理論とする財政学でよく活用されます。平行四辺形と長方形の面積は同じですし，生産者余剰については下方にずらされるだけで，総余剰や厚生の損失などの大きさに変化はありません。

課税後の余剰②
消費者余剰：$\triangle P_1 P^{*\prime} E'$
生産者余剰：$P_3\mathrm{O}E''$
税収：$P^{*\prime} P_3 E'' E'$
厚生の損失：$E'E''E$

270

例題1

ある財の市場における需要曲線と供給曲線は，それぞれ，

供給曲線：$P=2Q_S$

需要曲線：$P=5000-3Q_D$

〔P：価格，Q_S：供給量，Q_D：需要量〕

で示されるとする。この財の生産に，1単位当たり500の従量税を課した場合，超過負担（死荷重）はいくらか。最も妥当なものはどれか。

（国税専門官）

1 20,000

2 25,000

3 30,000

4 35,000

5 40,000

第 5 章

余剰（実践）

解法のステップ

計算問題でも何でも，経済学ではグラフを書いて，どの部分を計算すればいいのかを考えることが効率的に正答を導くコツです。

まず，グラフから余剰がどうなっているかみてみましょう。

課税前の社会的余剰（消費者余剰＋生産者余剰）：△ACO

課税後の社会的余剰：□$A'COB$

（消費者余剰$A'CG$＋生産者余剰$A'GF$＋税収$A'FOB$）

よって，超過負担（死荷重＝厚生の損失のこと）は図の△$AA'B$で，問題の解答のためにはこの三角形の面積を求めることになります。

【課税後の厚生の損失】

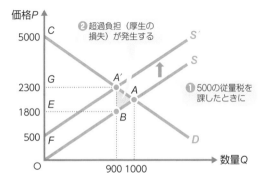

グラフ上のどこを求める？

超過負担（厚生の損失）の大きさは，グラフ上の面積で表されます。

この問題の場合は，図の△$AA'B$の面積が，厚生の損失の大きさになります。

数量Qについて

需要量がQ_D，供給量がQ_Sとなっていますが，$Q_D=Q_S=Q$としてQで統一します。

従量税って何？

従量税とは，商品1個当たりいくらというように，財1単位ごとに定額の税金を課す方式で，われわれの生活では酒税やたばこ税などが従量税に当たります。

三角形の面積は「底辺×高さ÷2」で求められるので，点Aの数量，点A'，Bの価格と数量を求めることが必要です。

●課税前の均衡生産量（点Aの数量）

三角形の高さの部分に当たるのは，点Aと点A'の数量差です。まずは，点Aの数量を求めましょう。

需要曲線：$P = 5000 - 3Q_D$ 　　供給曲線：$P = 2Q_S$

これより，均衡点では需要＝供給が成り立つので，

$$2Q = 5000 - 3Q \quad よって，Q = 1000$$

●課税後の均衡生産量（点A'の数量）

課税前の供給曲線が$P = 2Q$なので，従量税が500課税された後の供給曲線は，$P' = 2Q + 500$となるので，

$$2Q + 500 = 5000 - 3Q \quad よってQ = 900$$

これで三角形の高さに相当する100（＝1000－900）を出すことができました。

●点A'とBの価格（三角形の底辺）

次に，三角形の底辺に相当する点A'，Bの長さををを出すには，求めた課税後の均衡生産量900をS曲線の式と，S'曲線の式（または需要曲線Dの式）に代入することで求めることができます。

点A'の価格は，課税後の供給曲線$P = 2Q + 500$に$Q = 900$を代入して，

$$P = 2 \times 900 + 500 = 2300$$

点Bにおける価格は生産量$Q = 900$を課税前の供給曲線の式$P = 2Q$に代入して，$P = 2 \times 900 = 1800$を得ます。

よって，求める三角形△$AA'B$の底辺に相当するGE（＝$A'B$）の大きさは500（＝2300－1800）になります。

●三角形の面積を求める

以上から，求める超過負担（厚生の損失）の大きさである△$AA'B$の面積は，$500 \times 100 \div 2 = 25000$となるので，正答は**2**です。

たとえば，たばこ1箱（20本入り）の値段が20円値上がりしたということは，1本当たり1円の従量税が課せられていたことを意味します。グラフでは，1単位（たばこでは1本）追加するごとに従量税1円のコストが加算されることになります。

従量税をグラフにすると

従量税の課税によって供給曲線は平行に上方へシフトします。ですから，ある供給曲線$P = 2Q$があったとすると，従量税が500課税された後，課税後の供給曲線は，$P' = 2Q + 500$となります。

点A'の価格は

需要曲線の式$P = 5000 - 3Q$に$Q = 900$を代入しても答えは同じになります。

底辺？高さ？

図を拡大して解説すると，三角形の「底辺」は$A'B$の長さで，点A'と点Bの価格の差を求めることになります。

「高さ」は点Aから底辺に垂直に下ろした線分の長さで，点Aと点A'（点B）の数量の差を求めることになります。

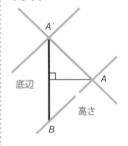

補助金

余剰に関して，課税とともに，政府が経済に関与するものとして扱われるのが補助金の問題です。補助金が与えられれば余剰がどうなるのかをまず説明します。

●補助金と二重価格政策

かつて政府が行っていた米価政策を例にしてみてみましょう。政府は農家から高い価格でコメを買い上げて農家を保護し（このときの価格を**生産者米価**という），消費者には安い価格で販売していました（このときの価格を**消費者米価**という）。

次のグラフでは，生産者米価がP_0の価格で，消費者米価がP_1という価格であることを示しているとします。

ちなみに米価政策のように消費者と生産者に異なる価格を設定する政策を**二重価格政策**といいます。補助金の供与を伴う一種の規制ですね。

もし，国内でコメの自由な取引を認めれば，コメの価格と生産量は市場原理によって決まるので，価格はP^*と生産量x^*となります。このとき，消費者余剰は$\triangle AP^*E$，生産者余剰は$\triangle P^*BE$となり社会的余剰は$\triangle ABE$の部分に相当します。

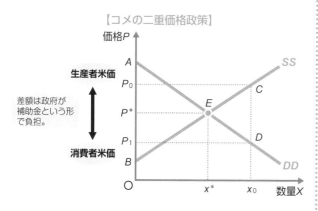

【コメの二重価格政策】

差額は政府が補助金という形で負担。

補助金って？

「補助金」は，政府が特定産業に対して文字どおり補助するために与えるお金のことです。

二重価格政策＝補助金政策？

農家から高値で買って，消費者に安値で売る際の政府の損失分は結果的に，農家への補助金の供与に等しいことを意味します。

DD？SS？

DDもDと同じで需要曲線を表しています。同様に，SSもSも供給曲線のことです。

完全競争における余剰

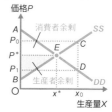

●補助金後の余剰

では，政府が農業市場に介入すると，余剰はどのように変化するでしょうか。

まず，消費者余剰は$\triangle AP_1D$となり，市場原理に基づいた

273

場合の消費者余剰よりも増加します。消費者は価格が均衡価格P^*よりも安い消費者米価P_1で買えるので，需要量をx_0まで増加させることができるからです。

また，農家は政府が市場の均衡価格よりも高い生産者米価P_0で買ってくれることから，生産量をx_0まで増やすことができるので，生産者余剰も$\triangle P_0CB$と大きくなります。

ところが，政府は，x_0だけのコメをP_0の価格で購入し（購入金額はP_0Ox_0C），P_1の価格で消費者に販売する（販売額はP_1Ox_0D）ので，差額の$\square P_0P_1DC$は政府の財政負担，言い換えれば，農家への**補助金**に相当します。

経済学では，補助金の支出は本来必要のないもので，社会的余剰を減少させるとみなすので，社会的余剰を求める際には，消費者余剰と生産者余剰を足したものから補助金の額を引き算して求めなければなりません。

したがって，補助金を与える場合の余剰は，

消費者余剰$\triangle AP_1D$ + 生産者余剰$\triangle P_0CB$ − 補助金$\square$ $P_0CDP_1 = \triangle ABE - \triangle CDE$

となり，社会的最適均衡時の社会的余剰$\triangle ABE$と比べて$\triangle CDE$だけ小さいことになります。これらのことより，補助金政策は社会的な厚生を損失させることになります。

やっぱり厚生の損失は三角形？

以前に「**厚生の損失は必ず三角形で示される**」といいましたが，補助金のケースでも三角形$\triangle CDE$で示されました。課税などの場合と異なるのは，生産量が市場均衡よりも少ないのではなく，逆に大きくなっているから，厚生の損失が生まれたわけです。

市場原理にゆだねたときの社会的余剰

消費者余剰：$\triangle AP^*E$
生産者余剰：$\triangle P^*BE$
社会的余剰：$\triangle ABE$

補助金が与えられたときの社会的余剰

消費者余剰：$\triangle AP_1D$
生産者余剰：$\triangle P_0CB$
補助金：$\square P_0CDP_1$
社会的余剰：$\triangle ABE-$
　　　　　$\triangle CDE$
厚生の損失：$\triangle CDE$

【補助金後の余剰】

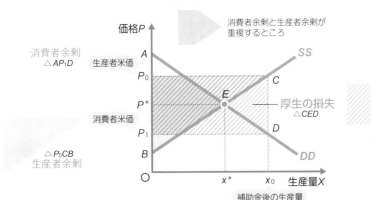

消費者余剰と生産者余剰が重複するところ

価格P

消費者余剰 $\triangle AP_1D$
生産者米価
厚生の損失 $\triangle CED$
消費者米価
補助金 $\square P_0CDP_1$
$\triangle P_0CB$
生産者余剰

生産量X
補助金後の生産量

●厚生の損失のやさしい求め方
ところで，計算式の$\triangle AP_1D + \triangle P_0CB - \square P_0CDP_1 = \triangle$

$ABE - \triangle CDE$はスムーズに理解できましたか？

　数学が苦手な人にはつらいかもしれませんので，簡単なやり方を紹介しましょう。グラフに以下のような数字を入れて考えると，とても楽に理解できると思います。

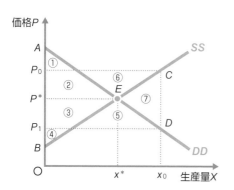

$$\triangle AP_1D \ (①②③⑤) + \triangle P_0CB \ (②③④⑥)$$
$$- \square P_0CDP_1 \ (②③⑤⑥⑦)$$
$$= \triangle ABE \ (①②③④) - \triangle CDE \ (⑦)$$

とすれば理解できるはずです。

　つまり，完全競争における社会的余剰①②③④に対して，補助金を与えた場合，⑦の部分，つまり$\triangle CED$のところが厚生の損失に当たります。

　では補助金（二重価格政策）に関連する過去問に当たってみましょう。**例題3**はここまでの総合的な問題です。

例題2

ある財の需要曲線と供給曲線がそれぞれ、

$D=-P+16$

$S=P$ 〔D：需要量，S＝供給量，P＝価格〕

で示されるとする。

政府は生産者価格を10に設定してこの財を生産者から購入し，消費者価格を6に設定して消費者に販売する。この売買の際に生じる政府の赤字は，補助金によって賄われるものとする。この場合の補助金の額および補助金を交付したことにより生じる経済厚生の損失（超過負担）の絶対値の組合せとして，妥当なのはどれか。

(国家一般職〔大卒〕)

	補助金の額	経済厚生の損失
1	20	2
2	20	4
3	40	2
4	40	4
5	80	2

解法のステップ

題意を図にすると（DとSは数量Xで統一），今，学んだように，補助金の大きさはP_SP_DDC，厚生の損失は$\triangle CDE$で示されるので，それぞれの面積を求めることで解答できます。

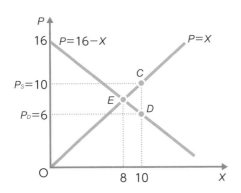

 点C，Dの生産量の求め方

Cは供給曲線$P=X$上に，Dは需要曲線$P=16-X$上にあり，それぞれの価格が10と6であることから需給曲線の式にこれらを代入して求めることができます。

均衡点Eの数量は，$16-X=X$より，$X=8$，点C，Eの数量は，$10=X$または$6=16-X$から，$X=10$となります。

したがって，補助金の大きさは$P_SP_DDC=4\times10=40$，厚生の損失の大きさは，$\triangle CDE=4\times2\div2=4$

よって，正答は**4**です。

例題3

図は完全競争市場におけるある財の需要曲線（DD′）と供給曲線（SS′）を示したものである。この財についての消費者余剰と生産者余剰に関する次の記述のうち，必ず成り立つものの組合せはどれか。

（国税専門官　改題）

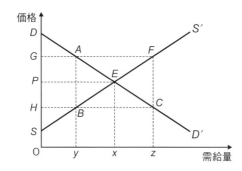

ア　財の供給量が y の場合，消費者余剰と生産者余剰の合計は ABSD である。
イ　財の供給量が x の場合，生産者余剰は PED，消費者余剰は SEP である。
ウ　財の供給量が y の場合，生産者余剰は財の供給量が x の場合より小さくなる。
エ　財の供給量が z の場合，消費者余剰と生産者余剰の合計は SED から ECF を差し引いた部分になる。

1　ア　イ
2　ア　ウ
3　ア　エ
4　イ　ウ
5　ウ　エ

解法のステップ

まずエをみてください。均衡の x より供給量が多い z のケースこそ，補助金（二重価格）の場合と結果的に総余剰は同じで，このエは妥当です。

イは，もう改めて説明するまでもなく，消費者余剰は△PED，生産者余剰は△SEP で，本肢は消費者余剰と生産余剰が逆になっています。

ア・ウは，供給量が均衡需給量 x よりも少ない y の場合です。このとき，消費者余剰は△ADG，生産者余剰は□ABSG となり，両余剰の合計は□ABSD となります。よって，アは妥当です。ちなみに，このときの厚生の損失は△

ウの生産余剰を整理

y のとき②③④
x のとき③④⑥
↓
②＞⑥
↓
y の生産者余剰が大きい

*ABE*の部分に相当します。

　さらに，ウで，需給量*y*のときの生産余剰は□*ABSG*，生産量が*x*のときの生産者余剰は△*SEP*です。今，問題のグラフに下のように数字を打ってみました。

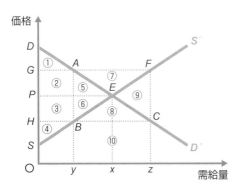

ウのまとめ（確認）

供給量*y*のときの生産者余剰：②③④
供給量*x*のときの生産者余剰：③④⑥
共通の③④を除いた②，⑥の大きさの比較で供給量*y*のほうが大きい。

　□*ABSG*は②③④，*SEP*は③④⑥ですので，両者の大きさを比較するには，②と⑥の大きさを比較しなければなりませんが，②と⑥では，②のほうが大きい，すなわち，生産者余剰は，供給量*y*の場合のほうが，*x*の場合よりも大きいので，ウは誤りです。

　以上より，妥当な記述はアとエなので，正答は**3**です。

●供給量が多いときの余剰分析

　少し難しい話になりますが，補助金を出したり，二重価格政策をとったりせずに，シンプルに供給量が多い場合の余剰を，例題3の図で番号を駆使しながら，説明してみます。

　供給量が*z*の場合，価格は需要曲線に対応する*H*に相当するので，消費者余剰は，△*DHC*になります。

　次に生産者余剰ですが，通常，生産者余剰とは，「生産者が得をした部分」などの理解で十分ですが，ここは「生産者が『実際に受け取る金額』から『売ってもよいと思っている金額』の差の総和」という正確な定義に基づいて対処しなければなりません（⇒p.68）。

　では，図で生産者が「実際に受け取る金額」の総和とは，価格が*H*で供給量が*z*なので□*HOZC*の部分に相当し，生産者が「売ってもよいと思っている金額」の総和は□*SOZF*な

供給量*z*で
価格はなぜ*H*？

供給量*z*のとき，*D*曲線と*S*曲線，どちらに対応する価格が市場価格となるかと言えば，この場合，供給者がプライス・テイカー（価格受容者）なので，価格は*D*曲線に対応する*H*となります。

「売ってもよいと思っている金額」が□*SOZF*になるわけ

供給曲線は，生産者が価格に応じて売ってもよいとする生産量を示しているからです。

ので，生産者余剰は□$HOZC$－□$SOZF$となります。まとめると，

　　　総余剰＝消費者余剰＋生産者余剰
　　　　　　＝△DHC＋（□$HOZC$－□$SOZF$）

ですが，わかりづらいですね。そこで番号を振った図で示すと次のようになるでしょう。

　　　消費者余剰：△DHC（①②③⑤⑥⑧）
＋）生産者余剰：□$HOZC$－□$SOZF$（④⑩－⑧⑨⑩）
　　　総余剰：△SED－△ECF（①②③④⑤⑥－⑨）

　財の供給量がzの場合，エのとおり，消費者余剰と生産者余剰の合計（＝総余剰）は，SEDからECFを差し引いた部分になります。これは，政府が補助金（二重価格）政策をとった場合と同じであることも確認できますね。

生産者余剰

④－⑧⑨でマイナスになります。

⑩？

⑩の部分は$SOzCB$をさします。

 ## 独占と厚生の損失

　独占市場を含む不完全競争市場も，完全競争市場の均衡量よりも過小でしたので，**厚生の損失（死荷重）**が存在します。ここでは問題から入ってみたいと思います。

例題4

　ある製品の需要は，

　　$D=-P+20$　　〔D：需要量　P：価格〕

で示される。今，この市場が，費用関数

　　$Y=X^2-4X+6$　　〔Y：総費用　X：生産量〕

を持つ企業によって独占的に製品が供給されているとすると，この市場においては，完全競争均衡に比べてどのくらいの死重的損失（Dead Weight Loss）が発生するか。

（地方上級）

1　4
2　6
3　8
4　10
5　12

例によってグラフを使いながら余剰分析を行います。

完全競争市場の場合と独占の場合の余剰は次のとおりですね。

	完全競争市場	独占市場
消費者余剰	$\triangle HBE$	$\triangle HAC$
生産者余剰	$\triangle BOGE$	$\square AOGE'C$
社会的余剰	$\triangle HOE$	$\square HOGE'C$

ですから，完全競争均衡と比較した独占市場における死重的損失（厚生の損失）は，先の図の$\triangle CE'E$の部分となります。

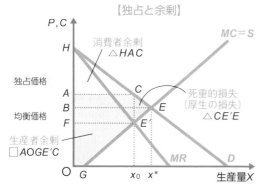

【独占と余剰】

よって，本問の解答のためには，$\triangle CE'E$の面積を求めればよいことになります。そのためには，完全競争均衡である点Eと，独占市場の均衡点Cの価格と数量を得ることが必要です。

●点Eの価格と生産量

需要曲線は，

$D = -P + 20$

が与えられていますが，数量はXで統一して，

$P = -X + 20$

の形に変形します。

企業は限界費用曲線MCを個別供給曲線Sとして行動するので，この場合の供給曲線は費用関数

$Y = X^2 - 4X + 6$

を微分した限界費用，

独占？

独占については p.61と p.232で学びました。不安に思う人は戻って復習してください。

死重的損失って？

死重的損失（Dead Weight Loss）とは，「厚生の損失」と同じことです。**死荷重（しかじゅう）**という場合もあります。

Dead Weight

dead weightはそもそも船舶用語で，ヒトや燃料や貨物などの積載重量のことです。これにlossがついて「負担しなければならない重荷（税など）によって（厚生の）損失が発生する」という意味に発展したようです。

$$MC(=P)=2X-4$$

となります。

　完全競争均衡は需要曲線と供給曲線の交点なので，

$$-X+20=2X-4$$

から，生産量$X=8$（点Eの生産量）を得ます。

　さらに$X=8$を需要曲線の式に代入して，

$$P=-8+20=12$$

　すなわち，点B（点Eの価格）となります。

●点Cの価格と生産量

　次に，独占企業の利潤最大化の条件である限界収入$MR=$限界費用MCを使って求めます。

$$P=-X+20$$

より，限界収入は，$MR=-2X+20$

となり，限界費用は，$MC=2X-4$

　よって，$MR=MC$を満たすXは，

$$-2X+20=2X-4$$

　これを解いて

$$X=6$$（点Cの生産量）となります。

$P=-X+20$に$X=6$を代入して，

$$P=-6+20=14$$

　すなわち，点A（点Cの価格）となります。

　また，点FはMC曲線（$=2X-4$）のXに点Cの生産量6を代入して求めることができます。点Fは$8(=2\times6-4)$ですね。

　求めた数値は280ページのグラフで確認してください。

　以上から，死重的損失$\triangle CE'E$は，

$$(14-8)\times(8-6)\times\frac{1}{2}=6$$

となりますので，正答は**2**ですね。

独占の場合の余剰分析のポイント

価格がどこで決まるかをまず押さえることです。そこと需要曲線とに囲まれたところが消費者余剰でしたね。独占の均衡点がC。その価格水準から上なので，消費者余剰は$\triangle DAC$の部分です。

生産者余剰は，そこと供給曲線とに囲まれた部分ですが，均衡需給量の位置からになる点に留意します。したがって，$\square AOGE'C$の部分が生産者余剰になります。

第**5**章　余剰（実践）

自由貿易と関税の余剰について
～貿易によって厚生の損失は？～

　自由貿易については，教養試験レベルですでに説明しました（⇒p.71）。ここでは，確認演習の後，関税について学びます。

自由貿易

例題5

　ある国のコメの国内市場の需要曲線と供給曲線がそれぞれ
　　$D = 1000 - P$
　　$S = 2P - 200$ 　　〔D：需要量　S：供給量　P：価格〕
で示されるものとする。

　もし仮にコメの市場開放が行われたならば，開放以前と比較してこの国の経済厚生はいくら増加するか。ただし，海外市場におけるコメの価格は200であるとする。

（地方上級）

1　20,000
2　30,000
3　40,000
4　50,000
5　60,000

解法のステップ

　設問に「市場開放が行われた」とあるので，自由貿易の話ですね。題意をグラフにしてみると，求める経済厚生の増大は△ECE'の部分ですね。

　△ECE'の面積を求めるために，輸入量に相当するCE'の長さ（底辺）とPP^*の長さ（高さ）を出す必要があります。

経済厚生？

経済厚生とは，社会全体の効用（満足度）のことです。この問題の場合は「経済厚生はいくら増加するか」ですから，「厚生の増大」の大きさを求めればいいのです。

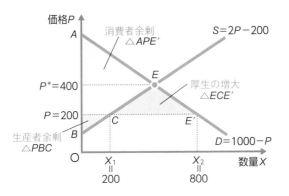

貿易の前と後の余剰

貿易前
消費者余剰　△AP^*E
生産者余剰　△P^*BE
社会的余剰　△ABE
↓
貿易後
消費者余剰　△APE'
生産者余剰　△PBC
社会的余剰　□$ABCE'$

第5章

余剰（実践）

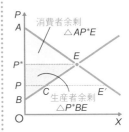

自由貿易を行ったときの社会的余剰は，国内市場だけの場合と比較すると，△ECE'分だけ増加しました。ちなみに，輸入量はCE'の部分です。

●三角形の高さを求める

P^*は需要曲線と供給曲線が交わるときの均衡価格なので，需要＝供給より，$1000-P=2P-200$から，$P^*=400$。Pは条件より200（国際価格）なので，三角形の高さ（PP^*）は200となります。

●三角形の底辺を求める

海外市場のおけるコメの価格Pは200が与えられているので，C（$=X_1$）とE'（$=X_2$）は，供給曲線と需要曲線の式に価格$P=200$を代入して求めることができます。

$$C（=X_1）：S=2P-200=200$$
$$E'（=X_2）：D=1000-P=800$$

この結果，三角形の底辺（CE'）は600となります。

よって，求める厚生の増加（三角形の面積）は，

$$(800-200)×(400-200)÷2=60000$$

よって，正答は**5**です。

関税

●関税を課した場合（自由貿易の場合と比較する）

確かに，貿易によって，社会的余剰が増加することがわかりましたが，貿易が始まると生産者余剰が減少したことからもわかるように，国内の生産者は不利になります。

そのため，政府は国内の産業を保護しようと，**関税**を課すことによって貿易を制限します。

関税？

国内産業の保護を目的として輸入品に課せられる税金のことです。

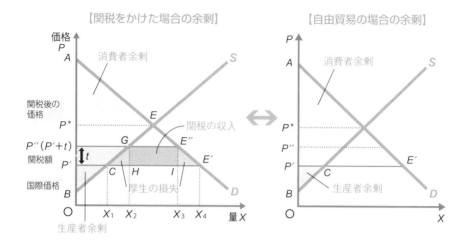

【関税をかけた場合の余剰】　　　　　　　　　　【自由貿易の場合の余剰】

● 関税をかけたときの変化

上図は，国際価格がP'である状況で，関税をtだけ課した状態を示したものです。

このとき，新しい価格はP''（$=P'+t$）となります。関税後の価格P''は国際価格P'より高くなったので，消費者の需要量は自由貿易が行われる場合と比較して，OX_4からOX_3へ減少します。また，国内生産量は関税をかけなかった国際価格のときのX_1から持ち直し，X_2に増加します。

さらに，価格が上がった分，輸入量も，CE'からGE''へ減少します。

● 関税後の余剰

では，関税がかけられたときの余剰分析を行ってみましょう。消費者余剰は$\triangle AP''E''$，生産者余剰は$\triangle P''BG$となります。さらに，ここで政府には関税による収入が発生するため，社会的余剰を計算するには関税収入を含めなければなりません。関税収入は，輸入数量がGE''，関税がGH（tに相当）となるので，$\square GHIE''$で表されます。

したがって，関税をかけたときの社会的余剰（総余剰）は以下のようになります。

社会的余剰＝消費者余剰$\triangle AP''E''$＋
**　　　　生産者余剰$\triangle P''BG$＋関税収入$\square GHIE''$**

自由貿易時の社会的余剰は$\square ABCE'$の部分でしたの

関税を課した後の価格は？

関税は，輸入される財1単位につき一定の額を課税することなので，財の価格は国際価格より関税だけ引き上げられることになります。

関税収入の求め方は？

税収が「税額×量」で出されたように，関税収入は「関税額×輸入量」で求められます。

284

で，関税を課した場合には社会的余剰が2つの三角形，△GCHと△E″IE′分だけ小さくなります。すなわち，関税をかけた場合，自由貿易のときと比較すると△GCH＋△E″IE′の部分だけ厚生の損失が発生します。

例題6

次の図は輸入に関し小国であるA国のX財に関する需要曲線DD′と供給曲線SS′を示す。A国は国内品と同質の外国品を国際価格OP_3でいくらでも輸入できると仮定する。政府が輸入品X財にP_2P_3の関税をかけるとする。すると，国内需要量は（　A　）となり，国内生産量は（　B　）となる。この結果，外国からの輸入量は（　C　）となる。

上文の空欄A～Cに当てはまるものの組合せとして最も妥当なものはどれか。

（地方上級）

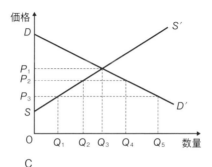

	A	B	C
1	OQ_3	OQ_3	0
2	OQ_3	OQ_3	Q_3Q_4
3	OQ_4	OQ_2	Q_2Q_4
4	OQ_5	OQ_1	Q_1Q_5
5	OQ_4	OQ_2	Q_1Q_5

解法のステップ

自由貿易の場合におけるこの財の国内価格は国際価格と同じP_3で，関税P_2P_3がかけられるので，国内で販売される価格は自由貿易の場合に比べて関税分だけ上昇してP_2となります。

よって，国内需要量はOQ_4（Aの答え）であり，国内生産量はOQ_2（Bの答え）となります。また，輸入量は国内需要量から国内生産量を差し引いた部分のQ_2Q_4（Cの答え）です。

よって，正答は**3**です。

再確認！

P_2：関税後の価格，P_3：自由貿易時の国際価格を押さえましょう。

例題7

　ある財の国内の需要曲線と供給曲線がそれぞれ

　　$D = 120 - P$

　　$S = 2P$　　　〔D：需要量　S：供給量　P：価格〕

によって表されている。この財の海外市場における価格は20であるとすると，この財に1単位当たり10の関税が課せられたときに発生する経済厚生の損失として，最も妥当なものはどれか。

（地方上級）

1　100

2　120

3　130

4　150

5　180

解法のステップ

　やはり図をかいてみることが重要です。まず自由貿易のときの余剰をグラフにすると以下のようになります。

　本問では，「関税を課したときの厚生の損失」を問うているので，自由貿易を行ったときの余剰の大きさと比較することになります。厚生の損失は下図の$\triangle GCH + \triangle E''IE'$の部分に相当します。それぞれの三角形の面積を求めればよいわけですが，具体的にはP，$P'(P+t)$，X_1，X_2，X_3，X_4の値を求めればよいのです。

関税をかけたときの余剰（復習）

自由貿易

消費者余剰	$\triangle APE'$
生産者余剰	$\triangle PBC$
関税収入	―
社会的余剰	$\square ABCE'$
輸入量	CE'

↓

関税をかけたとき

消費者余剰	$\triangle AP'E''$
生産者余剰	$\triangle P'BG$
関税収入	$\square GHIE''$
社会的余剰	$\square ABGE''$
	$+\square GHIE''$
輸入量	GE''

よって，関税をかけたときの社会的余剰は，自由貿易のときと比較して，2つの三角形$\triangle GCH + \triangle E''IE'$分だけ厚生の損失が発生します。

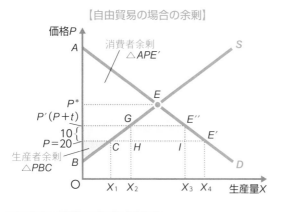

【自由貿易の場合の余剰】

● 2つの三角形の高さを求める

　Pは条件より20（国際価格），関税が1単位当たり10とな

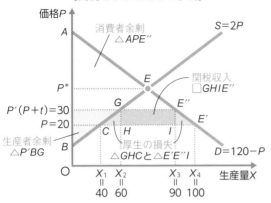

【関税をかけたときの余剰】

価格P

A

消費者余剰
$\triangle APE''$

$S=2P$

E

関税収入
$\square GHIE''$

P^*

$P'(P+t)=30$

G E''

E'

$P=20$

C H I

生産者余剰
$\triangle P'BG$

B

厚生の損失
$\triangle GHC$と$\triangle E'E''I$

$D=120-P$

O $\quad X_1 \quad X_2 \qquad X_3 \quad X_4 \qquad$ 生産量X
$\qquad \underset{40}{\parallel} \underset{60}{\parallel} \qquad \underset{90}{\parallel} \underset{100}{\parallel}$

っているので$P+t$は,

$$P+t=20+10=30$$

これで,両三角形の高さ(線分GHと線分$E''I$)は10であることが判明しました。

● 2つの三角形の底辺を求める

$C(=X_1)$と$E'(=X_4)$の値は需要曲線と供給曲線に$P=20$を代入して求めることができます。

$$C\ (=X_1):S=2P=2\times 20=40$$

$$E'\ (=X_4):D=120-P=120-20=100$$

同様に,$G(=X_2)$と$E''(=X_3)$の値は,需要曲線と供給曲線に$P=30$を代入して求めます。

$$G\ (=X_2):S=2P=2\times 30=60$$

$$E''(=X_3):D=120-P=120-30=90$$

● 厚生の損失の大きさを求める

よって,$\triangle GHC$の面積は,

$$20\times 10\times \frac{1}{2}=100$$

$\triangle E''E'I$の面積は,

$$10\times 10\times \frac{1}{2}=50$$

となり,求める厚生の損失の大きさは,両方の面積を足して,

$$100+50=150$$

よって,正答は**4**となります。

 比較の対象に注意

貿易に関する余剰分析では,
①国内市場のみの場合と自由貿易の場合との余剰の比較
②自由貿易と関税をかけたときの余剰の比較
が中心です。
またごくまれに,国内市場のみの場合と,関税をかけたうえでの貿易との比較の問題もあります。このときには関税をかけたとはいえ,国内のみの場合と比較すれば「厚生の増大」が出てきます。

輸入割当て

　さて，先ほど，国内生産者を保護する一手段が関税をかけることであると述べましたが，現実の貿易政策で同様に行われているのが**輸入割当て政策**です。ただ，輸入割当てといっても実質的に関税政策と同じ効果があります。

　たとえば，前ページの図で関税を t だけ課した結果として輸入量（GE''）が決まりましたが，輸入割当ての場合は，最初に輸入量（GE''）を決め，結果的に国内での販売価格 P' が決まります。

　輸入量を決定した結果決まった国内の販売価格 P' は，自由貿易であれば実現している国際価格 P よりも高くなっています。

　関税の場合に関税額に相当した t の部分は何かといえば，輸入企業が財を1単位輸入するときに得ることができる利益です。簡単にいえば，輸入企業は，安い国際価格 P で買い付けて，高い国内販売価格 P' で販売してもうけているのです。

　そして，1単位当たりの利益に輸入量を掛けたものが，輸入企業の利益に当たります。利益の大きさは関税の場合の関税収入と同じです。

　このように，輸入割当て政策と関税政策のグラフは同じで，余剰の大きさや厚生の損失などもすべて同じです。

【輸入割当てと余剰】

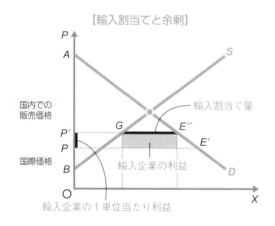

輸入割当て政策のグラフについて

輸入割当て政策と関税政策のグラフは同じで，関税収入の部分が輸入業者の利益に代わるだけで，余剰の大きさや厚生の損失の部分は同じです。

学習のアドバイス

輸入割当てについては応用のテーマになりますので，本書では輸入割当ての概念の説明だけにとどめておきます。

比較してみよう

輸入割当て量＝輸入量
輸入単位当たり利益
　　＝関税額
輸入企業の利益＝関税収入

輸入企業の利益？

輸入量×（国内での販売価格－国際価格）

例題8

　下図は，ある財の需要曲線と供給曲線を示したものである。政府がある輸入業者にQ_1Q_2の輸入数量割当を行った場合，輸入業者の超過利潤を表す部分として，妥当なのはどれか。ただし，自由貿易のときの国内価格をP，輸入数量割当後の国内価格をP_1とする。

(地方上級)

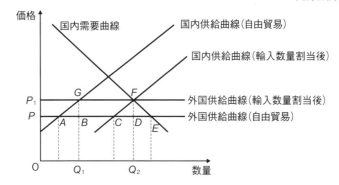

1 FCE

2 GBEF

3 GADF

4 P_1PEF

5 GBDF

解法のステップ

　求める「輸入業者の超過利潤」とは，本文で説明した「輸入企業の利益」に相当するので，答えは$GBDF$と即答できますよね。正答は**5**です。

　なお，問題の図には，「国内供給線（輸入数量割当後）」の線分が引かれていますが，輸入割当て分（GE），国内供給量が増えるので，もとの国内供給曲線が右にシフトすることを示しています。

第5章のまとめ

●余剰と厚生の損失

▶課税の場合

消費者余剰：$\triangle P_1 E' P^{*\prime}$

生産者余剰：$\triangle P^* E' P_2$

税収額：$\square E' P_2 O E''$

社会的総余剰：$\square P_1 O E'' E'$

厚生の損失：$\triangle E' E'' E$

税収額＝（1単位当たりの税額）×（供給量）

総余剰＝消費者余剰＋生産者余剰＋税収

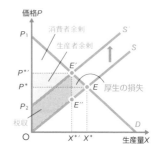

▶補助金の場合

消費者余剰：$\triangle A P_1 F$

生産者余剰：$\triangle P_0 C B$

補助金：$\square P_0 C F P_1$

総余剰：$\triangle ABE - \triangle EFC$

厚生の損失：$\triangle EFC$

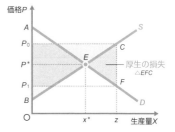

▶生産量が多い場合

消費者余剰：$\triangle A P_1 F$

生産者余剰：$\square P_1 O Z F - \square B O Z C$

総余剰：$\triangle ABE - \triangle EFC$

厚生の損失：$\triangle EFC$

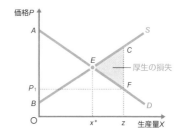

▶独占の場合

消費者余剰：$\triangle HAC$

生産者余剰：$\square A O E' C$

総余剰：$\square H O E' C$

厚生の損失：$\triangle C E' E$

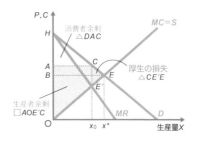

●自由貿易と関税の余剰

▶自由貿易の前と後

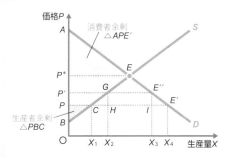

	貿易前	貿易後
消費者余剰	$\triangle AP^*E$	$\triangle APE'$
生産者余剰	$\triangle P^*BE$	$\triangle PBC$
社会的余剰	$\triangle ABE$	$\square ABCE'$

輸入量：CE'
厚生の増大：$\triangle ECE'$

▶関税と輸入割当て

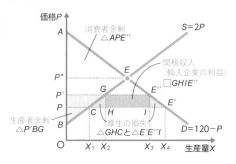

	関税	輸入割当て
消費者余剰	$\triangle AP'E''$	$\triangle AP'E''$
生産者余剰	$\triangle P'BG$	$\triangle P'BG$
関税収入(輸入企業の利益)	$\square GHIE''$	$\square GHIE''$
社会的余剰	$\square ABGE'' + \square GHIE''$	$\square ABGE'' + \square GHIE''$

輸入量：GE''
厚生の損失（自由貿易のときとの比較で）：2つの三角形の$\triangle GCH + \triangle E''IE'$

パレート最適（実践）

ミクロ経済の究極的理論を究めよう

　教養試験レベルでは，パレート最適とは何かという定義の説明を主に行いましたので，ここでは，その理論をもう少し突っ込んで説明します。パレート最適に関する問題は，出題者が難しくしようとすれば限りがないぐらい難解になってしまいます。しかし，出題頻度を考えて，ここでは合格点が取れる範囲内の説明にとどめておきます。

　パレート最適については，基礎的な内容をしっかりと学習しておくことがまずは肝要です。それから，パレート最適の問題の場合は，計算問題よりは理論の問題が圧倒的に多くなっています。

出題傾向

国家総合職：★　　国家一般職：★★　　地方上級：★★
国税専門官：★★　　市役所：★

パレート最適を完成
～ミクロ経済学の総まとめだよ～

　パレート最適の定義や成り立ちについては，教養試験レベルでかなり詳細に説明しましたが（⇒p.74），専門試験レベルでは，パレート最適な考え方をさらに掘り下げて，市場の効率性を考えていきます。最終的には，競争均衡という理論まで紹介します。

エッジワース・ボックスとパレート最適

　パレート最適とは，資源配分に無駄のない状態です。そこで具体的に，2人の消費者が2つの財をどう配分するかということを，無差別曲線を使って，**エッジワース・ボックス**（エッジワースの箱）の中で，パレート最適が説明されました。その特徴を覚えていますか？

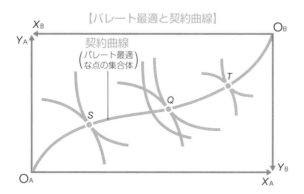

【パレート最適と契約曲線】

　パレート最適の正確な定義は，「ほかのだれの効用も減らすことなく自己の効用をもはや高めることができない状態」でした。

　パレート最適な点は，図では点S，点Q，点Tをさし，いくつも存在しました。そうしたパレート最適な資源配分が達成される点を結ぶ1本の曲線を**契約曲線**と呼び，図ではO_AからS，Q，Tを通りO_Bを結んだ線となりました。

パレート最適も怖くない！

パレート最適って，ミクロ経済学の究極的な理論だと思うのです。そういうこともあってか理論は抽象的で難解です。
しかし，公務員試験のパレート最適については，出題される問題の論点がだいたい決まっているので，問題を通してその解法パターンを覚えながら，理論も理解していくことが重要かなと思います。

エッジワース？パレート？

どちらも経済学者の名前です。エッジワース・ボックスとパレート最適については，いつでも教養試験レベルに戻って復習してください（⇒p.74）。

無差別曲線

無差別曲線に関してはp.42を参照してください。

　ここまでが，教養試験レベルで説明した内容です。では，専門試験対策用に，パレート最適の定義をもう一つつけ加えたいと思います。

パレート最適実現の条件

　限界代替率MRSというのは覚えていますか？　「限界」ときたら「微分」，「微分」ときたら「接線の傾き」でした。では限界代替率MRSは何のグラフの接線の傾きだったでしょうか。無差別曲線ですね。

　前ページの図の点Tに注目してみてください。点Tはパレート最適な点で，Aさんの無差別曲線とBさんの無差別曲線が接しているのですね。

　そこで「点Tの限界代替率をグラフ上で示しなさい」といわれたらどうしますか？　点Tに接する線分を引くと思いますが，このとき，Aさん，Bさん両者の接線は重なります。点Tで接しているので接線も共有する形になります。

　つまり，点Tにおいて両者の限界代替率MRSは接線が同じなので等しいということになります。これがパレート最適な条件です。

　では，教養試験レベルの復習と発展的な理解のために，問題にまず挑戦してください。

限界代替率MRSとは？

X財を追加的に1単位増やしたときに，効用水準を一定に保つためにはY財をどれだけ減らさなければならないかという比率，つまり，X財とY財の交換の比率でした。

点Tの限界代替率を作図すると…

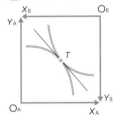

Aの無差別曲線の接線でもあり，Bの無差別曲線の接線でもある。
↓
両者の限界代替率MRSが等しい
$MRS_A = MRS_B$

例題1

　図は2人の個人1，2および2財X，Yからなる経済をボックス・ダイアグラムで表したものである。このボックス・ダイアグラム内の点に関する次の記述のうち，最も妥当なものはどれか。

　なお，図中，曲線 I_1，I_1' は個人1の無差別曲線，曲線 I_2，I_2' は個人2の無差別曲線，点 O_1 と点 O_2 を結ぶ線は契約曲線である。

（国家一般職［大卒］　改題）

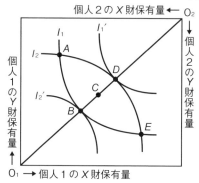

1　C点においては，個人1のX財とY財の限界代替率が個人2のそれを上回っている。

2　A点からE点に移動すると，個人1の効用は変化しないが，個人2の効用は減少する。

3　契約曲線上の点のうち，B点とD点ではパレート最適が成立するが，C点ではパレート最適は成立しない。

4　E点からD点に移動すると，個人1の効用は減少し，個人2の効用は増大する。

5　B点からC点への移動は，個人1の効用は増加し，個人2の効用は減少する。

解法のステップ

　選択肢ごとに解説します。C点については，個人1の無差別曲線 I_1''，個人2の無差別曲線 I_2'' をそれぞれ補って考えましょう。

1.　パレート最適な点において，両者の限界代替率 MRS は等しかったので，誤りです。

2.　A点からE点へ移動しても，個人1の無差別曲線は I_1 上の移動なので，効用水準は同じです。また，個人2の効用水準も，A点からE点への移動は，同じ無差別曲線 I_2 の移

グラフの形が
違ってる？

エッジワース・ボックスの正確な表記は p.294のグラフで，**例題1**は単純化して文字どおり「箱」の形にしたものです。特に，性質上の違いはありません。

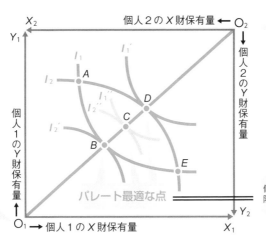

個人2の効用は
$I_2 → I_2'' → I_2'$の
順に増加する

個人1と個人2の
限界代替率は等しい

個人1の効用は
$I_1 → I_1'' → I_1'$の
順に増加する

動なので効用に変化はありません。このように，両者の効用水準はともに変化しません。

3. C点も契約曲線上にあるのでパレート最適が成立します。

4. E点からD点への移動で，個人1の効用は増加し，個人2の効用は変化しません。

5. 正答は**5**であることがわかります。

ちなみに，**4**，**5**について，効用の変化を表にしてみると以下のようになります。

ダイアグラムって？

エッジワース・ボックスを「ボックス・ダイアグラム」と呼ぶこともあります。
「ダイアグラム」を難しく説明することはできますが，公務員試験対策の観点からは，「グラフ」と同じようなものと理解しておいてください。

【効用の変化を比較】

	E点 → D点	B点 → C点
個人1	増加（無差別曲線 $I_1 → I_1'$）	増加（無差別曲線 $I_1 → I_1''$）
個人2	不変（無差別曲線 は同じI_2）	減少（無差別曲線 $I_2' → I_2''$）

本問は教養試験レベルの確認問題でした。さて，ここから専門試験の内容も含む発展的なテーマも取り上げていきます。まずは，「パレート改善」という考え方です。

パレート改善（社会的厚生の増大）

パレート改善とは、「相手の効用を減らすことなく、現状より少しでも自分の効用が高まった状態」のことをいいます。パレート最適の定義と似ていますが、意味は本質的に異なります。

では次の問題を通して、「パレート改善」の意味を理解しましょう。

パレート改善かどうかをチェックする

パレート改善かどうかを見極めるために、2人の個人のどちらを「自己」、「相手」と考えてもかまいません。

例題2

次の図は、2種類の財をX、Yの2人で分配するときのエッジワース・ボックスであり、PP線は契約曲線を示している。この図に関する記述ア〜エのうち、最も適切なものはどれか。

（地方上級）

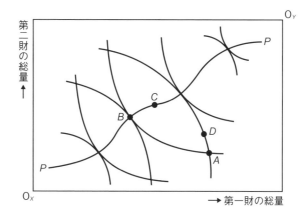

ア　A点からB点への移行は、パレート改善ではない。
イ　A点からD点への移行は、パレート改善である。
ウ　A点からC点への移行は、パレート改善である。
エ　B点からC点への移行は、パレート改善である。

1　ア、エ
2　ア、ウ
3　イ、ウ
4　イ、エ
5　ウ、エ

解法のステップ

まず、C点、D点を通る無差別曲線を補ったグラフをつけ加えました。下図を参考にしながら検討してみてください。

アのA点からB点の移行をみると、個人Xの効用は同じ無差別曲線上にあるので変化しません。その一方で、個人Yの効用はA点からB点の移行で、Yの原点O_Yから遠い無差別曲線に移行するので増加しています。

それぞれの選択肢の内容を表にしてみました。

【パレート改善か否か】

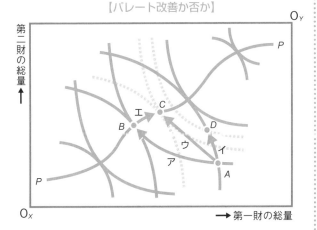

	ア A点→B点	イ A点→D点	ウ A点→C点	エ B点→C点
個人X	不変	増加	増加	増加
個人Y	増加	不変	増加	減少
パレート改善	○	○	○	×

以上の結果、イ、ウが正しいので、正答は**3**です。

--- パレート最適とパレート改善 ---

パレート最適：相手の効用を減らすことなく、自己の効用をもはや高められない状態

パレート改善：相手の効用を減らすことなく、自己の効用を高める動き

 注意しよう

ウ（A点→C点）のように、共に効用が増加していても、「他（相手）の効用を減らさなければ」いいので、パレート改善です。

また、エでパレート最適な点（BからC）どうしの移動だからといって、パレート改善にはならない点なども注意が必要です。

パレート最適＝パレート改善ではありません。

社会的厚生の増大

「パレート改善」のことを「社会的厚生の増大」ということもあります。
「社会的厚生」とは、社会全体の効用を意味します。それが高まることが、「社会的厚生の増大」であり、パレート改善です。
パレート改善＝社会的厚生の増大

第**6**章 パレート最適（実践）

社会的厚生水準の比較

次は**社会的厚生水準の比較**についてです。

結論から先にいえば，エッジワース・ボックス上にP点とQ点があったとして，P点がQ点より社会的厚生の水準が大きい場合は，次の3パターンのどれかになります。

個人A	P>Q	P>Q	P=Q
個人B	P>Q	P=Q	P>Q

早速，過去問に挑戦してもらいますが，社会的厚生の増大（＝パレート改善）と混乱しないようにしましょう。

社会厚生の観点から望ましい？

この社会的厚生の水準が大きいことを，P点はQ点より「社会厚生の観点から望ましい」といういい方をすることもあります。
なお，不等号の大きいほうが，社会的厚生は大きいことを示しています。

例題3

2財Q_1，Q_2，2消費者X，Yからなる純粋交換経済において，エッジワースのボックス・ダイアグラムが下の図のように示されるとき，次の記述のうち最も適切なものはどれか。ただし，U_X，U_Yはそれぞれ消費者X，Yの無差別曲線を，O_X－B－M－C－O_Yは契約曲線を表す。

（国税専門官　改題）

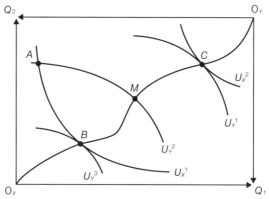

1 A点からB点に移動すると，パレート最適が成立するが，この移動は社会的厚生を増大させない。

2 A点からBM上への移動によって，社会的厚生水準は必ず上昇する。

3 B，M，C点はすべてパレート最適であり，かつ社会的厚生水準も等しい。

4 B，M，C点はパレート最適の点であり，社会的厚生水準で比較するとA点よりも優位である。

5 A点では，XとYの無差別曲線の限界代替率は等しい。

解法のステップ

ここでは，まず，社会的厚生水準の比較に関する選択肢である**3・4**から説明します。その後，社会厚生の増大（＝パレート改善）に関する選択肢**1・2**，そしてパレート最適が実現するための条件である選択肢**5**へ移ります。

3．B，M，C点上は，契約曲線上にあるのでパレート最適です（前半は正しい）が，それぞれの点の社会的厚生水準は同じでしょうか。

これまで確認したように，社会的厚生水準が高まったか否かは調べることはできますが，社会的厚生水準の優劣の比較はここではできません。たとえば，B点とM点の社会的厚生水準を以下の表のように調べました（不等号の大きいほうが，社会的厚生は大きいことを示しています）。

	B点とM点
個人X	$B < M$
個人Y	$B > M$

このとき，B点とM点を比較した場合，個人XとYの効用がどれだけ上回っているかはわかりません。たとえば，個人XはM点がB点を（効用が）10上回ったとか，個人YはB点がM点を5上回ったとか，各個人の社会的厚生水準が数値化でもされていない限り，両者の優位性を比較することはできません。

4．表に効用の大きさを比較してまとめました。

A点とC点の比較では社会的厚生水準の比較は不可能です。この時点で本肢は誤りです。ちなみに，A点とB点ではB点が優位，A点とM点ではM点が優位となります。

【A点とB，M，C点の社会的厚生水準の比較】

	A点とB点	A点とM点	A点とC点
個人X	$A = B$	$A < M$	$A < C$
個人Y	$A < B$	$A = M$	$A > C$

したがって，契約曲線上にあるB，M，C点の社会的厚生水準がすべて等しいわけではありません。

$B < C$，$B > C$などのとき？

以下の表のようにB点とC点，M点とC点を比較しても，社会的厚生水準の比較はできません。このことを，「**社会厚生の観点から望ましいかどうかはわからない**」といいます。

	B点とC点
個人X	$B < C$
個人Y	$B > C$

	M点とC点
個人X	$M < C$
個人Y	$M > C$

第**6**章 パレート最適（実践）

301

1．A点からB点の移動で，消費者Xの効用は同じ無差別曲
線U_X^1上の移動なので効用は変化しませんが，消費者Yの
効用は，無差別曲線U_Y^2からU_Y^3へと移動し効用が高まっ
ていますので，これはパレート改善であり，社会的厚生を
増大させています。もちろん，B点ではパレート最適も成
立しています。本肢は，「増大させない」といっているの
で誤りです。

2．「A点からBM上への移動」となっていますが，**1**で，A
点からB点への移動はすでに社会的厚生が増大しているこ
とが確認できたので，A点からBM上のM点への移動を調
べて，もしも社会的厚生が増大していたら，この選択肢は
正答となりますね。A点からM点への移動で，消費者Xの
効用は増加（M点を通る無差別曲線を補って考えましょ
う），消費者Yの効用は不変なので，パレート改善であり
社会的厚生水準も増加しています。よって，正答は**2**とな
ります。

5．限界代替率MRSが等しいのは，パレート最適な点の条
件の一つでした（⇒ p.295）。A点はパレート最適ではない
ので，両者の限界代替率は等しくありません。

● **パレート最適と所得分配の公平性**

　ここで，補足しておきたいことがあります。パレート最適
の概念は資源配分の効率性をみるものです。この問題のグラ
フの角に当たるO_A点もO_B点も契約曲線上ですのでパレート
最適な点ですが，両点は個人A，Bどちらかが2財を一人占
めしていることを示しています。そのためもう一方に財が配
分されないで生活に困っても，資源配分に無駄のないパレー
ト最適であることには変わりありません。

　このように，パレート最適の考え方は，所得分配の公平性
や最適性については何ら説明していないことを頭に入れてお
きましょう。

表で確認

	A点 → B点
個人X	不変
個人Y	増加

	A点 → M点
個人X	増加
個人Y	不変

パレート最適の
不公平

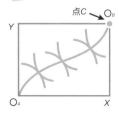

たとえば，上図の点Cでも
パレート最適（資源配分に
無駄がない）
↕
個人Aが2財を独占
（公平ではない）

競争均衡という考え方

では，本章の「パレート最適」の最後に，問題を通じて，競争均衡という理論について説明します。

例題4

図は2財と2個人A，Bからなる経済のエッジワースのボックスダイヤグラムである。図の点P, Q, R, e に関する次の記述のうち，最も妥当なものはどれか。ただし，曲線CC′は契約曲線，e点は2個人の財の初期保有の状態を表すものとする。また，U_A^0，U_A^1は個人Aの無差別曲線，U_B^0，U_B^1は個人Bの無差別曲線である。

（地方上級）

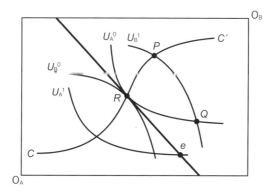

1　P点はパレート最適な配分であり，e点より社会厚生の観点から望ましい。

2　P点はパレート最適な配分であるが，Q点より社会厚生の観点から望ましくない。

3　R点は競争均衡において達成される配分であり，初期状態のe点より社会厚生の観点から望ましい。

4　R点は競争均衡において達成される配分であるが，パレート最適な配分ではない。

5　R点は競争均衡において達成される配分であるから，P点より社会厚生の観点から望ましい。

解法のステップ

1，2については，すでに前問で説明した社会的厚生の水準を比較する問いです。

1は，P点がe点より社会的厚生の観点から望ましいかど

第6章 パレート最適（実践）

うかはわからず，**2**は，P点はQ点より社会厚生の観点から
望ましいということになりますね。

表で確認しておきましょう。

【社会的厚生水準の比較】

	P点とe点	P点とQ点
個人A	$P>e$	$P>Q$
個人B	$P<e$	$P=Q$

では，**3**以降にある競争均衡とは何でしょうか。

e点は初期の保有量で，太線は予算制約線を意味します。

この**初期保有点**は，パレート最適な点ではないので，最終
的には，パレート最適な資源配分の点に調整されます。これ
に予算制約線が示されている場合，均衡点は，すでに学んだ
ように，予算制約線（太線）上で両者の無差別曲線が接する
点（最適消費点）に定まることになります。つまりパレート
最適な点の中でも特に効用が最大である状態を**競争均衡**とい
い，本問ではR点に相当します。言い換えれば，R点は競争
均衡において実現される資源配分点を示しています。

初期保有量とは？

最初に2財を保有し合った
量のことで，ここでは個人
AとBは，最初にe点で2
財を分け合ったということ
になります。

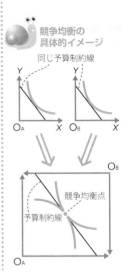

**競争均衡の
具体的イメージ**

同じ予算制約線

競争均衡点

予算制約線

---- 競争均衡点 ----

**パレート最適な配分の中で各個人が予算制約線の中
で効用を最大化している点のこと**

【パレート最適と競争均衡】

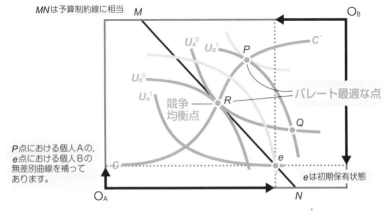

MNは予算制約線に相当

パレート最適な点

競争
均衡点

P点における個人Aの，
e点における個人Bの
無差別曲線を補って
あります。

eは初期保有状態

以上のことから，競争均衡点Rは契約曲線上にあることか
らもわかるように，当然パレート最適な配分です。よって**4**

は誤りです。

　3，**5**の「社会厚生の観点から望ましいか」という問い
は，これまで同様，2点の社会的厚生水準を比較することで
判別できますね。

　5のR点とP点の比較では，同じ契約曲線上にあるので比
較は不可能であることは，すでにみてきたとおりですね。よ
って**5**も誤りです。

　したがって，**3**が正答ということになります。これはR点
とe点の比較です。個人Aにとっては厚生水準の大きさはR
>e，個人BにとってもR>e（Bにとってのe点における無
差別曲線を補いましょう）となるので，R点のほうが社会厚
生の観点から望ましいといえます。

　こちらも表で確認しておきましょう。

【社会的厚生水準の比較】

	R点とP点	R点とe点
個人A	R<P	R>e
個人B	R>P	R>e

　以上，専門試験対策としてのパレート最適の問題は，以下
の4点に絞られるでしょう。

　　①パレート最適の定義に関する問い

　　②パレート改善（社会的厚生の増大）か否か

　　③社会的厚生水準の比較

　　④競争均衡について

　応用問題はともかく，パレート最適に関する基本的な問題
には，これで対応できます。いずれにしてもよく踏ん張りま
した。

　さあ，あと2章です。ミクロ経済学もいよいよ大詰めに近
づきました。

**パレート最適を
終わって**

いやー，骨が折れました
ね。理論的にはなかなか理
解するのが難しい項目でし
た。ただ，専門試験対策と
しては，理論を完璧にする
のではなく，ここで取り上
げた例題を確実に解けるよ
うにするという方向でやっ
てみてください。

第6章のまとめ

●エッジワース・ボックスとパレート最適

パレート最適：ほかのだれの効用
も減らさないように自己の効用
をもはや高めることができない
状態（右図でのパレート最適な
点＝点S，点Q，点T）

契約曲線：パレート最適な資源配
分が達成される点を結ぶ1本の
曲線

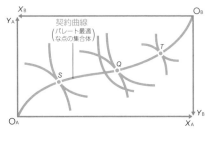

パレート最適な資源配分が実現する条件：2人の限界代替率が等しい

$$MRS_A = MRS_B$$

パレート改善（＝社会的厚生の増大）：相手の効用を減らすことなく，自己の効
用を高める動き

●社会的厚生水準の比較

	A点とB点	A点とC点
個人X	A＝B	A＜C
個人Y	A＜B	A＞C
社会的厚生水準	Bが優位	優劣の比較はできない

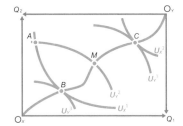

●競争均衡

競争均衡点：パレート最適な配分の
中で各個人が予算制約線の中で効
用を最大化している点。

R点：競争均衡において達成される
配分。

e点：初期保有点

CC´：契約曲線

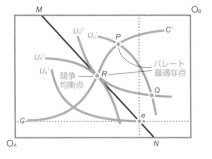

専門試験レベル　第 **7** 章

市場の失敗と不確実性

市場メカニズムが働かないことがある

　「市場の失敗」については，前半の教養試験レベルの中で，その概略について，「公共財」を中心に説明しました（⇒p.80）。本章では，公共財はもちろんのこと「外部効果」と「費用逓減産業」，「情報の非対称性」を含めた「市場の失敗」のケースをより詳細に解説します。

　不確実性については，その主要テーマである「期待効用」を取り上げますが，時代を反映してか，近年，応用問題として，出題頻度が高くなっています。しっかりと身につけていきましょう。

出題傾向

国家総合職：★★	国家一般職：★★	地方上級：★★
国税専門官：★★	市役所：★	

専7-1

公共財を掘り下げる
～私的財との違いを意識しよう！～

公共財については，教養試験レベルの項目で，その特徴である非競合性と非排除性を中心に説明しました（⇒ p.80）。忘れてしまった方は，復習したうえで臨んでください。

 ## 公共財の性質

まずは，教養試験レベルで学んだことを軽く復習しながら，公共財について掘り下げていきましょう。

公共財は，非競合性と非排除性という性質を持つ財のことでしたね。

非排除性とは，国防や灯台などが生み出すサービスのように，対価を払わなくてもそのサービスを利用できるような財の性質をいいました。これによって，税金を払うなど公共財の費用を負担しないで便益のみを受けようとする**フリーライダー**（ただ乗り）の問題が生じました。

非競合性は，だれもが同じ財やサービスを同時に利用でき（これを**等量消費**という），ある人の利用する財・サービスの量が，ほかの人の消費量に影響を与えないという性質がありました。この等量消費は，ある財Xを個人AとBが消費する場合，$X_A = X_B = X$という式の形で示されます。

公共財の等量消費

等量消費：$X_A = X_B = X$

また，公共財をさらに2種類に分けて，非競合性と非排除性をともに兼ね備えた公共財を**純粋公共財**，非競合性と非排除性のうち，どちらか一方の性質を持つ財のことを**準公共財**と呼んだことも確認しておきましょう。

	非排除性	排除性
非競合性	純粋公共財	準公共財
競合性	準公共財	私的財

公共財

ここでも軽く復習はしますが，忘れてしまった方はp.80を確認してください。

私的財の場合は？

私的財（通常は「財」と呼びます）は，競合性と排除性がある財でした。競合性の面で，私的財は限られた量の財Xを消費するので2人の個人がいたとすると，$X_A + X_B = X$の関係式が導けます。

公共財の最適供給

通常の財（私的財）が需要と供給が一致するところで最適な価格と数量が決まったように，公共財も，需要と供給の関係でパレート最適な水準が決定されます。

● 公共財の需要曲線

公共財の需要曲線は，公共財の需要が消費者の限界評価によると考えられることから，限界評価曲線とも呼ばれます。

限界評価MVとは，公共財の消費量をもう１単位増加した場合，どれだけ評価するか価格で示したもの，つまり，消費者が支払ってもよいと考える金額のことをいいます。

また，社会全体の限界評価MVは，公共財の評価を人数分だけ加算して導出されます（これを**垂直和**という）。

個人AとBという２人で構成される社会があったとして，２人の限界評価をそれぞれMV_A，MV_Bとすれば，

$$MV=MV_A+MV_B$$

このことを極めて単純な例で示せば，２人が住む地域で，水道サービスに対して，Aさんが8,000円/月と評価し，Bさんが4,000円/月と評価したら，全体の水道料金は12,000円/月で，評価額に応じて負担するということです。

そうすると，社会全体の限界評価を，個人A，Bの限界評価（それぞれP_A，P_B）を使って，式の形で表すならば，P_AとP_Bを加えることになります。

> 公共財の供給曲線（限界評価曲線）
>
> **垂直和：$P=P_A+P_B$**

● 公共財の供給曲線

一方，公共財の供給曲線は，通常，限界費用曲線MCが用いられます。限界費用曲線MCが供給曲線Sに該当することについては，211ページで学んだとおりで，独占をはじめ不完全競争市場でも活用されていましたね。

● 公共財の最適条件

こうして，公共財の最適供給量は，消費者の限界評価（限界便益）の和と限界費用が一致するところで決定します（こ

限界評価も
知っておこう！

限界評価の同義語として，**限界便益MB**があります。追加的１単位の公共財の供給からどれだけの便益を受けたかを示す用語です。

フリーライダー問題
は避けられない！

公共財を評価する場合，正しく評価（申告）しない可能性があるというフリーライダー問題がここでも指摘されます。

$MC=S$？

限界費用曲線は個別需要曲線と解されました。

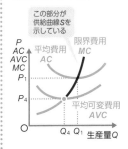

この部分が
供給曲線Sを
示している

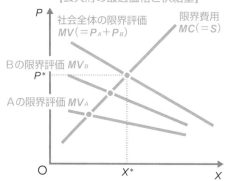

【公共財の最適価格と供給量】

社会全体の限界評価
$MV(=P_A+P_B)$

限界費用
$MC(=S)$

Bの限界評価 MV_B

Aの限界評価 MV_A

れを**リンダール均衡**という）。政府は各個人の限界評価に従
って，負担額を割り振ることで，パレート最適な供給量を実
現するのです（＝リンダール・メカニズム）。

 公共財の最適供給条件

社会全体の限界評価の和MV_A+MV_B
＝公共財の限界費用MC

 リンダール

リンダール（1891〜1960）
はスウェーデンの経済学者
で，財政学だけでなく，経
済学の分野においても，経
済を時間とともに変動する
視点からとらえ，国民所得
や経済変動理論における動
態的マクロ経済学の発展に
貢献したことで知られてい
ます。

例題1

　個人A，Bからなる経済において，公共財に対する需要曲線がそれぞれ

　　$x_A=2-3p_A$

　　$x_B=3-2p_B$

で示されている。ここで，x_Aは個人Aの公共財の需要量，p_Aは個人Aの公共財に対
する限界評価，x_Bは個人Bの公共財の需要量，p_Bは個人Bの公共財に対する限界評
価を表す。

　また，公共財供給の限界費用曲線は，

　　$MC=S+\dfrac{1}{3}$

で示されている。ここで，MCは限界費用，Sは公共財の供給量を表す。

　このとき，パレート最適な公共財の供給量はいくらか。

(国税専門官)

1　1

2　2

3　3

4　4

5　5

解法のステップ

公共財の特徴である等量消費（$X_A = X_B = X$）と垂直和（$P = P_A + P_B$）を活用して解答していきます。その準備段階として、条件の個々の需要曲線を$p = \sim$の形にしておきます。

$$p_A = \frac{2}{3} - \frac{1}{3}x_A \quad \left(= \frac{4}{6} - \frac{2}{6}x_A \right)$$

$$p_B = \frac{3}{2} - \frac{1}{2}x_B \quad \left(= \frac{9}{6} - \frac{3}{6}x_B \right)$$

社会全体の限界評価は、垂直和（タテに足す）でそのまま計算すると、

$$p_A + p_B = \frac{13}{6} - \left(\frac{1}{3}x_A + \frac{1}{2}x_B \right)$$

となりますが、$X_A = X_B = X$、$P = P_A + P_B$より、

$$p = \frac{13}{6} - \frac{5}{6}x \quad \cdots\cdots ①$$

で、これが社会全体の限界評価曲線（需要曲線に相当）の式です。

一方、供給曲線に相当する限界費用曲線は、数量がSとなっていますが、ここは慣例で需要曲線のxで統一して次のように書き換えます。

$$MC = x + \frac{1}{3} \quad \cdots\cdots ②$$

したがって、求めるパレート最適な公共財の供給量は、①、②より、

$$\frac{13}{6} - \frac{5}{6}x = x + \frac{1}{3}$$

$$\frac{11}{6}x = \frac{11}{6}, \quad x = 1$$

よって、正答は **1** となります。

ちなみに公共財の価格P^*は、①か②式に$x = 1$を代入して、$p = \frac{4}{3}$となりますね。

図で示せば…

本問の内容を図で表すとしたら、ちょうど前ページの図で適応できます。このグラフは本問に合わせて作図してあります。併せて確認してください。

第**7**章 市場の失敗と不確実性

$MC = x + \dfrac{1}{3}$??

供給曲線S（＝限界費用MC）を示すこの式は、正確には、

$$MC(S) : P = x + \frac{1}{3}$$

と表すべきですが、経済学では慣例で

$$MC = x + \frac{1}{3}$$

とすることが多くあります。

外部効果を斬る！
～人知れず，いいこと悪いこと……～

公共財と同様に，教養試験レベルで定義だけではありますが説明していますので，改めて一読したうえで臨んでください（⇒p.83）。

外部不経済

●外部不経済の例

他の経済主体にマイナスの影響を与える外部不経済の代表的な例として「公害」が挙げられます。

たとえば，「ある河川の流域で，その川のきれいな水を製造工程で利用しているB社の工場があった。ところがその河川の上流にA社の工場ができ，A社は意図したわけではないが廃液を垂れ流すようになった。その結果，B社はくみ上げた水をわざわざきれいにするという水の浄化のための費用を負担しなければならなくなった」という状況を想定してみましょう。

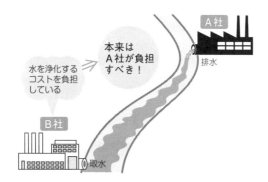

ここで経済学上問題になるのは，公害を発生させているA社が本来負担しなければならない水をきれいにするという費用（コスト）を，B社に負担させてしまっていることです。

外部効果の定義

ある経済主体の行動の結果が，市場の取引を通さずに，直接にほかの経済主体にマイナスの影響を及ぼす効果のこと。

環境経済学のポイント!?

環境問題を経済学の観点から考えるために，外部不経済の理論が活用されます。このテーマは環境経済学の基礎ともいえ，社会問題の解決を探るという意味でも，需要度が高まっています。ただ，現実離れしている考え方も含まれていて，少々とっつきにくいですが，頑張っていきましょう。

●外部不経済のグラフ化

このときのA社の経済活動の様子を需要曲線と限界費用曲線（供給曲線）とで描いてみると、これまでの議論との大きな違いは、外部効果の場合、供給曲線に相当する限界費用曲線MCが、私的限界費用曲線PMCと社会的限界費用曲線SMCと呼ばれる2つの限界費用曲線MCに分けられることです。

私的限界費用曲線PMCは、公害を発生させていて、その対策費用（**外部費用**という）を負担していないA社の限界費用曲線のことです。PMCは市場メカニズムにゆだねると、公害対策費用がA社の製品価格に反映されないので「本来あるべきでない」限界費用曲線（供給曲線）を意味します。

一方、**社会的限界費用曲線SMC**は、A社が公害対策費用を負担し、それがA社の製品価格にも反映する「本来あるべき」限界費用曲線のことです。

このことをグラフにしたのが下図です。

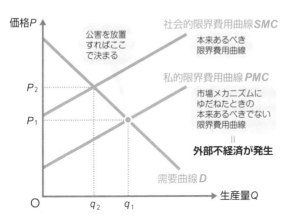

外部不経済の場合、社会的限界費用SMCは、私的限界費用曲線PMCの上方に位置します。

その理由は、外部効果の定義にあった「市場の取引を通さない」からです。「市場の取引を通さない」とは、「市場価格に反映されない」という意味です。つまり、A社の製品の価格に、公害対策のコストが反映されていないのです。

したがって、財の生産に対するコストがより低く（よって価格も低く）、本来あるべき均衡生産量以上に生産してしまうのです。つまり、社会的限界費用と私的限界費用の差とい

思い出そう！

供給曲線Sは、限界費用曲線MCで示されました。忘れた人はP.211にさかのぼって復習しましょう。

2つの限界費用を簡潔にいえば…

私的限界費用PMC：
市場メカニズムにゆだねたときの「好ましくない」限界費用
社会的限界費用SMC：
「本来あるべき」限界費用

学習上の注意

左のグラフをみてください。外部不経済の場合、需要曲線とPMC曲線の交点で決まる私的な生産量q_1と、SMC曲線の交点で決まる社会的な生産量q_2は異なり、私的生産量が本来あるべき社会的生産量（本来あるべき生産量）よりも多くなっているのがわかると思います。

説明がピンと来ない！

「利潤＝総収入（価格×生産量）－総費用」の式を思い出してください。公害対策費用は総費用の中に含まれ、本来コストを負担すれば総費用が増えるので、利潤を落とさないように企業は価格を上げるという行動をとります。

うのは，コスト負担の部分ということになります。

●外部不経済とパレート最適

社会的限界費用*SMC*と私的限界費用*PMC*とでは，どちらの場合にパレート最適が実現するかといえば，当然，「本来あるべき」社会的限界費用*SMC*のほうです。

しかし，外部不経済のケースで，市場メカニズムにゆだねたままの場合，企業Aは公害を従来どおり発生し続けるので，企業が作る製品の価格と数量は需要曲線*D*と私的限界費用曲線*PMC*の交点で決まってしまいます。つまり，パレート最適の達成が妨げられ，厚生の損失が発生してしまうのです。

そこで，パレート最適を実現するために，政府が登場することになりますが，その前に，もう一つの外部効果である外部経済についてみてみましょう。

外部経済

●外部経済の例

外部経済は，市場の取引を通さずに，直接にほかの経済主体にプラスの影響を及ぼす効果のことで，ここでは外部経済の例として「教育」を取り上げてみましょう。

教育が広く行われることによって，経済活動を効率的でスムーズに展開していくことができます。たとえば，IT技術者を育てる専門学校があったとすると，その学校の卒業生はそれぞれの企業でIT分野の即戦力として活躍できます。

この場合，教育サービスを行う学校は，本来負担しなくてもいい費用（コスト）を（それとは知らないうちに）負担してしまっていると，経済学では考えます。

もっと具体的に説明すると，その専門学校の卒業生を雇った会社は，その学校がなかったら社内教育などによって自前で一人前のIT技術者に育てなければならなかったのに，そうする必要がなかったためコストを節約できました。

ですから，その企業は，学校側に「ありがとうございました」と本来かかる費用を謝礼のような形で提供しなければならないとみなされます。

この結果，その学校が授業を行う際の価格（受講料）は，

PMC, *SMC*

*PMC*の*P*はpersonal（個人的）の*P*，*SMC*の*S*はsocial（社会的）の*S*をさします。
ちなみに*MC*はMarginal Cost（限界費用）です。

ほかの
外部経済の例は？

教育以外にも，**ボランティアや「ハチミツ採取業者と果樹園経営者」の関係が外部経済の例として挙げられます**。果樹園にミツバチが飛んできて受粉させてくれるので，果樹園では実が育つという関係から，ハチミツ採取業者は果樹園のためにしないでいいことをしている外部経済の関係があります。

知らない間にほかの会社のコストを負担している形になるので、本来あるべき価格よりも高くなってしまっているのです。逆にいうと、その学校の卒業生を受け入れた企業が専門学校に謝礼を払っていれば、学校側は資金繰りがよくなって、より安い価格でサービスを提供できるという考え方を経済学ではするのです。

●外部経済とパレート最適

では外部経済の関係をグラフに表してみましょう。

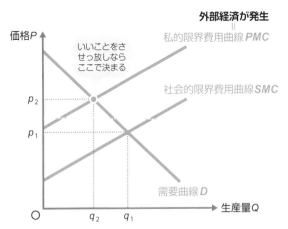

外部経済が発生
＝＝
私的限界費用曲線*PMC*

社会的限界費用曲線*SMC*

価格*P*

いいことをさせっ放しならここで決まる

p_2
p_1

需要曲線 *D*

生産量*Q*

O q_2 q_1

再確認
PMCとSMC

PMC（私的限界費用）
市場メカニズムにゆだねた場合の本来あるべきでない限界費用曲線シフト
SMC（社会的限界費用）
本来あるべき限界費用曲線シフト

第**7**章
市場の失敗と不確実性

出題傾向

公務員試験では、外部経済よりも外部不経済の場合が多く出題される傾向にあります。

外部経済を発生させている経済主体（先の例では専門学校）の私的限界費用曲線*PMC*は社会的限界費用曲線*SMC*の上方に位置します。

専門学校は、本来受けるべき「謝礼」を受けていない、すなわち自分が負担すべきでないコストを負担している形になっているので、市場原理にゆだねたままの私的生産量（あるいはサービス量）q_2は、本来あるべき社会的生産量q_1よりも少なくなっています。

この結果、外部経済の場合でもパレート最適な状態は達成されず、厚生の損失が発生してしまうのです。

ピグー税とピグー的補助金

外部効果が発生する場合，本来あるべき社会的限界費用曲線SMC（供給曲線）と需要曲線で決まるパレート最適な価格と生産量は実現できません。

市場メカニズムに任せていたら，私的限界費用曲線PMCと需要曲線Dとの間で価格と生産量が決定されてしまうからです。このとき，パレート最適は実現せずに，厚生の損失が生じることになります。

そこで，この問題を解消するための方法の一つとして，政府の介入による解決策があります。具体的には，「外部不経済」発生企業に対しては「課税」し，「外部経済」発生企業に対しては「補助金」を付与するのです。

- 外部効果と政府の政策 -

| 「外部不経済」発生企業 | ➡ | 課税 |
| 「外部経済」発生企業 | ➡ | 補助金支給 |

●ピグー税

外部不経済発生企業に対して「課税」を行う場合（これを**ピグー税**またはピグー的課税という），課税というコストの上昇によって，その企業は製品の価格を上げざるをえません。

つまり，市場メカニズムに任せておいたときの私的限界費用曲線PMCを課税によって上方シフトさせて，社会的限界費用曲線SMCと需要曲線が一致する均衡点で生産をさせる

【外部不経済と政府の政策】

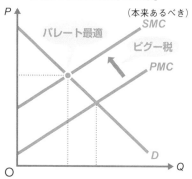

 別に課税でなくても…

社会的な常識で考えれば，公害を発生している企業に対しては，行政処分で汚水を流させないようにすればいいのです。しかし，**ミクロ経済学で問題にするのは最適な資源配分**なので，たとえその企業が公害を発生し続けたとしても，パレート最適な資源配分で無駄のない生産量（サービス量）を実現すればいいのです。政府の政策が，環境汚染をなくすのが目的ではないというのは納得のいかない話ですが，「経済学ではそう考える」と割り切っていきましょう。

 ピグーって？

ピグー（1877〜1959）はイギリスの経済学者でマーシャルの後継者です。同じ門弟のケインズとはライバル関係にありました。「厚生経済学」という分野を確立しました。

ことができれば，パレート最適が達成されることになります。

● **ピグー的補助金**

一方，外部経済発生企業に対して「補助金支給」を行う場合（これを**ピグー的補助金**またはピグーによる補助金という），補助金の支給を受けたその企業は，資金面で楽になったので価格を引き下げて，生産（サービス）を増加させることができます。

つまり，私的限界費用曲線*PMC*の下方シフトによって，社会的限界費用曲線*SMC*と需要曲線が一致する，本来あるべき均衡点で生産（供給）することができれば，パレート最適が達成されます。

【外部経済と政府の政策】

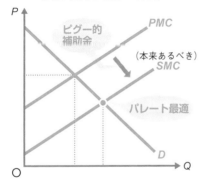

● **外部効果による政府の役割**

このように政府が主体となって課税や補助金支給を行って，パレート最適な生産量水準を実現させる政策を総称して，経済学者の名前をとって「**ピグー的政策**（あるいはピグー的課税・補助金制度）」と呼びます。

政府によるピグー的政策によって，資源配分に無駄のないパレート最適な状態を実現させることができるようになります。ですから，公共財の場合と同様に外部効果が発生する場合においても，政府の活動が正当化されるわけです。

ではここで，外部不経済に関する問題に当たってみてください。一部，発展的な項目も含まれていますが，チャレンジ精神で取り組みましょう。

外部効果のポイント

市場取引を介さないので，外部効果の発生企業は…，需要曲線*D*と，私的限界費用曲線*PMC*とで生産活動を行ってしまう
↓
パレート最適な資源配分が実現しない
↓
政府の登場（ピグー的課税または補助金）
↓
その企業は，需要曲線と社会的限界費用曲線*SMC*とで生産活動を行う
↓
パレート最適の実現

次の文は，外部不経済が生じている市場の余剰に関する記述であるが，文中の
ア〜エに該当する語句の組合せとして，妥当なものはどれか。

（地方上級・市役所　改題）

下の図は，縦軸に価格，横軸に数量をとり，右下がりの需要曲線，右上がりの
社会的限界費用曲線と私的限界費用曲線を描いたものである。

この図において，外部不経済は市場を（　ア　）ので，市場メカニズムに任せ
ると均衡数量は社会的最適な取引量を（　イ　）。そこで，政府が社会的最適な
取引量を実現するために，（　ウ　）だけを課税すると，社会的余剰の大きさは
（　エ　）の面積だけ大きくなる。

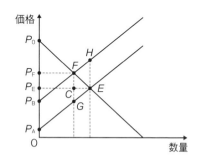

	ア	イ	ウ	エ
1	経由する	上回る	FC	四角形P_EP_FFC
2	経由する	上回る	HE	四角形P_EP_FFC
3	経由する	下回る	HE	三角形HEF
4	経由しない	上回る	HE	三角形HEF
5	経由しない	下回る	FC	四角形P_EP_FFC

解法のステップ

外部効果の定義に従えば，アに入るのは市場を「経由しな
い」ですね。この時点で正答は**4・5**に絞られます。

また，問題文に「外部不経済は…」とあるので，右上りの
曲線の上方にあるのが社会的限界費用曲線SMC，下方にあ
るのが私的限界費用曲線PMCと判断できます。

したがって，2つの限界費用曲線のうち，市場に任せた場
合はPMC曲線，社会的に最適な場合はSMC曲線で取引量が
決まるので，グラフよりイには「上回る」が入ります。この
時点で，正答は**4**と判明します。

ちなみに，政府が出てきて，私的限界費用曲線PMCを課

**外部不経済における
余剰分析**

主に財政学のテーマとなり
ますので教養試験レベルで
は取り上げていませんが，
余剰の増大または損失はす
べて三角形で示されまし
ね。その点からも本問の正
答**4**は導けると思います。

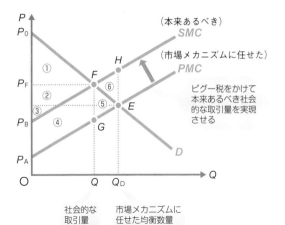

社会的な　市場メカニズムに
取引量　任せた均衡数量

税によって社会的限界費用曲線SMCの位置まで持ってこさせるので，課税の大きさ（税額）はHE（ウ）に相当します。

　最後のエは難しいので詳細に説明します。課税前の社会的余剰は，均衡点がEなので，消費者余剰は①②⑤，生産者余剰は③④となりますが，社会に負の影響を与える外部不経済が④⑤⑥に発生します。よって，社会的余剰は次のようになります。

　　消費者余剰①②⑤＋生産者余剰③④－外部不経済④⑤⑥
　　＝①②③－⑥（$\triangle P_0 FP_B - \triangle HEF$）

　これに対して，課税後の社会的余剰は，HE分の課税によって，私的限界費用曲線PMCは，社会的限界費用曲線SMCと同じ位置まで左上方シフトします。その結果，消費者余剰は$\triangle P_0 FP_F$，生産者余剰は$\triangle P_F FP_B$となります。

　ただし，これで終わりではなく，課税されたので税収と，課税後も発生している外部不経済の大きさを考慮しなければなりません。それぞれは，課税後，生産量がQ_1になったので，税収は$\square P_B FGP_A$，外部不経済も$\square P_B FGP_A$となります。結局，課税後の社会的余剰は，次のように示されます。

　　消費者余剰＋生産者余剰＋税収－外部不経済
　　＝$\triangle P_0 FP_F + \triangle P_F FP_B + 0 = \triangle P_0 FP_B$

外部不経済の余剰

外部不経済の場合
（PMCで生産）
消費者余剰①②⑤
生産者余剰③④
外部不経済④⑤⑥
↓
社会的余剰
　消費者余剰＋生産者余剰
　－外部不経済
　＝①②③－⑥
このとき，外部不経済を引き算する理由は，外部不経済が社会全体に負の効果を与えるからです。

本来あるべきパレート最適な状態（SMCで生産）
消費者余剰①
生産者余剰②③
↓
社会的余剰①②③

よって外部不経済の場合，厚生の損失⑥が発生

なお，課税後の社会的余剰の大きさは，本来あるべき社会的限界費用曲線SMCで生産される場合の余剰（パレート最適な余剰）と同じになります。

専7-3

費用逓減産業の仕組みがおもしろい
～電気ガス代・運賃，こうやって決まるんだ！～

こちらも教養試験レベルで定義のみの説明でしたので，ここでは体系的に解説します。一つの「物語」として覚えてしまいましょう。

費用逓減産業の始まり

電力，ガス，鉄道事業などは，最初に投下すべき資本，つまり固定費用が巨額となります。たとえば，電力会社が発電事業を一から行うのであれば，発電所を作ったり電線を張り巡らしたりしないといけません。鉄道事業を一からスタートさせるとすると，まずは用地買収をして線路を敷設するところから始めないといけません。このように考えると，その初期の固定費用が巨額になることは理解できるかと思います。

しかし，いったん発電所が稼動したり，鉄道が動き出したりすれば，その後の運営に要する可変費用はそれほどかかりません。つまり，電力やガス，鉄道事業など規模が大きい産業は，財・サービスを供給し続けるうちに平均費用を低下させることができます。発電所を作ったり線路を敷設したりと最初の平均費用は巨額になりますが，電力供給や鉄道輸送などのサービスの量が増えれば増えるほど，平均費用はだんだん少なくなるのです。

こうした産業の規模が拡大するにつれて，企業の平均費用が長期的にだんだん減少していく産業を**費用逓減産業**と呼びます。

このように，産業規模が大きい独占的な費用逓減産業の企業は，同じ資本設備の維持コストで大量生産を行うことから，単位当たりのコスト（平均費用）を低く抑えることが可能となります。これを**規模の経済性**といいます。費用逓減産業のグラフを描くと次のようになります。

逓減？

「逓」というのは「だんだんに」という意味で，「逓減」は「だんだん減っていく」という意味になります。

水道は公共財？

水を各家庭に供給する水道サービス（水道局の管理）は公共財ですが，たとえば，地下深くから水源を掘り当てて水を確保する水道事業は費用逓減産業です。

なんでMCがACを下回り続けるの？

最初に大きな費用がかかって，長期的にコストが逓減していくので，限界費用MCと平均費用ACと交わる部分がグラフ上に出てこないからです（超長期的には両曲線は交わります）。

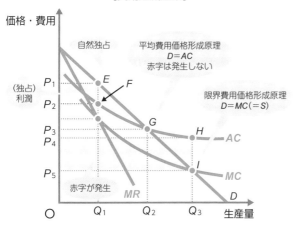

【費用逓減産業】

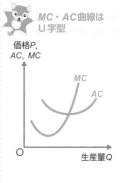

MC・AC曲線は
U字型

自然独占

　費用逓減産業の場合も，公共財と同じように市場原理が働きません。また，費用逓減産業においては，利益が発生しづらいので他企業の参入は起きにくく，かつ最初にかかる膨大な初期費用を出せる企業もそう多くはありません。したがって，費用逓減産業の場合は自然に独占状態になることが多いので，**自然独占**と形容されます。

　こうした場合，政府から価格規制などを受けないとすると，この（独占）企業は，利潤最大化をめざして，生産量は「限界収入MR＝限界費用MC」となるQ_1で，また，そのときの価格は生産量Q_1で需要曲線上の点Eに対応するP_1となり，図に示したような独占利潤が発生します。

　しかし，これではパレート最適が達成されず，市場の失敗が生じてしまいます。何より，電気・ガスなどが独占企業によって供給されれば，住民に広く行き渡るサービスは望めません。実際，供給量はわずかQ_1ですからね。そこで政府の登場です。

 独占利潤？

独占利潤の大きさは，
利潤＝総収入（$P \cdot Q$）
　　　－総費用（$AC \cdot Q$）
の式から確認できると思います。
総収入（$P \cdot Q$）：OP_1EQ_1
総費用（$AC \cdot Q$）：OP_2FQ_1
　　　↓
利潤：P_2P_1EF

第7章　市場の失敗と不確実性

限界費用価格形成原理

　政府は，パレート最適な供給量を実現させるために，この企業に対して，本来の完全競争市場で実現できる需要曲線Dと供給曲線（ここでは限界費用曲線MC）が交わる均衡点Iに対応する，価格P_5，供給量Q_3で生産するよう決定（要求）します。このことを**限界費用価格形成原理**といいます。

　しかし，ここで大きな問題が生じます。それは，限界費用価格形成原理に基づいた場合，図で示される部分に，赤字（P_5P_4HI）が発生してしまうことです。ですから，もし，限界費用価格形成原理が維持されるなら，政府は赤字分を補助金という形で補填し続けなければなりません。

平均費用価格形成原理

　そこで，政府は，パレート最適は達成することはできませんが，次善の策として，需要曲線と平均費用曲線の交点Gで生産量Q_2を決定する**平均費用価格形成原理**を採用します。この水準であれば，総収入も総費用もP_3OQ_2Gの部分であることから，超過利潤がゼロとなる（＝赤字が発生しない）ことがわかります。

　このように費用逓減産業は，たとえ完全競争であっても，初期費用が膨大であることから，自由に参入できず，自然と独占化していきます。そこで，政府がパレート最適が実現できる限界費用価格形成原理で生産量を増加させ（価格を引き下げ）ますが赤字が発生することから，結果的に，次善の策としての平均費用価格形成原理が採用されます。そうすれば，企業は補助金を受けずに，独立採算でやっていくことができるのです。

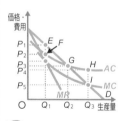

 赤字の大きさを確認

利潤＝総収入（$P-Q$）
　　　－総費用（$AC-Q$）
総収入（$P-Q$）：OP_5IQ_3
総費用（$AC-Q$）：OP_4HQ_3
　　　　　↓
赤字：P_5P_4HI

 費用逓減産業

自然独占
　│政府
　↓
限界費用価格形成原理
パレート最適
（赤字）
　│政府
　↓
平均費用価格形成原理
（赤字解消）

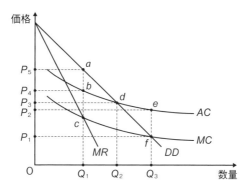

例題3

　ある財が自然独占企業によって供給されている状況を考える。需要曲線（DD），限界収入曲線（MR），平均費用曲線（AC），限界費用曲線（MC）が図のように表されるとき，この企業に対する規制の効果などに関する記述として妥当なのはどれか。

（国家総合職　改題）

1　政府による価格規制がない場合，企業は利潤を最大化するように価格を決定し，$P_5 a d P_3$の部分の利潤を得る。

2　「限界費用価格形成原理」に基づいて政府が価格を決定した場合，政府が決定した価格で供給を行うと，企業に赤字が発生する。この赤字を解消するには，政府は$P_3 d f P_1$の部分を補助金等で補填する必要がある。

3　「平均費用価格形成原理」に基づいて政府が価格を決定した場合，政府による価格規制がない場合と比較すると，価格は（$P_4 - P_3$）の大きさだけ低下するが，企業の利潤は変化しない。

4　「平均費用価格形成原理」に基づいて政府が価格を決定した場合，企業の利潤は0となり，また，供給量については「限界費用価格形成原理」に基づく供給量よりも（$Q_3 - Q_2$）の大きさだけ減少する。

解法のステップ

　改めて説明する必要もないでしょう。正答は**4**です。

1．利潤は，$P_5 a d P_3$ではなく，$P_5 a b P_4$です。

2．補助金等で補填する必要が出るのは，$P_2 e f P_1$です。

3．価格は（$P_4 - P_3$）ではなく（$P_5 - P_3$）の大きさだけ低下し，企業の利潤は変化しないのではなく，減少します。

国家総合職の問題！

恐れるに足らない，基本的な問題です。

専7-4

情報の非対称性のトリック
～そういえば，身に覚えが……～

完全競争市場では，需要者と供給者が取引に必要な情報をすべて保有していることが前提となっていますが，現実の経済においてはそうでない「**情報の非対称性（不完全性）**」が生じる場合があります。

道徳的危険

道徳的危険（モラル・ハザード）とは，市場取引の当事者の一方に，相手方の性質（性格）に関する情報が不足している場合に，取引相手の行動が，**契約後**に変化することで生じる問題をいいます。たとえば，火災保険や自動車保険などの損害保険に加入した人が，契約後，保険によってリスクが減少したことで，注意を怠るようになってしまう場合です。

この事例では，保険会社としては，顧客がモラル・ハザードを起こす人かどうか契約前の段階ではわからない（需要者の情報量＞供給者の情報量）という情報の非対称性が発生しています。結果として，保険会社は支払いが増え，会社を維持できなくなってしまいかねません。

また道徳的危険はよく，**代理人**と**依頼人**の関係でたとえられます。本来，代理人は依頼人の立場に立って行動すべきなのに，取引契約の後に，代理人の行動を，依頼人が監視しきれないことから，モラル・ハザードが発生することがあるのです。

逆選択（レモンの原理）

逆選択（逆淘汰）は，市場取引の当事者の一方に，取引される財の性質に関する情報が，契約前（取引前）の段階で不足している場合に，品質の悪いものばかりが売買され，品質のよいものが市場に出回らなくなる状態をいいます。

**どうなる？
どうする？**

情報の不完全性が起きた場合，取引は非効率なものとなり，パレート最適が実現しません。そこで，政府による情報開示の徹底などが求められます。

代理人と依頼人

代理人は**エージェンシー**，依頼人は**プリンシパル**と表記されることもあります。代理人と依頼人の関係では，経営者と株主，保険契約者と保険会社が事例として挙げられます。

逆選択は,「**レモンの原理**」として説明されます。「レモン」とは中古車市場における欠陥車の俗語で,中古車の買い手はどの中古車が良質か否かについての情報が不足しているので(需要者の情報量<供給者の情報量),「レモン」を先にさばきたいと考える中古車販売者(供給者)が出てくると,結果的に,中古車市場ではレモンばかりが流通して,健全な中古車市場が育たないという問題が発生してしまいます。

また,「自動車保険で保険料が引き上げられると,良質なドライバーの加入を減少させ,悪質なドライバーしか加入しなくなる」ことは逆選択の事例です。この場合は,保険会社(供給者)が持つドライバー(需要者)の情報が不足しているので,保険会社は悪質なドライバーへの保険金の支払いリスクを軽減するために,保険料を高く設定してしまうのです。保険会社の事例は,すべて道徳的危険の場合とは限らないことに注意しましょう。

情報の非対称性の対処法

現代では,情報の非対称性の問題を克服するためにさまざまな手段が講じられています。情報が不足している側の対策として自己選択(≒スクリーニング),情報を持つ側の行動としてシグナリングなどが挙げられます。

●自己選択とスクリーニング

自己選択とは,複数の条件を提示して相手に選択させることです。損害保険を事例にとれば,保険料は安いが事故発生時に一部を自己負担が求められる保険と,保険料は高いがすべて保障される保険を保険契約者に選択させることで,保険会社は契約者に関する情報不足を補うことができます。事故を起こしにくい人は保険料が安い保険を契約し,そうでない人は保険料が高い保険を契約することが予想されるからです。

自己選択に類似したものに**スクリーニング**があります。これは,情報を持っている者の情報を明らかにさせる行為で,たとえば,企業採用の場合,応募者の情報を持っていない企業側は,エントリーシートや履歴書などを送ってもらって情報を得ることで,応募者を絞り込むことができます。

グレシャムの法則

逆選択は,**グレシャムの法則**「悪貨は良貨を駆逐する」(悪貨と良貨が同時に流通すると,良貨は退蔵され,悪貨だけが流通する)と同じ原則です。逆選択か否かを見極める有効な手段となります。

レモンとピーチ

悪質な中古車をレモンというのに対して,良質な中古車はピーチと形容されます。逆選択の場合,「レモンはピーチを駆逐する」のです。

逆選択？道徳的危険？

自己選択とシグナリングは,道徳的危険への対応ととれないこともありませんが,一般的には逆選択対策とされます。

●シグナリングとモニタリング

シグナリングは，情報を持っている側が情報を明らかにする（シグナルを発する）もので，たとえば，中古車販売店では，売り手は，売ろうとする中古車の質がよいことを買い手に伝えるために保証をつけたりするケースが該当します。

モニタリングは，文字どおり「監視」で，契約者の行動やその成果（効果）を契約後も追跡（フォロー）する行為です。モニタリングされていれば，契約後に行動が豹変するという道徳的危険は起きにくいですね。

情報の非対称への対応
シグナリングは逆選択対策。モニタリングは道徳的危険対策です。

例題4

情報の不完全性に関するA〜Dの記述のうち，妥当なものを選んだ組合せはどれか。

(地方上級　改題)

A　逆選択とは，商品の品質を売り手は知っているが買い手は知らないという情報の非対称性がある場合，品質のよいものが市場からなくなり，品質の悪いものが市場に流通する現象をいい，「レモンの原理」とも呼ばれる。

B　モラル・ハザードとは，人々が自動車保険に入ったことにより，不注意な運転をするようになり，その結果かえって事故を起こすようになる現象をいい，それについては「グレシャムの法則」が働く。

C　モラル・ハザードとは，契約の成立そのものが人間の行動を変化させ，契約前に想定した条件が適合しなくなるケースをいい，たとえば，「自動車保険に入ることで事故に対する注意が低下する現象」などが挙げられる。

D　逆選択とは，情報を持たない側が複数の契約条件を提示し，その中から相手に選択させることにより相手の属性を顕示させる方法をいい，たとえば，「2種類の契約形態を用意した保険契約」などが挙げられる。

1　A，B
2　A，C
3　A，D
4　B，C
5　B，D

解法のステップ

AとCは，それぞれ逆選択と道徳的危険の定義になっており，ともに正しいので，正答は**2**となります。

Bは，道徳的危険の説明として正しいのですが，「グレシ

道徳的危険か逆選択かを見極めるポイント

道徳的危険は「性格の豹変」，逆選択は「グレシャムの法則（悪貨は良貨を駆

ャムの法則」は逆選択の例です。Dは「自己選択」の定義になっています。

逐する)」の内容になっているかで判断できます。

不確実性
～リスクのある世界での期待効用最大化とは？～

個人の得る所得は景気によって変わり，農作物の収穫はその年の天候に左右され，投資も100％成功する保証はない…というように，世の中を見渡せば多くの不確実性があります。経済学ではこの不確実性を分析する際に「期待」という概念を使います（期待とは合理的な予想のこと）。その代表的な考え方が期待効用ですが，まずは期待所得という概念について考えてみましょう。

最近，急上昇

「不確実性」の中でも，期待効用は出題頻度・重要度ともに近年高くなっている要注意のテーマです。場合によっては消費理論に含まれることもありますが，本書では不確実性に組み入れました。

期待所得

期待値は「確率×変数」で求められます。確率は，一方が20％ならもう一方は80％になるように表裏一体なので，期待値は，以下の公式を使って計算します。

（確率₁×変数₁）＋（確率₂×変数₂）

たとえば，「確率$\frac{1}{2}$で900万円，確率$\frac{1}{2}$で1600万円」の所得を得ることができるとしたときの期待所得はどのように計算するかといえば，次のようになります。

$$\left(\frac{1}{2}\times900\right)+\left(\frac{1}{2}\times1600\right)=450+800=1250 〔万円〕 \quad\cdots\cdots①$$

期待効用

では，この期待所得の考え方を，期待効用に置き換えてみましょう。変数の部分が，所得から効用に代わるだけです。仮に，同じ条件で，効用関数が$u=x^{\frac{1}{2}}$（x＝所得）だったら，①式は，

$$\left(\frac{1}{2}\times900^{\frac{1}{2}}\right)+\left(\frac{1}{2}\times1600^{\frac{1}{2}}\right)=\frac{1}{2}\times30+\frac{1}{2}\times40=35$$

に変わります。

$900^{\frac{1}{2}}$はなぜ30になる？

$900^{\frac{1}{2}}=(30^2)^{\frac{1}{2}}=30^{2\times\frac{1}{2}}$
$=30$

同様に，
$1600^{\frac{1}{2}}=(40^2)^{\frac{1}{2}}=40^{2\times\frac{1}{2}}$
$=40$

これが期待効用の考え方で，期待所得の，

(確率₁×所得₁)＋(確率₂×所得₂)

に対して，期待効用の公式は，

(確率₁×効用₁)＋(確率₂×効用₂)

となります。将来が不確実な状況において，個人は，期待効用を最大化するように行動するのです。

例題5

　ある個人は職業Uと職業Cのうちいずれか一つを選択するものとする。職業Uから得られる所得は不確実であり，30%の確率で400万円，70%の確率で900万円である。職業Cからは確実な所得が得られ，その所得はyで示されるとする。この個人は，期待効用を最大化するように行動し，その効用関数は，

$u=\sqrt{x}$　　〔u：効用水準，x：所得〕

と示されている。このとき，この個人が職業Cを選択しうる，確実な所得yの最小値はいくらか。

(財務専門官)

1　400万円　　**2**　529万円　　**3**　729万円
4　841万円　　**5**　900万円

解法のステップ

　職業Uから得られる期待効用EU_uと職業Cから得られる期待効用EU_cとを比較しながら，確実な所得yの値を求めていきます。

・職業Uから得られる期待効用EU_u

$EU_u=(0.3\times\sqrt{400})+(0.7\times\sqrt{900})=(0.3\times20)+(0.7\times30)$
$=6+21=27$

・職業Cから得られる期待効用EU_c

$EU_c=1\times\sqrt{y}=\sqrt{y}$

この個人が確実な所得を得られる職業Cを選択する条件は，

$EU_c\geq EU_u$

となります。したがって，その際の確実な所得yの最小値は，

$\sqrt{y}\geq27$
$y\geq27^2$
$y\geq729$〔万円〕

よって，正答は**3**となります。

$u=\sqrt{x}$？

期待効用の問題のときの効用関数の多くは，$\sqrt{\ }$の形をとります。
$u=\sqrt{x}=x^{\frac{1}{2}}$
も知っておこう！

$u=\sqrt{x}=x^{\frac{1}{2}}$

$\sqrt{400}=\sqrt{20^2}=(20^2)^{\frac{1}{2}}$
$=20^{2\times\frac{1}{2}}=20$
$\sqrt{900}=\sqrt{30^2}=(30^2)^{\frac{1}{2}}$
$=30^{2\times\frac{1}{2}}=30$

$\sqrt{y}$を2乗するとなぜ，yになる？

$\sqrt{y}=y^{\frac{1}{2}}$

2乗⇒$(y^{\frac{1}{2}})^2=y^{\frac{1}{2}\times2}=y$

329

所得のすべてを宝くじに投資するか，投資せずに保持するかのどちらかを選択する個人がいるとする。この個人は1万円の所得を持ち，所得xに対する効用関数が，

　　$\mu = x^2$　〔μ：効用水準〕

で示される場合，1%の確率で賞金が当たる宝くじについて，賞金がいくら以上であれば個人は宝くじに投資するか。賞金の最小額として正しいものはどれか。なお，この個人は期待効用を最大化するものとする。

（国家一般職［大卒］）

1　1万円　　　　　**2**　5万円　　　　　**3**　10万円

4　50万円　　　　**5**　100万円

解法のステップ

　宝くじに関する問題では，(1)宝くじを買わないか，(2)買うかです。(2)の買った場合，当たるか，外れるかに分けて，所得（賞金）を考慮しながら期待効用を出していく手順を踏んでいくことが王道です。なお，求める賞金をWとします。

(1) 宝くじを買わない場合

　この個人の所得はもとからある1万円です。したがって，このときの期待効用EUは，効用関数$u = x^2$のxに1〔万円〕を代入して，$EU = 1^2 = 1$となります。

(2) 宝くじを買う場合

　当たる確率は1%，この場合の所得は賞金のW，効用はW^2なので，期待効用EUは$0.01W^2$となります。これに対して，

　外れる確率は99%，この場合の賞金は0，効用も0，期待効用EUも$0.99 \times 0 = 0$です。

　したがって，宝くじを買う場合の期待効用EUは，$0.01W^2 + 0 = 0.01W^2$となります。

　以上から，「賞金Wがいくら以上であれば，この個人は宝くじに投資するか」という問いに対して，答えは，期待効用の大きさが (2) > (1) のときなので，

　　$0.01W^2 > 1$

　　$W^2 > 100$　　$W > 10$

　よって，賞金が10万円以上であれば，この個人は宝くじに投資します。

　正答は**3**となります。

 正確には…

期待効用は確率×変数…なので，(1)の場合，$EU = 1$（確率）$\times 1^2$（効用の値）$= 1$となります。

 一気に計算すれば…

(2)の場合の期待雇用を当たった場合とそうでない場合を分けて計算せずに，一気に式を立てれば，$0.01 \cdot W^2 + 0.99 \cdot 0 = 0.01W^2$となります。

 期待効用

ほかにも，株式投資をする，しない，保険に入る，入らないといったさまざまな不確実な事例の問いがあります。ただし，基本的な解法パターンは同じなので，まずはこの2問の例題を通して，期待効用の問題の解き方に慣れましょう。

リスク選好のタイプ

不確実性に伴う投資家のリスク選好は,「危険(リスク)回避的」「危険愛好的」「危険中立的」の３種類に分類できます。また,投資家の効用は所得の大きさによって増加しますが,３種類のリスク選好によって投資家の効用関数の形状はそれぞれ異なります。

●危険回避的

同じリターンを獲得するなら,受け入れるリスクを小さくしたいと考える選好をいいます。リスク回避者の効用の大きさは,所得が大きくなるにつれて効用も増加していきますが,所得１単位当たりの増加に対する効用の増加分は減少します。

●危険愛好的

同じリターンを獲得するなら,大きなリスクを受け入れるほうがよいとする選好をいいます。リスク愛好者の効用関数は,所得が大きくなるにつれて効用も増加し,かつ,リスクを受け入れる分,所得１単位当たりの増加に対する効用の増加分も増加します。

●危険中立的

同じリターンが得られるのであれば受け入れるリスクの大小は問わないと考える投資家の選好をいい,その効用関数は線形になります。

 リスク選好?

リスク選好とは,投資家が一定のリターン(収益)を獲得するのに許容できるリスク(損失の危険)の大きさの好み(嗜好)のことです。多くのモデルでは,リスク回避的な投資家を仮定することが多いです。

第7章 市場の失敗と不確実性

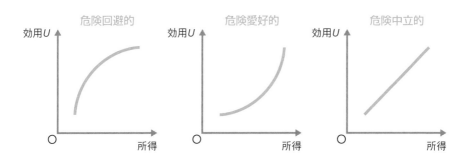

● 公共財

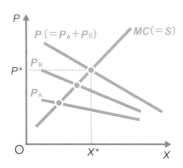

垂直和：$P = P_A + P_B$，等量消費：$X_A = X_B = X$

公共財の最適供給条件：**リンダール均衡**

社会全体の限界評価MV（各個人の限界評価の和）＝公共財の限界費用MC

$$MV(MV_A + MV_B) = MC$$

● 外部効果

ある経済主体の活動が，市場での取引を経ないで，他の経済主体に影響を及ぼすことを，外部性があるという（**外部効果**）。その影響が好ましいものを「**外部経済**」，好ましくないものを「**外部不経済**」という。

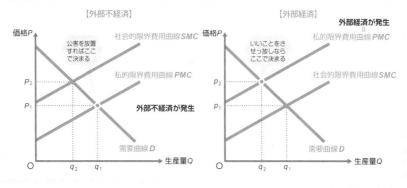

●費用逓減産業

　費用逓減産業は，たとえ完全競争であっても，初期費用が膨大であることから，自由に参入できず，自然と独占化していく。そこで，政府がパレート最適が実現できる限界費用価格形成原理で，生産量を増加させ（価格を引き下げ）ても，赤字が発生することから，結果的に，平均費用価格形成原理が採用される。

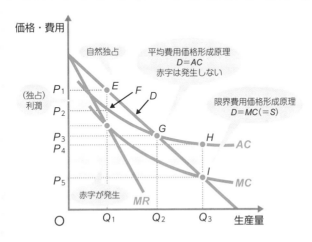

●情報の非対称性

逆選択（レモンの原理）

　中古車市場のように，人々は質のよい中古車（ピーチ）を選んで取引しようとしているのに，結果的に逆のことが起き，質の悪い中古車（レモン）が流通してしまう現象をいう。対応策としては，シグナリングやスクリーニング（≒自己選択）がある。

道徳的危険（モラル・ハザード）

　保険市場などで，保険契約後の加入者に規律の緩みが生まれてしまうような行動規範の緩みをいう。代理人（**エージェンシー**）と依頼人（**プリンシパル**）の関係でも説明される。その対応策としてはモニタリングなどがある。

ミクロの貿易論

リカードからヘクシャー＝オリーン

　国際経済は，経済学の中でミクロ経済学とマクロ経済学と並ぶ分野ですが，その国際経済をミクロ経済の観点から扱うテーマがリカードの比較優位論を中心としたこの貿易論です。

　リカードの比較優位論は，公務員試験では地方上級職などでよく取り上げられる重要なテーマです。内容的には難しいのですが，問題のパターンは決まっていますので，本章で取り上げる問題だけは確実にものにしておくことが望まれます。

出題傾向

国家総合職：★　　国家一般職：★★　　地方上級：★★★
国税専門官：★　　市役所：★★

リカードの比較優位論を学ぼう！
～貿易をするとみんな得をする～

比較優位論とは

　貿易の代表的な理論に比較優位論があります。

　比較優位論とは，イギリスの経済学者リカード（1772 ～ 1823）の理論で，「各国が自分の得意とする商品の生産にだけ特化し，国内で余った分を輸出，不得意な商品の生産を取りやめ輸入する，つまり相互に得意な財のみを生産し貿易をし合えば，得意・不得意両方の財を生産するよりも両国の利益が増加する」というものです。

　ここで，「得意な財」というのは，比較して生産費の低い財（**生産性**の高い財）のことをいいます。「生産費が低い」というのはできるだけ労働力が少なくて済む商品ということです。また，得意な財を**比較優位**な財，不得意な財を**比較劣位**な財といいます。

リカードの比較優位論の具体的イメージ

　ある研究所で，先生とデータ入力するアシスタントがいたとします。先生はデータ入力のスピードもプロ級でアシスタントより上です。アシスタントも入力のかたわら研究にも携わっていると想定します。

　この場合，先生がデータ入力の仕事もやってしまったほうがいいのでしょうか？

　先生が，本職の研究の時間を割いて，入力の仕事までしてしまえば，研究に支障をきたしてしまうことは想像に難くないでしょう。この例の場合，先生は本職の研究に徹して，データ入力の仕事はアシスタントに任せたほうがいいですし，アシスタントも，研究に携わるよりはデータ管理の仕事に特化すれば，研究所全体として大きな成果を出すことができるでしょう。

比較優位論

比較優位論は「**比較生産費説**」「比較優位の原理」といういい方もあります。

比較優位と国際分業体制

2つの国が得意な財を生産して輸出し合うというリカードの理論は，現実の貿易の世界では，発展途上国が資源を先進国に輸出し，先進国がそれを活用してモノを生産して発展途上国に輸出するという**国際分業体制**の理論的根拠となりました。

比較優位と比較劣位

「得意な財」である**比較優位**に対して，**比較劣位**というのは「不得意な財」，文字どおり，比較すると劣っている財のことです。経済学では2つの財を取り上げるので，一方が「比較優位な財」なら他方は「比較劣位な財」ということになります。

つまり，比較優位論は，それぞれが得意分野に特化すると，最終的に両者にとってプラスになるという考え方です。

比較優位論の理解

比較優位論の前提

比較優位の原理では，「問」のように**2国2財**（ここではA国とB国という2国と農産物と工業製品という2財）がモデルとなっています。

では，過去問を通して具体的な解説をしてみたいと思います。大半の問題は以下のようなパターンで出てきます。

表は，A国とB国において農産物と工業製品を1単位生産するのに必要な労働力の単位数をそれぞれ示している。

	農産物	工業製品
A国	10	8
B国	5	6

比較生産費説の基本問題は，上のように表が与えられていてA国，B国の比較優位な財はどちらか？　というのを問うものが中心です。この事例で両国にとって比較優位な財はどちらの財でしょうか。

●絶対優位

上の表は，財1単位を生産するのに必要な労働力（単位：人）を表しています。ここで，農産物を1単位生産するのにA国では10人，B国では5人の労働力が必要であることを示しているので，農産物についてはB国で生産したほうがより効率的に大量の財を生産することが可能となります。

同様に，工業製品の生産に関しても工業製品1単位の生産に必要な労働力はA国では8人，B国では6人であるため，B国が優位です。この場合，農産物，工業製品ともにB国がA国よりも**絶対優位**であるといいます（アダム・スミスの時代，絶対優位な財を貿易するという**絶対生産費説**が主流であった）。

●比較優位

ここまでの話ですと，両財ともにB国のほうが優れているので，貿易を行う根拠が薄れるかもしれません。しかし，リカードの比較優位論に基づけば，話は違ってきます。

1単位？

1単位というのは経済学上の概念で，1つ（1個，1本）でもいいですが，この事例で農産物，たとえばトマトを1つ作るのに10人の農作業員がいるというのは現実的ではありません。1単位は自由に設定できます。ここではトマト100箱分とでも考えておけばいいでしょう。

表にまとめてみよう

生産を特化
輸出

	農産物	工業製品
A国	10	⑧
B国	⑤	6

生産を特化
輸出

比較優位な財（数字が小さいほうを選ぶ）

第**8**章　ミクロの貿易論

A国は農産物の生産でも工業製品の生産でもB国に劣って
いるかもしれません。でも表を改めてみてみれば，農産物で
はB国の5人に対してA国は10人と倍もかかっていますが，
工業製品ではB国6人に対してA国は8人と「健闘」してい
ます。つまり，A国にとって，工業製品は「劣り方がまだま
し」なのです。このことを，A国にとって，工業製品は農産
物に対して**比較優位**な財であるといういい方をします（農産
物は比較劣位）。

　逆にみても，B国は，農産物の生産において同じ1単位を
A国の半分の人数で生産できるほど「圧倒的に」強いので，
農産物が工業製品より「比較優位」な財ということができま
す（工業製品は比較劣位）。

　このように，比較優位論に立てば，両国はそれぞれ，「比
較優位な財に生産を特化して輸出し，比較劣位な財を輸入」
します。

　ではこの表に基づいた実際の過去問です。

こんなふうにして
解けるよ！

極めてテクニカルな話をす
れば，両国でそれぞれの小
さい数字のほうが比較優位
を持つということです。

例題1

　表は，A国とB国において農産物と工業製品を1単位生産するのに必要な労働
力の単位数をそれぞれ示したものである。「比較優位の原理」に従うとき，次の
記述のうち，妥当なものはどれか。なお，両国において生産可能な財は農産物と
工業製品のみであり，2財の生産に当たっては，労働力のみが用いられるものと
する。また，両国間の労働力の移動はないものとする。

(国家一般職［大卒］)

	農産物	工業製品
A国	10	8
B国	5	6

1　A国とB国の間では，貿易が行われる可能性はない。

2　A国は農産物に比較優位を持つので，両国間で貿易が行われるとすれば，農
産物を輸出すると考えられる。

3　B国は工業製品に比較優位を持つので，両国間で貿易が行われるとすれば，
工業製品を輸出すると考えられる。

4　A国は工業製品に比較優位を持つので，両国間で貿易が行われるとすれば，
農産物を輸入すると考えられる。

5　B国は農産物と工業製品のどちらにも比較優位を持つ。

解法のステップ

先ほどの説明で，A国は工業製品，B国は農産物に比較優位を持つことは理解してもらえると思います。この結果，A国は工業製品に生産を特化し，比較劣位な農産物をB国から輸入します。逆に，B国は比較優位な農産物の生産に特化し，工業製品をA国から輸入します。よって，正答は**4**です。

なお，比較優位論に基づけば，2国間では必ず比較優位の財と劣位な財に分けられる（両国が同じ比較優位の財を持つことはない）ので，必ず貿易は行われるのです。よって，**1**は誤りとなります。

また，両国が同じ財に比較優位を持つことはありえないので，**5**も誤りとなります。

比較優位論の特徴をまとめてみましょう。

2国はそれぞれ
比較優位の財を持つ

生産を特化し，輸出する　　　　同じ財に比較優位を持つ
（比較劣位な財は輸入する）　　　ことはない

必ず貿易が行われる

●本格的な判別法

ここでは，応用問題への対応のために比較優位な財を突き止める方法を，両国の農産物の工業製品に対する比較生産費と，工業製品の農産物に対する比較生産費を比べるという学術的な難しいやり方で説明してみます。

次表をみてください。

	農産物	工業製品	農産物の工業製品に対する比較生産費	工業製品の農産物に対する比較生産費
A国	10	8	$\dfrac{10}{8}=\dfrac{5}{4}$	$\dfrac{8}{10}=\dfrac{4}{5}$
B国	5	6	$\dfrac{5}{6}$	$\dfrac{6}{5}$

表に示した手順で比較生産費を出したら，それぞれの財の比較生産費をA国とB国で比較して，より小さいほうが生産性が高いとみなし，その財が比較優位にあるということにな

**比較優位論の
学習上のポイント**

比較優位論（比較生産費論）の基本問題では，
①どの財が比較優位な財なのか？
②貿易をする際に，どの財を輸出し，どの財を輸入するか？
③貿易の利益（メリット）はどれぐらいか？
の3点に絞られます。③については応用問題なので（のちほど説明します）

比較生産費って何？

ある2つの財を生産するのに，費用（ここでは労働コスト）がどれだけかかっているかを一方の財を基準に相対比較したものです。
比較生産費が小さい（コストがかかってない）ほうが，比較優位な財ということになります。

ります。

- 農産物の工業製品に対する比較生産費 $\Rightarrow$ A国$\dfrac{5}{4}$ ＞ B国$\dfrac{5}{6}$

　B国のほうが小さいので，B国は 農産物が比較優位だと判断します。

- 工業製品の 農産物に対する比較生産費 $\Rightarrow$ A国$\dfrac{4}{5}$ ＜ B国$\dfrac{5}{6}$

　A国のほうが小さいので，A国は 工業製品が比較優位だと判断します。

　こうして，A国は工業製品に対して比較優位を持つので，工業製品の生産に特化してこれを輸出します。これに対して，比較劣位の農産物はB国から輸入します。

　一方，B国は農産物に対して比較優位を持つので，農産物の生産に特化してこれを輸出します。これに対して，比較劣位の工業製品はA国から輸入します。

　では，次の問題はどうでしょうか。練習のために，本格的な判別法でも解答してみてください。

 具体的に貿易は？

A国　農産物　：輸入
　　　工業製品：輸出
B国　農産物　：輸出
　　　工業製品：輸入

例題2

　次の表は，A国とB国のコンピューターと薬品1単位の生産に要する費用を表したものである。A国とB国の比較優位に関する記述として，最も妥当なものはどれか。
（国家一般職［大卒］）

	コンピューター	薬品
A国	100	50
B国	60	40

1 　A国は薬品の生産について比較優位にあり，B国はコンピューターの生産について比較優位にある。

2 　A国はコンピューターの生産について比較優位にあり，B国は薬品の生産について比較優位にある。

3 　A国はいずれの生産についても比較優位にあるので，コンピューター，薬品の全量を生産する。

4 　A国，B国ともいずれの生産についても比較優位にないので，A国，B国は6：10の割合でコンピューターを生産し，4：5の割合で薬品を生産する。

5 　B国はいずれの生産についても比較優位にあるので，コンピューター，薬品の全量を生産する。

解法のステップ

「いずれの生産についても比較優位」というのはありえないので，**3**，**4**，**5**は誤りです。そうするとA国，B国の比較優位な財を見極めることが解答のポイントとなります。

表の数字を1単位当たりの労働量とみなせば，B国がA国より，コンピューター，薬品ともに少ない人数で生産できているので，それぞれ**絶対優位**にあることがわかります。しかし，比較優位の観点からB国をみれば，コンピューターの生産にはA国より半分より少し多いぐらいの人数でできているのに対して，薬品のほうはA国より若干少ない人数で生産していることから，B国はコンピューターに比較優位があるとわかります。

一方，A国のほうからみても，A国は2財ともに劣っていますが，薬品のほうは「劣り方はまだまし（健闘している）」であることから，2財を比較してみれば，薬品のほうが比較優位な財であると判別できます。

よって，正答は**1**となります。

貿易の利益

「貿易をすると，両国の利益が増大する」というリカードの比較優位論の主張についてもう少し検証したいと思います。

比較優位論によれば，「各国が比較優位を持つ財の生産に特化し，両国で貿易を行えば，生み出される財の総量が増大することで，各国とも豊かになれる」として**貿易の利益（メリット）**が説かれました。

本当に，貿易をすると両国にとって利益が増加するのでしょうか。この点を例題1の例で確認しましょう。

	農産物	工業製品
A国	10人	8人
B国	5人	6人

ここでは各国が国内でそれぞれの財を生産する場合と貿易を行う場合の生産量を比較してみます。

貿易前は両国がそれぞれの財を1単位ずつ生産するので，

きちんと計算すると

コンピューターの薬品に対する比較生産費を出します。

A国は$100 \div 50 = 2$

B国は$60 \div 40 = \dfrac{3}{2}$

少ないほうがコストをかけないで生産できている（生産性が高い）ので，B国はコンピューターに比較優位がある（$2 > \dfrac{3}{2}$）ことがわかります。薬品のコンピューターに対する比較生産費はその逆数で，

　A国は$\dfrac{1}{2}$　B国は$\dfrac{2}{3}$

となります。

貿易の利益って？

ここでは貿易を行うと，貿易を行わない場合よりも生産量が増えることをいいます。

【貿易によって両国の利益が増大する例】

	貿易前		貿易後	
	農産物	工業製品	農産物	工業製品
A国	1単位（10人）	1単位（8人）	0	2.25（18人）
B国	1単位（5人）	1単位（6人）	2.2（11人）	0
生産量	2単位	2単位	2.2単位	2.25単位

みんなで農産物を作る
5人＋6人

みんなで工業製品を作る
10人＋8人

貿易の利益（メリット）は
0.45（＝4.45－4）単位

両国全体で4（＝2＋2）単位生産されます。

　これに対して，貿易後はどうなるでしょうか。まずA国を
みてみます。A国は比較優位の工業製品の生産に特化します
ので，農産物の生産はゼロとなります。しかし，A国は工業
製品に生産を特化するので，貿易前に農産物の生産に従事し
ていた人も工業製品の生産に回ります。ですから貿易前には
8人で1単位生産していたものが，貿易後には18人で生産す
ることになるので，2.25（＝18÷8）単位も工業製品を生産
できるようになります。

　同様にB国の場合も，農産物に生産を特化するので，貿易
後には2.2（＝11÷5）単位の農産物を生産することができる
ようになります。

　この結果，両国で4.45単位生産することができるようにな
っているので，貿易によって生産が0.45（＝4.45－4）単位増
えており，リカードが主張するように「貿易による利益」を
享受していることがわかります。

　比較優位論に基づいて，貿易が行われると，貿易がない場
合と比較してたくさんの財が生産（それだけ消費）されるこ
とから，貿易が勧められるわけです。

　では，この点も踏まえた問題に当たってみます。地方初級
で出された問題ですが，地方上級の試験問題に出てもいいぐ
らいの問題です。

18÷8？

貿易後の人数を貿易前の人
数（1単位の生産に必要な
人数）で割って，18人で
何単位の生産ができるかを
求めています。

例題3

　下表はＡ国とＢ国とでブドウ酒と毛織物のそれぞれ１単位を生産するのに必要とする労働時間数を示したものである。今、国際分業の利益を説き、自由貿易政策の必要性を主張した経済学者リカードの比較生産費説に従って、Ａ、Ｂ両国がそれぞれの商品１単位を生産するのに要する労働時間を、いずれかの商品だけを生産（特化）するために投入した場合、特化による生産増加分は、それぞれ何単位となるか。
(地方初級)

(単位：時間)

	ブドウ酒	毛織物
Ａ国	80	90
Ｂ国	120	100

	ブドウ酒	毛織物
1	0.125	0.2
2	0.15	0.175
3	0.175	0.15
4	0.2	0.125
5	0.225	0.1

解法のステップ

　Ａ国、Ｂ国にとっての比較優位な財は、Ａ国がブドウ酒、Ｂ国が毛織物で、それに生産特化します。

　では、特化による貿易の利益を計算してみましょう。

　Ａ国はブドウ酒の生産に特化することでこれまで毛織物１単位を生産するのに要した90時間をブドウ酒の生産に活用できます。この結果、Ａ国は特化前に80時間かけて１単位のブドウ酒を生産していたのに対して、170時間かけてブドウ酒を作ると、2.125単位（＝170時間÷80時間）生産することができます。

　同様に、Ｂ国では毛織物の生産に特化することで、ブドウ酒を１単位生産するために要した120時間を毛織物生産に活用することができます。この結果、これまで毛織物を100時間かけて１単位生産していたのを、生産特化によって220時間をかけて毛織物を作ると生産量を１単位から2.2単位（＝220時間÷100時間）に増加させることがでます。

　したがって、ブドウ酒の生産増加分は、２単位（各国が１

特化前と特化後の
生産量

＜特化前＞

	ブドウ酒	毛織物
Ａ国	1単位	1単位
Ｂ国	1単位	1単位
計	2単位	2単位

＜特化後＞

	ブドウ酒	毛織物
Ａ国	2.125単位	0単位
Ｂ国	0単位	2.2単位
計	2.125単位	2.2単位

単位ずつ生産）から2.125単位まで増加したので、0.125単位となります。一方、毛織物の生産も2単位から2.2単位となったことから、0.2単位増加したことになります。

よって、正答は**1**です。

交易条件

では、この項の最後に、リカードの比較優位論についての応用のテーマである「交易条件」について考えます。

交易？

交易と貿易は同じ意味だと思ってください。

例題4

2国A、B、および2財x、yからなる貿易モデルを考える。両国においてx財とy財は、労働から生産されるものとし、各財1単位当たりの生産に要する労働量は一定であり、2国におけるそれらの値は、表で示されるとおりとする。

x財とy財の価格をP_x、P_yとするとき、2国間で貿易が行われるための価格比$\left(\dfrac{P_x}{P_y}\right)$として、最も妥当なものはどれか。ただし、2財の市場は競争的であるものとする。

(地方上級)

	x財	y財
A国	30	20
B国	25	50

1 $\dfrac{6}{5} < \dfrac{P_x}{P_y} < \dfrac{5}{2}$

2 $\dfrac{2}{3} < \dfrac{P_x}{P_y} < 2$

3 $\dfrac{2}{5} < \dfrac{P_x}{P_y} < \dfrac{6}{5}$

4 $\dfrac{5}{6} < \dfrac{P_x}{P_y} < \dfrac{5}{2}$

5 $\dfrac{1}{2} < \dfrac{P_x}{P_y} < \dfrac{3}{2}$

解法のステップ

本問では、2国間で貿易が行われるための価格比$\left(\dfrac{P_x}{P_y}\right)$、

すなわち専門的ないい方をすると，**交易条件**を問うています。

●交易条件を生産可能性曲線から導く

　リカードの比較優位論に基づいて，ここでは，価格面での生産比較をします。

　この理論の背景には，より高く売れる財に生産を特化するほうが全体としての利益は増加するという考え方があります。本問の条件の表を用いて説明します。

●生産可能性曲線

　ここでA国の労働量をL_Aとし，B国の労働量をL_Bとすると，労働力と財の生産量に関して，それぞれ次のような式と図を書くことができます。

　　A国：$30x + 20y = L_A$

　　B国：$25x + 50y = L_B$

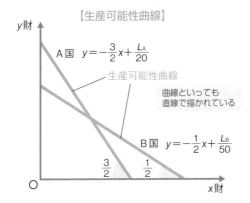

【生産可能性曲線】

この式は，ある一定の労働量におけるx財とy財の生産量の組合せを示す，A国，B国それぞれの**生産可能性曲線（生産フロンティア曲線）**と呼ばれます。

　結論からいうと，x財の価格P_xとy財の価格P_yの価格比$\left(\dfrac{P_x}{P_y}\right)$と，生産可能性曲線の傾き（＝**限界変形率**）の大小によって両国の生産パターンは決まります。

　つまり，両国は，より高い財に生産を特化するので，生産可能性曲線の傾きが**相対価格**$\dfrac{P_x}{P_y}$より大きくなるか小さくなるかによってどちらの財の生産に特化されるかが決定され

一言

「安く買って高く売る」というのはあらゆる商取引の基本です。

こんなふうに考えてみては…

生産可能性曲線
　$30x + 20y = L_A$
　（ある一定の労働量L_AにおけるX財とY財の生産量）

予算制約線
　$P_x \cdot X + P_y \cdot Y = M$
　（ある一定の所得MにおけるX財とY財の消費量）

生産可能性曲線というのは，生産者の立場からの話で，これは消費者行動の予算制約線と同じ原理です。つまり，生産可能性曲線の労働量30と20は価格のP_xとP_yを意味します。「たくさん人を使って作った財は高い」っていうイメージでしょうか。

限界変形率っていうのがある

生産可能性曲線の傾きを**限界変形率**といいます。もうおなじみの「限界」ですね。限界変形率は，財を最大限生産するという前提で，x財を1単位増産したときに，y財をどれだけ減産しなければならないかを表したものです。

第**8**章

ミクロの貿易論

ます。その結果，生産に特化した財を輸出して，そうでない
財を輸入することになります。

　以下，具体的に説明してみましょう。

● **交易条件を導出**

各生産可能性曲線の傾き $\left(\dfrac{P_x}{P_y}\right)$ をベースに考えます。

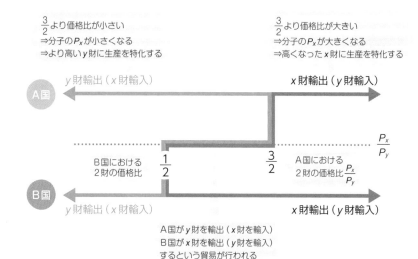

$\dfrac{3}{2}$ より価格比が小さい
⇒分子のP_xが小さくなる
⇒より高いy財に生産を特化する

$\dfrac{3}{2}$ より価格比が大きい
⇒分子のP_xが大きくなる
⇒高くなったx財に生産を特化する

A国　y財輸出（x財輸入）　　　　x財輸出（y財輸入）

B国における
2財の価格比　$\dfrac{1}{2}$　　$\dfrac{3}{2}$　A国における
2財の価格比$\dfrac{P_x}{P_y}$

$\dfrac{P_x}{P_y}$

B国　y財輸出（x財輸入）　　　　x財輸出（y財輸入）

A国がy財を輸出（x財を輸入）
B国がx財を輸出（y財を輸入）
するという貿易が行われる

A国

　今，価格比$\dfrac{P_x}{P_y}$（＝生産可能性曲線の傾き）が$\dfrac{3}{2}$で，x財の

価格が上昇すると，$\dfrac{P_x}{P_y}$は（図上で）$\dfrac{3}{2}$から右方になります。

　そこで，A国はより高い財，ここでは，x財に生産を特化
するので，x財を輸出し，y財を輸入します。

　逆に，x財の価格が低下すると，相対的にy財の価格が高
くなるので，y財の生産に特化し，y財を輸出（x財を輸入）し
ます。図上では，価格比$\dfrac{3}{2}$の部分から左方をさします。

B国

価格比$\dfrac{P_x}{P_y}$が$\dfrac{1}{2}$で，x財の価格が上昇すると，高くなっ

まとめると…

・A国：$\dfrac{P_x}{P_y} < \dfrac{3}{2}$のとき，
y財を輸出（生産特化），
x財を輸入

・B国：$\dfrac{1}{2} < \dfrac{P_x}{P_y}$のとき，
x財を輸出（生産特化），
y財を輸入
↓

$\dfrac{1}{2} < \dfrac{P_x}{P_y} < \dfrac{3}{2}$のとき，両
国は貿易を行う
↓
A国：y財輸出x財輸入
B国：x財輸出y財輸入

たx財に生産を特化（x財輸出・y財輸入）します。

逆に，x財の価格が低下すると，割高になったy財の生産に特化（y財輸出・x財輸入）します。

以上から，太線の部分$\left(\dfrac{1}{2} < \dfrac{P_x}{P_y} < \dfrac{3}{2}\right)$では，A国は$y$財を輸出し$x$財を輸入，B国は$x$財を輸出し$y$財を輸入しており，両国で貿易が行われることになります。

よって，正答は**5**です。

●交易条件の究極的な解法

このタイプの問題は，テクニカルな観点から一瞬にして解答することができます。それは，両国の生産可能性曲線の傾き（＝限界変形率）を「挟む」区間で貿易が行われると覚えておくことです。実際，両国の両国の生産可能性曲線の傾きはそれぞれ$\dfrac{3}{2}$と$\dfrac{1}{2}$でしたね。

これは同時に，本問の解説の冒頭で触れた，両国のx財に対するy財の比較生産費（価格比を意味しました）を挟むと覚えておくことができます。

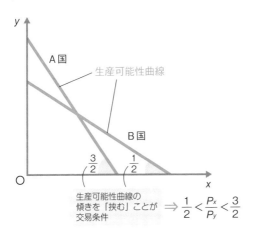

生産可能性曲線の傾きを「挟む」ことが交易条件 ⇒ $\dfrac{1}{2} < \dfrac{P_x}{P_y} < \dfrac{3}{2}$

では，次に，リカードの比較優位論から発展した貿易理論についていくつかみてみます。

比較生産費を確認

	x財	y財
A国	30	20
B国	25	50

x財のy財に対する比較生産費

A国：$\dfrac{30}{20} = \dfrac{3}{2}$

B国：$\dfrac{25}{50} = \dfrac{1}{2}$

同じ出題パターン

公務員試験では出される交易条件に関する問題は，例題4と同じパターンで出題されています。

第**8**章 ミクロの貿易論

専門

ヘクシャー＝オリーン vs リカード
～貿易論のいろいろ～

リカードの比較優位論において，ある国がいかなる理由から比較優位な財を持つことになるのかといった説明はなされていませんでした。せいぜい風土とか土壌といった程度の理由しか考えられていなかったそうです。その点を明らかにしたのが，ヘクシャー＝オリーンの定理です。

 ## ヘクシャー＝オリーンの定理

ヘクシャー＝オリーンの定理によれば，「各国は土地，労働力，鉱物など他国と比べてより豊富にある生産資源を集約的に投入して生産できる財に比較優位を見出し，その財を輸出する」と考えます。

つまり，各国の比較優位な財を決定する要因は，その財を生産するために集約的に用いる**生産要素（労働と資本）**の量となります。

たとえば，中国などのように労働力の豊富な国は，財の生産に労働力を多く使い，安く生産できることから，かつての衣類などの繊維産業や農業のような**労働集約的な財**の生産を得意とします。逆に，日本やアメリカのように資本の豊富な

ヘクシャー＝オリーン？

この定理を生み出した，スウェーデンの経済学者ヘクシャー（1879～1952）とオリーン（1899～1979）の2名の名前です。

経済用語の説明

労働集約財：労働力を多く活用して生産する財
資本集約財：資本（機械設備）を多く活用して生産する財

生産要素賦存量

資本と労働がどれだけあるかという生産要素の存在量のことを**生産要素賦存量**といいます。ヘクシャー＝オリーンの定理では，「**生産要素賦存の多いほうの財が比較優位である**」という専門的ないい方をすることが

【労働集約国と資本集約国の生産可能性曲線】

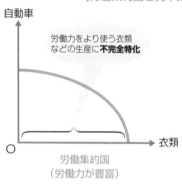

労働力をより使う衣類などの生産に**不完全特化**

労働集約国
（労働力が豊富）

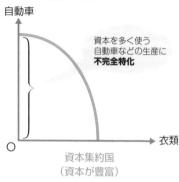

資本を多く使う自動車などの生産に**不完全特化**

資本集約国
（資本が豊富）

国は，資本をたくさん使って生産する自動車やハイテク産業など**資本集約的な財**に比較優位を持ちます。

そして，ヘクシャー＝オリーンの定理によれば，リカードのように比較優位な財だけを生産する「完全特化」という考え方ではなく，比較優位な財をより多く生産する**「不完全特化」**が主張されます。つまり，比較優位な財をより多く生産し，比較劣位な財は少ししか生産しないというのです。

グラフにある労働集約国は衣類に生産を不完全特化，資本集約国は自動車に不完全特化するといういい方になりますね。

---- ヘクシャー＝オリーンの定理 ----

労働力が豊富 ⇒ 労働集約財（農業，繊維など）に不完全特化

資本が豊富 ⇒ 資本集約財（自動車，コンピューターなど）に不完全特化

要素価格均等化定理

このヘクシャー＝オリーンの定理と関連して，「自由貿易が行われると各国の生産要素価格は等しくなる」という**要素価格均等化定理**と呼ばれる貿易理論があります。

たとえば，衣類と自動車という2財があって，それぞれの生産を得意とする労働集約国と資本集約国があったとします。

生産活動において豊富な労働力に依存する労働集約国では，労働者の価格である賃金は低く，資本の量は少ないので資本（機械設備）の価格は高くなっていると考えます。

今，ヘクシャー＝オリーンの定理から，その労働集約国が衣類に「不完全特化」して生産拡大を行おうとすると，労働需要が高まることからこれまで低かった賃金が上昇していきます。逆に，自動車の生産規模が縮小されることから，機械設備に対する需要が減少するので，高価であった資本の価格（レンタルコスト）が安くなります。

こうして，安かった賃金が上昇し，割高だった資本の価格が下がってくるので，やがて要素価格（賃金とレンタルコスト）が均等化してきます。

あります。
ちなみに，賦存（ふそん）とは，「最初からそれだけ存在している」というような意味です。

不完全特化？

完全に特化するわけではない，つまり一方の生産のウェートが大きいという意味です。

要素価格？

生産者行動理論のところで学んだように，要素価格とは生産要素である労働と資本の価格，つまり賃金とレンタルコスト（賃貸料）のことです。

レンタルコスト？

レンタルコストは資本（機械・設備）にかかる費用で賃借率（賃貸率）のことです。
通常，企業は機械設備を購入しますが，経済学ではそれを借りて毎月その賃借料を払っているとみなします。企業が機械設備を購入する際は，銀行からお金を借りて，その返済をしていますので，同様のイメージでしょうか。

　一方，自動車生産を得意とする資本集約国では，安い資本（機械・設備）を多く活用できますが，賃金が高い状態です。逆にいえば，賃金が高いから機械を導入するといえますね。

　ヘクシャー＝オリーンの定理によれば，自動車生産を増加（自動車生産に不完全特化）させると，資本需要が高まることから資本の価格が上昇します。逆に，衣類の生産を減らすことに伴って労働需要が減少することから，これまで割高であった賃金が低くなってきます。

　このように，労働と資本の価格（要素価格）である賃金とレンタルコスト（賃借料）は，労働集約国，資本集約国がそれぞれ得意とする財に生産を「不完全特化」していくことで，やがて均等化していくことになります。

その他の貿易論

　ヘクシャー＝オリーンの定理を拡大した貿易理論にはほかに，リプチンスキーの定理，ストルパー＝サミュエルソンの定理があります。

●リプチンスキーの定理

　ポーランドの経済学者リプチンスキー（1923〜1988）は，「ある生産要素（労働か資本）の総量が増加したときには，その要素をより集約的に投入して生産する財の生産量が増大し，ほかの財の生産量は減少するようになる」と主張しました。
　たとえば，先進国で，コンピューターが大量に導入される

要素価格均等化定理

かつて中国は人件費が低いということで，世界各国の企業が進出しましたが，今や中国の人件費は上昇しています。
そこで，さらに人件費が低いベトナムなど東南アジア諸国に工場などを移転させる企業が増えています。
一方，賃金が高いといわれていた日本では，デフレ経済下で賃金が抑えられていました。
そう考えると，要素価格均等化定理というのは，労働市場の実態を的確に指摘しているなという気がします。

一言…

要素価格均等化定理，リプチンスキーの定理，ストルパー＝サミュエルソンの定理については，ヘクシャー＝オリーンの定理の派生的な理論という位置づけとみなしましょう。

ただ，リプチンスキーの定理とストルパー＝サミュエルソンの定理は出題頻度が低いので無理せず，ヘクシャー＝オリーンの定理と要素価格均等化定理だけ，しっかりと覚えておけばいいでしょう。

と（資本量の増加），IT関連製品の生産が増加し，労働力に依存する繊維産業などの製品の生産量は減少していくという現象がみられます。

●ストルパー＝サミュエルソンの定理

リプチンスキーの定理をさらに拡大したストルパー＝サミュエルソンの定理によれば，「ある財の相対価格の上昇は，その財により集約的に投入される生産要素の相対価格を増大させ，他の生産要素の相対価格を低下させる」となります。

たとえば，自動車の価格が上昇すると，自動車を製造するための資本（機械設備）の価格が上昇し，賃金が相対的に低下するということです。

これらの貿易論に関する過去問といえば，以下のような正誤問題が中心です。

ストルパー＝サミュエルソン？

アメリカの2人の経済学者ストルパー（1912〜2002）とサミュエルソン（1915〜2009）の名前をさします。

例題5

貿易理論に関する次の記述のうち，最も妥当なものはどれか。ただし，各記述における学説・定理の前提条件は満たされているものと仮定する。

（地方上級）

1 ストルパー＝サミュエルソンの定理に従うと，ある財の相対価格の上昇はその財の生産に集約的に投入される資源の相対価格を下落させる。

2 ヘクシャー＝オリーンの定理によると，各国のある財の比較優位を決定する要因は，その財の生産量の大きさにある。

3 要素価格均等化定理に従えば，世界市場で財の価格が決まると，すべての国の要素価格は均等化する。

4 リカードの比較生産費説に従うと，2財について考えた場合，各国はそれぞれ比較優位を持つ財に完全特化するが，一国が他国に対して2財の生産費で絶対優位であってはならない。

5 アダム・スミスの絶対生産費説に従うと，貿易による厚生が増大するためには，自国におけるすべての財の生産費は他国に対して絶対優位でなければならない。

解法のステップ

それぞれの選択肢を解説します。

1．「その財に集約的に投入される生産要素の相対価格を『下落させる』」のではなく，「上昇させる」が正しい定義

です。

2. 「各国のある財の比較優位を決定する要因は，その財の『生産量の大きさ』にある」のではなく，「生産要素の量（賦存量）」が正しい定義です。

3. 要素価格均等化定理を正確に述べているので，この**3**が正答となります。

4. リカードの比較生産費説に従えば，一国が他国に対して2財の生産費で絶対優位であっても何ら問題ありません。下の例の場合がまさにそうで，B国は農産物でも工業製品でも絶対優位ですが，A国が工業製品，B国が農産物にそれぞれ比較優位を持っています。

5. 下の例では，「自国におけるすべての財（ここでは2財）の生産費は他国に対して絶対優位」になっていますが，アダム・スミスの「絶対生産費説」では，貿易による厚生が増大するためには，自国におけるある1つの財の生産費が他国に対して絶対優位であればよいとされています。

●絶対優位

選択肢**4・5**の絶対優位の理解は大丈夫ですか？

絶対優位とは，2国においてある財を生産するのに必要な生産要素投入量（労働量）が他国と比較して少ない状態をいいました（⇒p.339）。

	農産物	工業製品
A国	10	8
B国	5	6

表では，農産物について，B国はA国に対して絶対優位を持ち，工業製品についてもB国はA国に対して絶対優位を持つことを示していました。

ここまでよく頑張りました！

わからないところが出てきたら巻頭の説明に従って，繰り返し復習してミクロ経済学を自分のものにしてください。

解法のテクニック

先ほど，ストルパー＝サミュエルソンの理論は重要ではないといいましたが，実際の問題で出てしまったらどうしたらいいでしょうか。そのときは，選択肢の中で，絶対に間違いないと自信を持って答えられる肢を選ぶか，逆に，他の選択肢の誤りをみつけて消去法で正答を選ぶといった対応をすればいいでしょう。

相対価格？

X財とY財という2つの財があって，もう一方の財（Y財）と比較した場合のある財（X財）の価格の状態です。

たとえば，X財とY財の価格がともに1,000円だったのに，Y財の価格が下がった場合，「X財の相対価格が上昇した」といいます。

第8章のまとめ

専門

●交易条件

(例)

	X財	Y財
A国	30	20
B国	25	50

(1単位生産する際の労働量)

リカードの比較優位論:

　各国が自分の得意とする比較優位な財の生産にだけ特化し，国内で余った分を輸出，不得意な比較劣位な財は生産を取りやめて輸入することで，両国の利益が増加するという理論。

　上の例ではA国はY財に比較優位，B国はX財に比較優位を持つ。

生産可能性曲線（生産フロンティア曲線）:

　ある一定の労働量におけるX財とY財の生産量の組合せを示す。

　x財とy財の価格をP_x, P_y，A国の労働量をL_A，B国の労働量をL_Bとするときの生産可能性曲線

$$30x + 20y = L_A, \quad 25x + 50y = L_B$$

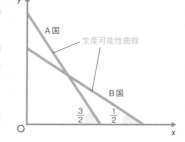

交易条件: 2国間で貿易が行われるための交換条件

$$\frac{1}{2} < \frac{P_x}{P_y} < \frac{3}{2}$$

ポイント：より高く売れる財に生産を特化するほうが全体としての利益は増加する。

●その他の貿易論

ヘクシャー＝オリーンの定理:

　各国は土地，労働力，鉱物などの他国と比べてより豊富にある生産資源を集約的に投入して生産できる財に不完全特化し，その財をより多く生産する。

要素価格均等化定理:

　自由貿易が行われると各国の生産要素価格は等しくなる。

索引

さくいん

さくいん

さくいん

AC	平均費用（Average Cost）	$MRTS$	技術的限界代替率（Marginal Rate of Technical Substitution）
AFC	平均固定費用（Average Fixed Cost）	MU	限界効用（Marginal Utility）
AVC	平均可変費用（Average Variable Cost）	O	原点（Origin）
		P	価格（Price）
C	費用（Cost）	P_D	需要者価格，買い手価格，消費者価格
D	需要（Demand）		
E	均衡点（Equilibrium）	P_S	供給者価格，売り手価格，生産者価格
E_D	需要の価格弾力性（price Elasticity of demand）		
E_M	需要の所得弾力性（income Elasticity of demand）	P_x	X財の価格
		P_y	Y財の価格
E_C	需要の交差弾力性（cross price Elasticity of demand）	PMC	私的限界費用（Personal Marginal Cost）
E_S	供給の価格弾力性（price Elasticity of supply）	Q	数量（Quantity）
		r	レンタルコスト（rental cost），資本コスト
FC	固定費用（Fixed Cost）	R	収入（Revenue）
K	資本（Kapital〔独〕）	S	供給（Supply）
L	労働（Labor）	t	税額（tax）
LTC	長期費用（Long-term Total Cost）	SMC	社会的限界費用（Social Marginal Cost）
l	余暇（leisure）	STC	短期費用（Short-term Total Cost）
M	予算，所得（income）		
MC	限界費用（Marginal Cost）	TR	総収入（Total Revenue）
MP	限界生産力（Marginal Product）	TC	総費用（Total Cost）
MP_K	資本の限界生産力	U	効用（Utility）
MP_L	労働の限界生産力	VC	可変費用（Variable Cost）
MR	限界収入（Marginal Revenue）	w	賃金（wage）
MRS	限界代替率（Marginal Rate of Substitution）	X	数量
		Y	数量，所得
		π	利潤（profit）

■ **村尾 英俊**（むらお ひでとし）

1963年，長崎県出身。同志社大学卒，ロンドン大学（SOAS）大学院修士課程修了。
銀行，証券，投資顧問会社などの金融機関において，主にリサーチ業務に携わる。その後はこれらの実務経験をベースに，大学，専門学校，資格試験予備校で，公務員試験を中心としながら資格試験の指導を始める。現在は，経済原論，財政学など経済系科目の指導にとどまらず，関連する政治，歴史，国際関係なども担当している。
主な著書に『集中講義！ミクロ経済学の過去問』『集中講義！マクロ経済学の過去問』（実務教育出版刊），『「なぜ？」がわかる！政治・経済』『世界経済のカラクリ』（Gakken刊）がある。

■ **デザイン・組版**

カバーデザイン	斉藤よしのぶ
DTP組版	森の印刷屋，パラゴン

●本書の内容に関するお問合せについて

　本書の内容に誤りと思われるところがありましたら，お手数ですがまずは小社のブックスサイト（books.jitsumu.co.jp）中の本書ページ内にある正誤表・訂正表をご確認ください。正誤表・訂正表がない場合や，正誤表・訂正表に該当箇所が掲載されていない場合は，書名，発行年月日，お客様のお名前・連絡先，該当箇所のページ番号と具体的な誤りの内容・理由等をご記入のうえ，郵便，FAX，メールにてお問合せください。

〒163-8671　東京都新宿区新宿 1-1-12　　実務教育出版　第二編集部問合せ窓口
FAX：03-5369-2237　　E-mail：jitsumu_2hen@jitsumu.co.jp

［ご注意］※電話でのお問合せは，一切受け付けておりません。
　　　　　※内容の正誤以外のお問合せ（詳しい解説・受験指導のご要望等）には対応できません。

公務員試験
最初でつまずかない経済学　ミクロ編［改訂版］

2010年12月30日　初版第1刷発行　　　　　　　　　　　　　　　　　　　　　〈検印省略〉
2024年5月20日　改訂初版第1刷発行

著　者──村尾英俊
発行者──淺井　亨

発行所──株式会社 実務教育出版
　　　　　〒163-8671　東京都新宿区新宿 1-1-12
　　　　　☎編集 03-3355-1812　販売 03-3355-1951
　　　　　振替　00160-0-78270

印　刷──壮光舎印刷
製　本──東京美術紙工

公務員試験

最初で つまずかない 経済学 改訂版

マクロ編

村尾英俊 著　定価：2200円

教養試験レベル

専門試験レベル

2024年
7月
刊行予定!

[公務員受験BOOKS]

実務教育出版では、公務員試験の基礎固めから実戦演習にまで役に立つさまざまな入門書や問題集をご用意しています。

過去問を徹底分析して出題ポイントをピックアップするとともに、すばやく正確に解くためのテクニックを伝授します。あなたの学習計画に適した書籍を、ぜひご活用ください。

なお、各書籍の詳細については、弊社のブックスサイトをご覧ください。

https://www.jitsumu.co.jp

人気試験の入門書

何から始めたらよいのかわからない人でも、どんな試験が行われるのか、どんな問題が出るのか、どんな学習が有効なのかが1冊でわかる入門ガイドです。「過去問模試」は実際に出題された過去問でつくられているので、時間を計って解けば公務員試験をリアルに体験できます。

★「公務員試験早わかりブック」シリーズ ［年度版］※ ●資格試験研究会編

地方上級試験 早わかりブック

市役所試験 早わかりブック

警察官試験 早わかりブック

消防官試験 早わかりブック

社会人が受けられる公務員試験 早わかりブック

高校卒で受けられる公務員試験 早わかりブック
［国家一般職(高卒)・地方初級・市役所初級等］

公務員試験で出る SPI・SCOA 早わかり問題集
※本書のみ非年度版 ●定価1430円

公務員試験 職務基礎力試験 BEST
早わかり予想問題集

過去問正文化問題集

問題にダイレクトに書き込みを加え、誤りの部分を赤字で直して正しい文にする「正文化」という勉強法をサポートする問題集です。完全な見開き展開で書き込みスペースも豊富なので、学習の能率アップが図れます。さらに赤字が消えるセルシートを使えば、問題演習もバッチリ!

★上・中級公務員試験「過去問ダイレクトナビ」シリーズ

過去問ダイレクトナビ 政治・経済
資格試験研究会編 ●定価1430円

過去問ダイレクトナビ 日本史
資格試験研究会編 ●定価1430円

過去問ダイレクトナビ 世界史
資格試験研究会編 ●定価1430円

過去問ダイレクトナビ 地理
資格試験研究会編 ●定価1430円

過去問ダイレクトナビ 物理・化学
資格試験研究会編 ●定価1430円

過去問ダイレクトナビ 生物・地学
資格試験研究会編 ●定価1430円

一般知能分野を学ぶ

一般知能分野の問題は一見複雑に見えますが、実際にはいくつかの出題パターンがあり、それに対する解法パターンが存在しています。基礎から学べるテキスト、解説が詳しい初学者向けの問題集、実戦的なテクニック集などで、さまざまな問題に取り組んでみましょう。

標準 判断推理 ［改訂版］
田辺 勉著 ●定価2310円

標準 数的推理 ［改訂版］
田辺 勉著 ●定価2200円

判断推理がわかる!新・解法の玉手箱
資格試験研究会編 ●定価1760円

数的推理がわかる!新・解法の玉手箱
資格試験研究会編 ●定価1760円

判断推理 必殺の解法パターン ［改訂第2版］
鈴木清士著 ●定価1320円

数的推理 光速の解法テクニック ［改訂版］
鈴木清士著 ●定価1175円

文章理解 すぐ解ける〈直感ルール〉ブック ［改訂版］
瀧口雅仁著 ●定価1980円

公務員試験 無敵の文章理解メソッド
鈴木鋭智著 ●定価1540円

年度版の書籍については、当社ホームページで価格をご確認ください。https://www.jitsumu.co.jp/

公務員試験に出る専門科目について、初学者でもわかりやすく解説した基本書の各シリーズ。
「はじめて学ぶシリーズ」は、豊富な図解で、難解な専門科目もすっきりマスターできます。

はじめて学ぶ **政治学**
加藤秀治郎著●定価1175円

はじめて学ぶ **国際関係** [改訂版]
高瀬淳一著●定価1320円

はじめて学ぶ **ミクロ経済学** [第2版]
幸村千佳良著●定価1430円

はじめて学ぶ **マクロ経済学** [第2版]
幸村千佳良著●定価1540円

重要科目の基本書

どちらも公務員試験の最重要科目である経済学と行政法を、基礎から応用まで詳しく学べる本格的な
基本書です。大学での教科書採用も多くなっています。

経済学ベーシックゼミナール
西村和雄・八木尚志共著●定価3080円

経済学ゼミナール 上級編
西村和雄・友田康信共著●定価3520円

新プロゼミ行政法
石川敏行著●定価2970円

苦手意識を持っている受験生が多い科目をピックアップして、初学者が挫折しがちなところを徹底的
にフォロー！　やさしい解説で実力を養成する入門書です。

最初でつまずかない経済学 [ミクロ編] [改訂版]
村尾英俊著●定価2200円

最初でつまずかない経済学 [マクロ編] [改訂版]
村尾英俊著●定価2200円

最初でつまずかない民法Ⅰ [総則／物権 担保物権] [改訂版]
鶴田秀樹著●定価2200円

最初でつまずかない民法Ⅱ [債権総論・各論 家族法] [改訂版]
鶴田秀樹著●定価2200円

最初でつまずかない行政法
吉田としひろ著●定価1870円

最初でつまずかない数的推理
佐々木 淳著●定価1870円

基本問題中心の過去問演習書

実力派講師が効率的に学習を進めるコツや素早く正答を見抜くポイントを伝授。地方上級・市役所・
国家一般職［大卒］試験によく出る基本問題を厳選し、サラッとこなせて何度も復習できる構成なの
で重要科目の短期攻略も可能！　初学者＆直前期対応の実戦的な過去問トレーニングシリーズです。
※本シリーズは『スピード解説』シリーズを改訂して、書名を変更したものです。

★公務員試験「集中講義」シリーズ
資格試験研究会編●定価1650円

集中講義！判断推理の過去問
資格試験研究会編　結城順平執筆

集中講義！数的推理の過去問
資格試験研究会編　永野龍彦執筆

集中講義！図形・空間把握の過去問
資格試験研究会編　永野龍彦執筆

集中講義！資料解釈の過去問
資格試験研究会編　結城順平執筆

集中講義！文章理解の過去問
資格試験研究会編　饗庭 悟執筆

集中講義！憲法の過去問
資格試験研究会編　鶴田秀樹執筆

集中講義！行政法の過去問
資格試験研究会編　吉田としひろ執筆

集中講義！民法Ⅰの過去問 [総則／物権 担保物権]
資格試験研究会編　鶴田秀樹執筆

集中講義！民法Ⅱの過去問 [債権総論・各論 家族法]
資格試験研究会編　鶴田秀樹執筆

集中講義！政治学・行政学の過去問
資格試験研究会編　近 裕一執筆

集中講義！国際関係の過去問
資格試験研究会編　高瀬淳一執筆

集中講義！ミクロ経済学の過去問
資格試験研究会編　村尾英俊執筆

集中講義！マクロ経済学の過去問
資格試験研究会編　村尾英俊執筆

選択肢ごとに問題を分解し、テーマ別にまとめた過去問演習書です。見開き2ページ完結で読みや
すく、選択肢問題の「引っかけ方」が一目でわかります。「暗記用赤シート」付き。

一問一答 スピード攻略 社会科学
資格試験研究会編●定価1430円

一問一答 スピード攻略 人文科学
資格試験研究会編●定価1430円

地方上級／国家総合職・一般職・専門職試験に対応した過去問演習書の決定版が、さらにパワーアップ！ 最新の出題傾向に沿った問題を多数収録し、選択肢の一つひとつまで検証して正誤のポイントを解説。強化したい科目に合わせて徹底的に演習できる問題集シリーズです。

★公務員試験「新スーパー過去問ゼミ7」シリーズ
◎教養分野
資格試験研究会編●定価1980円

新スーパー過去問ゼミ7 社会科学 [政治／経済／社会]	新スーパー過去問ゼミ7 人文科学 [日本史／世界史／地理／思想／文学・芸術]
新スーパー過去問ゼミ7 自然科学 [物理／化学／生物 地学／数学]	新スーパー過去問ゼミ7 判断推理
新スーパー過去問ゼミ7 数的推理	新スーパー過去問ゼミ7 文章理解・資料解釈

◎専門分野
資格試験研究会編●定価2090円

新スーパー過去問ゼミ7 憲法	新スーパー過去問ゼミ7 行政法
新スーパー過去問ゼミ7 民法Ⅰ [総則／物権 担保物権]	新スーパー過去問ゼミ7 民法Ⅱ [債権総論・各論 家族法]
新スーパー過去問ゼミ7 刑法	新スーパー過去問ゼミ7 労働法
新スーパー過去問ゼミ7 政治学	新スーパー過去問ゼミ7 行政学
新スーパー過去問ゼミ7 社会学	新スーパー過去問ゼミ7 国際関係
新スーパー過去問ゼミ7 ミクロ経済学	新スーパー過去問ゼミ7 マクロ経済学
新スーパー過去問ゼミ7 財政学	新スーパー過去問ゼミ7 経営学
新スーパー過去問ゼミ7 会計学 [択一式／記述式]	新スーパー過去問ゼミ7 教育学・心理学

受験生の定番「新スーパー過去問ゼミ」シリーズの警察官・消防官（消防士）試験版です。大学卒業程度の警察官・消防官試験と問題のレベルが近い市役所（上級）・地方中級試験対策としても役に立ちます。

★大卒程度「警察官・消防官 新スーパー過去問ゼミ」シリーズ
資格試験研究会編●定価1650円

警察官・消防官 新スーパー過去問ゼミ 社会科学 [改訂第3版] [政治／経済／社会・時事]	警察官・消防官 新スーパー過去問ゼミ 人文科学 [改訂第3版] [日本史／世界史／地理／思想／文学・芸術／国語]
警察官・消防官 新スーパー過去問ゼミ 自然科学 [改訂第3版] [数学／物理・化学／生物・地学]	警察官・消防官 新スーパー過去問ゼミ 判断推理 [改訂第3版]
警察官・消防官 新スーパー過去問ゼミ 数的推理 [改訂第3版]	警察官・消防官 新スーパー過去問ゼミ 文章理解・資料解釈 [改訂第3版]

一般知識分野の要点整理集のシリーズです。覚えるべき項目は、付録の「暗記用赤シート」で隠すことができるので、効率よく学習できます。「新スーパー過去問ゼミ」シリーズに準拠したテーマ構成になっているので 、「スー過去」との相性もバッチリです。

★上・中級公務員試験「新・光速マスター」シリーズ
資格試験研究会編●定価1320円

新・光速マスター 社会科学 [改訂第2版] [政治／経済／社会]	新・光速マスター 人文科学 [改訂第2版] [日本史／世界史／地理／思想／文学・芸術]
新・光速マスター 自然科学 [改訂第2版] [物理／化学／生物／地学／数学]	

過去問演習を通して実戦力を養成

要点整理＋理解度チェック